城市轨道交通职业教育系列教材——城轨机电技术

城市轨道交通 FAS 及气灭系统

主　编　齐晓华　杨　辉
副主编　杨辰飞　柴　亮　袁艳玲
主　审　巩　奇

西南交通大学出版社
·成　都·

图书在版编目（CIP）数据

城市轨道交通 FAS 及气灭系统 / 齐晓华，杨辉主编. —成都：西南交通大学出版社，2021.2
ISBN 978-7-5643-7981-0

Ⅰ.①城… Ⅱ.①齐… ②杨… Ⅲ.①城市铁路–轨道交通–火灾监测–自动报警系统–高等职业教育–教材 ②城市铁路–轨道交通–防火系统–高等职业教育–教材 Ⅳ.①U239.5

中国版本图书馆 CIP 数据核字（2021）第 031519 号

Chengshi Guidao Jiaotong FAS ji Qimie Xitong
城市轨道交通 FAS 及气灭系统

主编	齐晓华　杨辉
责任编辑	王　旻
封面设计	何东琳设计工作室
出版发行	西南交通大学出版社 （四川省成都市金牛区二环路北一段 111 号 西南交通大学创新大厦 21 楼）
邮政编码	610031
发行部电话	028-87600564　028-87600533
网址	http://www.xnjdcbs.com
印刷	成都蜀通印务有限责任公司
成品尺寸	185 mm×260 mm
印张	15.5
字数	374 千
版次	2021 年 2 月第 1 版
印次	2021 年 2 月第 1 次
定价	48.00 元
书号	ISBN 978-7-5643-7981-0

课件咨询电话：028-81435775
图书如有印装质量问题　本社负责退换
版权所有　盗版必究　举报电话：028-87600562

《城市轨道交通 FAS 及气灭系统》校企合作编写组成员

郑州铁路职业技术学院：

  齐晓华 杨辰飞 魏冠义

郑州地铁集团有限公司：

  杨 辉 巩 奇 柴 亮 袁艳玲

  张志鹏 朱振亚 张继哲 王文峥

  王文博 翟 龙 程誉博 王瑞宾

前言

随着城市轨道交通的快速发展，城市轨道交通自动化系统应用也越来越广泛，消防技术在城市轨道交通中的应用符合"人文交通、科技交通、绿色交通"的战略发展要求。消防安全是城市轨道交通运营的生命线，城市轨道交通消防系统是保障人们出行安全的最重要系统之一。全国各大城市轨道交通线路不断增加，消防系统建设需要不断完善，自动化操作岗人才需求也日益剧增。火灾自动报警系统设备维护与检修是城市轨道交通公司机电中心自动化检修岗的一项重要工作内容，编写适合城市轨道交通机电技术专业人才培养及地铁公司自动化检修岗员工培训的专业教材势在必行。

《城市轨道交通 FAS 及气灭系统》教材主要包括城市轨道交通火灾自动报警系统概述、消防基础知识、火灾自动报警系统、气体灭火系统、消防联动技术、消防系统图纸及施工工艺、消防系统维护管理及故障处理、消防系统相关规范、常用工器具的使用、实训操作及地铁消防设备操作等 11 个项目（FAS，英文 Fire Alarm System 的缩写，即火灾报警系统）。本书理论知识比较全面，大量图表资源取自地铁公司的现场设备，在实操项目设置上采用校内实训设备与地铁现场设备相结合的方式，内容比较贴合应用实际。结合教材各项目实际情况，本书编写团队还开发了微课视频、实操视频及动画等数字教学资源，为读者的学习提供方便，也拓展了读者的专业视野。教材适合相关课程 36~48 学时的教学安排，可作为城市轨道交通机电技术专业及相关专业的专业教材，也可作为地铁公司 FAS 及气灭检修岗位培训教材。

本书由郑州铁路职业技术学院和郑州地铁集团有限公司校企合作共同编写，校企在课程资源共建共享、技术互通融合方面有着深厚的合作基础。本书由齐晓华、杨辉担任主编，杨辰飞、柴亮、袁艳玲担任副主编，巩奇担任主审，齐晓华负责全书的统稿。其中齐晓华编写项目 1、项目 2、项目 3 及项目 4，杨辰飞编写项目 5、项目 10，魏冠义编写项目 9、项目 11，柴亮编写项目 6 的 6.1，袁艳玲编写项目 6

的 6.2、6.3 及附录一至附录三，张志鹏编写项目 7，王文峥编写项目 8 的 8.1，王文博编写项目 8 的 8.2，翟龙编写项目 8 的 8.3、8.4，王瑞宾编写项目 8 的 8.5，程誉博编写项目 8 的 8.6。杨辉、巩奇、朱振亚、张继哲等在教材的编写中参与校企合作沟通、教材规划、图片搜集、资料整理及数字资源制作等工作，对他们的辛苦付出表示感谢。

  本书内容参考了相关规范标准、政策性文件、文献资料等，在材料搜集及编写过程中也参阅了许多国内外公开出版与发表的教材及文献，在此一并表示感谢。由于编写时间仓促及编者水平所限，本书一定存在许多不足之处，敬请广大读者提出宝贵意见，我们将认真听取并及时改正。

编 者

2021 年 1 月

《城市轨道交通 FAS 及气灭系统》数字资源列表

序号	项目名称	资源名称	资源类型	资源页码
1	城市轨道交通 FAS 系统概述	城市轨道交通 FAS 系统概述	微课视频	001
2	消防基础知识	燃烧基础知识	微课视频	008
		火灾基础知识	微课视频	
3	火灾自动报警系统	火灾自动报警系统组成	微课视频	018
		火灾自动报警系统子系统	微课视频	
		典型火灾探测器工作原理	二维动画	
4	气体灭火系统	气体灭火系统介绍	微课视频	046
		气体灭火喷放原理	三维动画	
		气体灭火系统巡视	实操视频	
		气体灭火系统应急操作	微课视频	
5	消防联动技术	火灾自动报警系统联动工作原理	三维动画	062
		自动喷水灭火系统工作原理	三维动画	
		轨道交通 FAS 与各专业接口	微课视频	
		换乘站互联互通	微课视频	
6	消防系统图纸及施工工艺	消防系统施工图	微课视频	082
		消防系统配线图	微课视频	
		消防设备接线图	微课视频	
7	消防系统维护管理及故障处理	消防系统维护管理	微课视频	109
		常见故障及处理方法	微课视频	
		常见设备更换	实操视频	
8	消防系统相关规范	消防系统相关规范	微课视频	120
9	常用工器具的使用	常用工器具操作	实操视频	160
10	实训操作	防火卷帘联动控制操作	实操视频	176
		气体灭火系统联动控制操作	实操视频	
		分布式光纤测温系统操作	实操视频	
11	地铁消防设备操作	火灾报警控制系统操作	实操视频	203
		气体灭火系统操作	实操视频	

目 录

项目 1 城市轨道交通火灾自动报警系统概述 ·· 1
- ☞ 情景导入 ··· 1
- ☞ 任务引领 ··· 1
- ☞ 项目实施 ··· 2
  - 1.1 城市轨道交通火灾特点 ··· 2
  - 1.2 轨道交通火灾自动报警系统相关术语 ··· 4
  - 1.3 火灾自动报警系统一般规定 ··· 5
  - 1.4 火灾自动报警系统组成及功能 ··· 6
  - 1.5 气体灭火系统概述 ··· 7
- ☞ 课后练习题 ··· 7

项目 2 消防基础知识 ·· 8
- ☞ 情景导入 ··· 8
- ☞ 任务引领 ··· 8
- ☞ 项目实施 ··· 9
  - 2.1 燃烧基础知识 ··· 9
  - 2.2 火灾基础知识 ··· 12
- ☞ 课后练习题 ··· 16

项目 3 火灾自动报警系统 ·· 18
- ☞ 情景导入 ··· 18
- ☞ 任务引领 ··· 18
- ☞ 项目实施 ··· 19
  - 3.1 火灾自动报警系统组成 ··· 19
  - 3.2 火灾自动报警系统子系统 ··· 23
  - 3.3 火灾自动报警设备工作原理 ··· 33
- ☞ 课后练习题 ··· 44

项目 4 气体灭火系统 ·· 46
- ☞ 情景导入 ··· 46
- ☞ 任务引领 ··· 46
- ☞ 项目实施 ··· 47
  - 4.1 气体灭火系统介绍 ··· 47

  4.2 气体灭火系统操作 …………………………………………………… 56
☞ 课后练习题 ………………………………………………………………… 60

项目5 消防联动技术 …………………………………………………………… 62

☞ 情景导入 …………………………………………………………………… 62
☞ 任务引领 …………………………………………………………………… 62
☞ 项目实施 …………………………………………………………………… 63
  5.1 消防联动系统设计 …………………………………………………… 63
  5.2 轨道交通FAS与各专业接口 ………………………………………… 68
  5.3 换乘站互联互通 ……………………………………………………… 80
☞ 课后练习题 ………………………………………………………………… 81

项目6 消防系统图纸及施工工艺 ……………………………………………… 82

☞ 情景导入 …………………………………………………………………… 82
☞ 任务引领 …………………………………………………………………… 82
☞ 项目实施 …………………………………………………………………… 83
  6.1 消防系统施工图 ……………………………………………………… 83
  6.2 消防系统配线图 ……………………………………………………… 94
  6.3 消防设备接线图 ……………………………………………………… 98
☞ 课后练习题 ………………………………………………………………… 107

项目7 消防系统维护管理及故障处理 ………………………………………… 109

☞ 情景导入 …………………………………………………………………… 109
☞ 任务引领 …………………………………………………………………… 109
☞ 项目实施 …………………………………………………………………… 110
  7.1 消防系统维护管理 …………………………………………………… 110
  7.2 火灾自动报警系统故障处理 ………………………………………… 114
☞ 课后练习题 ………………………………………………………………… 118

项目8 消防系统相关规范 ……………………………………………………… 120

☞ 情景导入 …………………………………………………………………… 120
☞ 任务引领 …………………………………………………………………… 120
☞ 项目实施 …………………………………………………………………… 121
  8.1 火灾自动报警系统设计规范 ………………………………………… 121
  8.2 火灾自动报警系统施工及验收规范 ………………………………… 130
  8.3 气体灭火系统设计规范 ……………………………………………… 139
  8.4 气体灭火系统施工及验收规范 ……………………………………… 143
  8.5 地铁设计防火标准 …………………………………………………… 150
  8.6 地铁设计规范 ………………………………………………………… 153
☞ 课后练习题 ………………………………………………………………… 157

项目9 常用工器具的使用 ... 160
- 情景导入 ... 160
- 任务引领 ... 160
- 项目实施 ... 161
  - 9.1 数字万用表 ... 161
  - 9.2 钳形表 ... 163
  - 9.3 兆欧表 ... 164
  - 9.4 网线钳 ... 166
  - 9.5 网线测试仪 ... 167
  - 9.6 光纤导通测试笔 ... 168
  - 9.7 SIGA-PRO记录读写器 ... 170
  - 9.8 光纤熔接机 ... 170
  - 9.9 光功率计 ... 172
  - 9.10 内阻测试仪 ... 174

项目10 实训操作 ... 176
- 情景导入 ... 176
- 任务引领 ... 176
- 项目实施 ... 177
  - 10.1 防火卷帘系统联动控制设计 ... 177
  - 10.2 气体灭火系统联动控制设计 ... 186
  - 10.3 分布式光纤测温系统实训 ... 191

项目11 专业拓展——地铁消防设备操作 ... 203
- 情景导入 ... 203
- 任务引领 ... 203
- 项目实施 ... 204
  - 11.1 NFS2-3030火灾报警控制系统 ... 204
  - 11.2 气体灭火系统操作 ... 223

附录一 FAS操作岗岗位职责 ... 234

附录二 FAS操作岗作业标准流程表 ... 234

附录三 气体灭火系统日检工艺卡 ... 235

参考文献 ... 236

项目 1
城市轨道交通火灾自动报警系统概述

1-视频/动画

 情景导入

  城市轨道交通消防系统是保障人们出行安全最重要的系统之一，它伴随着轨道交通的变化与发展，始终保障着城市轨道交通的运营安全。预防火灾的发生，及时有效地扑灭火灾，保证乘客的生命安全是城市轨道交通运营管理最重要的工作之一。作为未来的城市轨道交通 FAS 操作岗工作人员，你是否掌握了城市轨道交通火灾自动报警系统基本知识呢？

 任务引领

1. 了解城市轨道交通火灾特点。
2. 掌握火灾自动报警系统保护等级规定。
3. 熟悉城市轨道交通火灾自动报警系统相关术语。
4. 掌握城市轨道交通火灾自动报警系统的组成及功能。

项目实施

随着我国轨道交通行业的快速发展，火灾自动报警系统作为一门专门研究如何预防和控制火灾的综合性学科，正伴随着现代电子技术、信息集成技术、自动控制技术、嵌入式技术等技术的发展进入到高科技综合学科的行列。火灾自动报警系统的发展也代表了轨道交通科学技术水平的发展过程，经历了人工监视型、自动化控制型、智能管控型3个发展过程。同样，消防安全更是城市轨道交通运营的生命线，是永恒的主题。城市轨道交通消防系统是保障人们出行安全的最重要的系统之一，它伴随着轨道交通发展而发展，始终保障着城市轨道交通的运营安全。消防是防火和灭火的总称，城市轨道交通的消防工作贯彻执行我国"预防为主、防消结合"的方针。随着我国城市轨道交通快速发展，运营里程不断增加，线网规模不断扩大，网络化效应日益凸显，城市轨道交通已经进入网格化运营时代。城市轨道交通网格化运营对火灾监控的需求已经从"事后分析，被动型"发展到"事前预防，主动型"阶段。

1.1 城市轨道交通火灾特点

城市轨道交通车站具有智能化建筑特点，地下车站和地下区间隧道如发生火灾，与地面相比其火灾危险性更大，具有以下特点。

1.1.1 空间小、人员密度和流量大

地下车站和地下区间隧道等特殊的地下建筑，相对空间小、人员密度大和流量大是其最为显著的特征。一旦发生火灾等灾害，与地面建筑发生同样火灾事故相比，其状况要更加难以控制，后果也会更加严重。与地面建筑相比，发生火灾时的特点主要表现在：

1. 氧含量急剧下降

地铁火灾发生时，由于地下建筑的相对封闭性，大量的新鲜空气难以迅速补充，致使空气中氧气含量急剧下降。有研究表明，空气中氧含量降至15%时，人体肌肉活动能力下降；降至10%~14%时，人体四肢无力，判断能力低，易迷失方向；降至6%~10%时，人即会晕倒，失去逃生能力；当空气中含氧量降到5%以下时，人会立即晕倒或死亡。

2. 烟雾及毒气

烟雾是人们看得见的燃烧产物，烟雾自身具有的毒性、复燃性不易被人直接察觉，烟雾的温度、浓度、颜色、气味及流动性与灭火工作有着密切的关系。
（1）烟雾影响视线。
（2）高温烟雾会引起人员烫伤。
（3）烟雾有引起人员中毒、窒息的危险。

（4）烟雾的流动性有造成新的火源和促使火灾发展、蔓延的危险。

3. 主动排烟、排热差

发生火灾时，烟雾不能像地面建筑那样有80%可以通过破碎的窗户扩散到大气中，而是集聚在建筑物内无法扩散，这样易使温度骤升，较早地出现"爆燃"；烟气形成的高温气流也会对人体产生巨大的影响。这些流动性很强的烟和有毒气体，若不加以控制或及时排出，则会在地下通道内四处流窜，短时间内充满整个地下空间，给现场遇险人员和救灾人员带来极大的生命威胁。

4. 火情探测和扑救困难

地铁的火灾比地面的火灾扑救要困难得多，其难度相当于扑救超高层建筑最顶层的火灾。由于地铁的出入口有限，而且出入口通常是火灾时的冒烟口，消防人员不易接近着火点，扑救工作难以展开。地下工程对通信设施的干扰较大，扑救人员与地面指挥人员通信、联络的困难，也为消防扑救工作增加了障碍。

5. 人员疏散困难

发生火灾时正常照明有可能中断，人的视觉完全靠事故照明和疏散标志指示灯保证，此时如果再没有事故照明，车站和区间将是一片漆黑，加上浓烟，火场中产生的一些刺激性气味，使人睁不开眼或看不清逃离路线、呼吸困难、判断力下降等，人员很难逃离火场，使人员疏散极为困难。在地铁里发生火灾时，人只有往上逃到地面才能安全，但人员的逃生方向与烟气的自然扩散方向一致，烟的扩散速度一般比人的行动快，因此人员疏散更加困难。

1.1.2 易发生电气火灾

城市轨道交通设备是由车辆、通信、信号、供电、自动售检票、空调通风、给排水等数十个机电系统设施和设备组成的庞大复杂的系统，各种电气设备和电子设备种类多、配置复杂，供配电线路、控制线路和信息数据布线等密如蛛网，一旦出现绝缘不良或短路，极易发生电气火灾，并沿着线路迅速蔓延。

1.1.3 火险隐患多、火灾损失重

城市轨道交通不仅功能复杂，而且客流大、人员复杂，乘客所带物品、乘客行为等难以控制，消防安全管理难度大，潜在火灾隐患多，一旦起火，控制扑救疏散处理不当，势必损失严重。

地下车站可能产生的火源：
（1）生产用火：如加热用火、维修用火等。
（2）生活用火：暖炉、火柴、电炉、吸烟、加热用具等。

（3）干燥装置：用电加热干燥装置，温度失控。

（4）电器设备：配电装置、开关、电路、变压器、电器设备的老化等。

（5）机械设备：发动机的发热、机械摩擦。

（6）高温表面：不易散热的电气设备房。

（7）自燃：乘客携带的化学用品、易燃易爆物品。

地铁普遍具有地层较深、逃生距离长、逃生途径少、逃生时间短、疏散困难、应急救援难度大等特点，火灾中产生的大量有毒有害烟气既不利于逃生，也增加了救援难度，势必造成重大的人员伤亡和经济损失，世界各国城市地铁火灾案例如表1-1所示。

表1-1　1969—2005年世界各国城市地铁火灾案例

事件	时间	伤亡损失	原因
北京地铁火灾	1969年11月	8人死亡，300人受伤，直接损失100万元	电器故障
英国伦敦地铁火灾	1987年11月	32人死亡，100多人受伤，地下二层两座自动扶梯和地下一层售票厅被烧毁	地铁站机房内产生火花，引燃自动扶梯润滑油导致大火
阿塞拜疆地铁火灾	1995年10月	558人死亡，269人受伤	电器故障
广州地铁火灾	1999年7月	直接损失20万元	配电所失火
英国伦敦地铁火灾	2003年1月	至少造成32人受伤	列车撞月台引发火灾
韩国大邱地铁火灾	2003年2月	126人死亡，146人受伤，318人失踪	人为纵火

地铁多处于地下有限空间，又是人员密集公共场所，在逃生过程中很容易造成拥挤和踩踏，从而导致二次灾害和更大的伤亡。火灾自动报警系统成为地铁防灾、控灾、救灾的关键所在。所以，必须加强火灾的预防预警，提高火灾防范能力和初期火灾应急处置水平。

1.2　轨道交通火灾自动报警系统相关术语

火灾自动报警系统相关术语如表1-2所示。

表1-2　火灾自动报警系统相关术语

序号	名称	说明
1	AFAS（Automatic Fire Alarm System）	火灾自动报警系统
2	BAS（Building Automation System）	环境与设备监控系统
3	AFC（Auto Fare Collection）	自动售检票系统
4	PIS（Passenger Information System）	乘客信息系统
5	PA（Public-address System）	广播
6	CCTV（Closed Circuit Television）	闭路电视

续表

序号	名　　称	说　　明
7	ACS（Access Control System）	门禁系统
8	CLK（Clock）	时钟系统
9	IBP（Integrated Backup Panel）	综合后备盘
10	UPS（Uninterrupted Power Supply）	不间断电源
11	PSD（Platforms Screen Door）	屏蔽门
12	Manual Activating Device	消防手动启动器
13	Fire Alarm	发声警报器
14	Fire Telephone	火警电话
15	No Obstructing	禁止阻塞
16	No Locking	禁止锁闭
17	Fire-Fighting Equipment	灭火设备
18	Fire Extinguisher	灭火器
19	Fire Hose	消防水带
20	Flush Fire Hydrant	地下消火栓
21	Post Fire Hydrant	地上消火栓
22	Fire Ladder	消防梯
23	Highly Flammable Materals	易燃物质
24	Oxidizing Materals	氧化物
25	Explosive Materals	爆炸性物质
26	No Watering to Put Out the Fire	禁止用水灭火
27	No Smoking	禁止吸烟
28	No Burning	禁止烟火
29	No Laying Flammable Materals	禁止放易燃物

1.3　火灾自动报警系统一般规定

车站、区间隧道、区间变电所及系统设备用房、主变电所、集中冷站、控制中心、车辆基地应设置火灾自动报警系统。火灾自动报警系统的保护对象分级应根据其使用性质、火灾危险性、疏散和扑救难度等级确定，并符合下列规定：

（1）地下车站、区间隧道和控制中心，保护等级应为一级。

（2）设有集中空调系统或每层封闭的建筑面积超过 2 000 m²，但面积不超过 3 000 m² 的地面车站、高架车站，保护等级应为二级，面积超过 3 000 m² 的保护等级应为一级。

火灾自动报警系统的设计除应符合消防技术标准规范外，仍应符合现行国家标准《火灾自动报警系统设计规范》GB 50116—2013 的有关规定。

1.4 火灾自动报警系统组成及功能

火灾自动报警系统应具备火灾的自动报警、手动报警、通信和网络信息报警功能，并应实现火灾救灾设备的控制及相关系统的联动控制。火灾自动报警系统应由设置在控制中心的中央级监控管理系统、车站和车辆基地的车站级监控系统、现场级监控系统及相关通信网络等组成。

1.4.1 中央级监控管理系统

火灾自动报警系统的中央级监控管理系统由操作员工作站、打印机、通信网络、不间断电源和显示屏等设备组成，并应具备下列功能：

（1）接收全线火灾火情信息，对线路消防系统、设施监控管理。
（2）发布火灾涉及有关车站消防设备的控制命令。
（3）接收并储存全线消防报警设备主要的运行状态。
（4）与各车站及车辆段等火灾自动报警系统进行通信联络。
（5）火灾事件历史资料存档管理。

1.4.2 车站级监控系统

火灾自动报警系统的车站级监控系统应由火灾报警控制器、消防控制室图形显示装置、打印机、不间断电源和消防联动控制器手动控制盘等组成，并应具备下列功能：

（1）与火灾自动报警系统中央级监控管理系统及本车站现场级监控系统间进行通信联络。
（2）管辖范围内实时火灾的报警，监视车站管辖内火灾灾情。
（3）采集、记录火灾信息，并报送火灾自动报警系统中央监控管理级。
（4）显示火灾报警点、防、救灾设施运行状态及所在位置画面。
（5）控制地铁消防救灾设备的启、停，并显示运行状态。
（6）接收中央级火灾自动报警系统指令或独立组织、管理、指挥管辖范围内的救灾，发布火灾联动控制指令。

1.4.3 现场级监控系统

火灾自动报警系统现场级监控系统应由输入输出模块、火灾探测器、手动报警按钮、消防电话及现场网络等组成，并应具备下列功能：

（1）监视车站管辖范围内灾情，采集火灾信息，消防泵的低频巡检信号、运行状态、设备故障、管网压力信号。

（2）监视消防电源的运行状态，监视车站所有消防救灾设备的工作状态。

地铁全线火灾自动报警与联动控制的信息传输网络宜利用地铁公共通信网络，火灾自动报警系统现场级网络应独立配置。

1.5 气体灭火系统概述

城市轨道交通在城市客运交通中起着至关重要的作用，车站安装多种贵重的电气设备及控制装置，一旦有火灾情况发生，应用一般的水消防进行灭火极有可能发生漏电事故，即便断电也会对设备内部造成严重损坏，造成经济损失及二次伤害。气体灭火系统与传统的水灭火系统有所不同，灭火过程中可以对贵重电气设备进行有效保护，灭火效率比一般的水灭火系统更高。故在城市轨道交通车站的通信设备室、信号设备室、地下变电站、牵引变电站及电器设备室等重要设备房应选用安全性、适用性高的气体灭火系统。本书将对城市轨道交通常用的几类气体灭火系统进行分析，介绍气体灭火系统的组成及功能、气体灭火系统设计规范、气体灭火系统施工及验收规范等。

课后练习题

1. 简述城市轨道交通火灾的特点。
2. 解释下列相关术语的含义：FAS、BAS、AFC、PIS、PA、CCTV、ACS、CLK、IBP、UPS、PSD。
3. 简述 FAS 系统保护等级规定。
4. 简述 FAS 系统的组成。

项目 2

消防基础知识

2-视频/动画

情景导入

　　无论是预防城市建筑火灾还是城市轨道交通火灾的发生，我们都需要熟悉消防基础知识。掌握火灾的定义、分类及其危险性，也是了解火灾规律、研究如何防范火灾的基础。如果不慎发生火灾，作为相关岗位工作人员，你是否能够了解火灾发生的特点并分析起火原因，更好地运用技术措施有效控火，为防止和减少火灾危害履行岗位职责呢？

任务引领

1. 了解火灾及消防科学的基础理论及应用技术。
2. 了解燃烧条件、燃烧类型、燃烧方式及燃烧产物。
3. 掌握火灾的定义、分类与危害及火灾发生的常见原因。
4. 掌握建筑火灾蔓延的机理与途径、灭火的基本原理与方法等。

 项目实施

2.1 燃烧基础知识

2.1.1 燃烧条件

燃烧是指可燃物与氧化剂作用发生的放热反应，通常伴有火焰、发光和（或）发烟现象。燃烧可分为有焰燃烧和无焰燃烧。通常看到的明火都是有焰燃烧；有些固体发生表面燃烧时，有发光发热的现象，但是没有火焰的产生，这种燃烧方式则是无焰燃烧。燃烧的发生和发展，必须具备 3 个必要条件，即可燃物、助燃物（氧化剂）和引火源（温度）。当燃烧发生时，上述 3 个条件必须同时具备，如果有一个条件不具备，那么燃烧就不会发生，图 2-1 为着火三角形示意图。

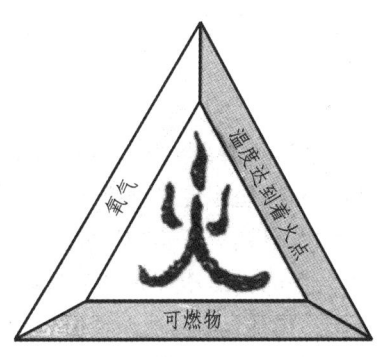

图 2-1 着火三角形

1．可燃物

凡是能与空气中的氧或其他氧化剂起化学反应的物质，均称为可燃物。

2．助燃物（氧化剂）

凡是与可燃物结合能导致和支持燃烧的物质，称为助燃物。

3．引火源（温度）

凡是能引起物质燃烧的点燃能源，统称为引火源。常见的引火源有下列几种：

（1）明火：明火是指生产、生活中的炉火、烛火、焊接火、吸烟火，撞击、摩擦打火，机动车辆排气管火星、飞火。

（2）电弧、电火花：电弧、电火花是指电气设备、电气线路、电气开关等漏电打火，电话、手机等通信工具火花，静电火花（物体静电放电、人体衣物静电打火、人体聚集静电对物体放电打火）等。

（3）雷击：雷击瞬间高压放电能引燃任何可燃物。

（4）高温：高温是指高温加热、烘烤、积热不散、机械设备故障发热、摩擦发热、聚焦发热等。

（5）自燃引火源：自燃引火源是指在既无明火又无外来热源的情况下，物质本身自行发热、燃烧起火，如白磷、烷基铝在空气中会自行起火；易燃、可燃物质与氧化剂、过氧化物接触起火等。

2.1.2 燃烧类型及燃烧性能参数

1. 燃烧类型

按照燃烧形成的条件和发生瞬间的特点,燃烧可分为着火和爆炸。

1)着 火

可燃物在与空气共存的条件下,当达到某一温度时,与引火源接触即能引起燃烧,并在引火源离开后仍能持续燃烧,这种持续燃烧的现象称为着火。着火就是燃烧的开始,并且以出现火焰为特征。着火是日常生活中最常见的燃烧现象。可燃物的着火方式一般分为下列几类:

(1)点燃(或称强迫着火)。点燃是指由于外部热源,诸如电热线圈、电火花、炽热质点、点火火焰等得到能量,使物质局部受到强烈的加热而着火。此时在靠近引火源处引发火焰,然后依靠燃烧波传播到整个可燃混合物中,这种着火方式习惯上称为引燃。

(2)自燃。可燃物质在没有外部火花、火焰等引火源的作用下,因受热或自身发热并蓄热所产生的自然燃烧,称为自燃。自燃点是指可燃物发生自燃的最低温度。

① 化学自燃:例如金属钠在空气中自燃、煤因堆积过高而自燃等。这类着火现象通常不需要外界加热,而是在常温下依据自身的化学反应发生的,因此习惯上称为化学自燃。

② 热自燃:如果将可燃物和氧化剂的混合物预先均匀地加热,随着温度的升高,当混合物加热到某一温度时便会自动着火(这时着火发生在混合物的整个容积中),这种着火方式习惯上称为热自燃。

2)爆 炸

爆炸是指物质由一种状态迅速地转变成另一种状态,并在瞬间以机械功的形式释放出巨大的能量,或是气体、蒸气瞬间发生剧烈膨胀等现象。爆炸最重要的一个特征是爆炸点周围发生剧烈的压力突变,这种压力突变就是爆炸发生破坏作用的原因。

2. 闪点、燃点、自燃点的概念

气体、液体、固体物质的燃烧各有特点,通常根据不同燃烧类型,用不同的燃烧性能参数来分别衡量气体、液体、固体可燃物的燃烧特性。

1)闪 点

在规定的试验条件下,液体挥发的蒸气与空气形成的混合物,遇引火源能够闪燃的液体最低温度,称为闪点。

闪点是可燃性液体性质的主要标志之一,是衡量液体火灾危险性大小的重要参数。闪点越低,火灾危险性越大,反之则越小。

2)燃 点

在规定的试验条件下,应用外部热源使物质表面起火并持续燃烧一定时间所需的最低温度,称为燃点。

在一定条件下，物质的燃点越低，越易着火。

易燃液体的燃点一般高出其闪点 1~5 ℃，并且闪点越低，这一差值越小，特别是在敞开的容器中很难将闪点和燃点区分开来。因此评定这类液体火灾危险性大小时，一般用闪点。固体的火灾危险性大小一般用燃点来衡量。

3）自燃点

在规定的条件下可燃物质发生自燃的最低温度，称为自燃点。在这一温度时，物质与空气（氧）接触，不需要明火的作用，就能发生燃烧。

可燃物的自燃点越低，发生自燃的危险性就越大。

2.1.3　燃烧方式及其特点

1. 气体燃烧

可燃气体的燃烧不像固体、液体那样要经熔化、蒸发的过程，其所需热量仅用于氧化或分解，或将气体加热到燃点，因此其容易燃烧且燃烧速度快。根据燃烧前可燃气体与氧混合状况的不同，其燃烧方式分为扩散燃烧和预混燃烧。

2. 液体燃烧

易燃、可燃液体在燃烧过程中，并不是液体本身在燃烧，而是液体受热时蒸发出来的液体蒸气被分解、氧化达到燃点而燃烧，即蒸发燃烧。不同液体在燃烧过程中会伴有闪燃、沸溢、喷溅等现象。

（1）闪燃：易燃或可燃液体挥发出来的蒸气分子与空气混合后，达到一定浓度时，遇引火源产生一闪即灭的现象。

（2）沸溢：重质油品等燃烧过程中，产生大量蒸气气泡，使液体体积膨胀，向外溢出，同时部分未形成泡沫的油品也被下面的蒸气膨胀力抛出，使液面猛烈沸腾起来，就像"跑锅"一样，这种现象称为沸溢。

（3）喷溅：重质油品等燃烧过程中，随着热波温度的逐渐升高，热波向下传播的距离也加大，当热波达到水垫时，水垫的水大量蒸发，蒸气体积迅速膨胀，以至把水垫上面的液体层抛向空中，向外喷射，这种现象称为喷溅。

3. 固体燃烧

根据各类可燃固体的燃烧方式和燃烧特性，固体燃烧的形式大致可分为5种，其燃烧各有特点：蒸发燃烧、表面燃烧、分解燃烧、熏烟燃烧（阴燃）、动力燃烧（爆炸）。

以上各种燃烧方式的划分不是绝对的，有些可燃固体的燃烧往往包含两种或两种以上的形式。例如，在适当的外界条件下，木材、棉、麻、纸张等的燃烧会明显地存在分解燃烧、熏烟燃烧、表面燃烧等形式。

2.1.4 燃烧产物

燃烧产生的物质，其成分取决于可燃物的组成和燃烧条件。大部分可燃物属于有机化合物，它们主要由碳、氢、氧、氮、硫等元素组成，燃烧生成的气体一般有一氧化碳、二氧化碳、丙烯醛、氯化氢、二氧化硫等。

由燃烧或热解作用产生的全部物质，称为燃烧产物，有完全燃烧产物和不完全燃烧产物之分。完全燃烧产物是指可燃物中的 C 被氧化成 CO_2（气）、H 被氧化生成的 H_2O（液）、S 被氧化生成的 SO_2（气）等。而 CO、NH_3、醇类、醛类、醚类等是不完全燃烧产物。

有机高分子化合物（简称高聚物）在燃烧过程中，会产生 CO、NO_X（氮氧化物）、HCl、HF、SO_2 及 $COCl_2$（光气）等有害气体，对火场人员的生命安全构成极大的威胁。

二氧化碳和一氧化碳是燃烧产生的两种主要燃烧产物。其中，二氧化碳虽然无毒，但当达到一定浓度时，会刺激人的呼吸中枢，导致呼吸急促、烟气吸入量增加，还会引起头痛、神志不清等症状。而 CO 是火灾中致死的主要燃烧产物之一，其毒性在于对血液中血红蛋白的高亲和性，其对血红蛋白的亲和力比氧气高出 250 倍，因而，它能够阻碍人体血液中氧气的输送，导致头痛、虚脱、神志不清、肌肉调节障碍甚至死亡。

除毒性之外，燃烧产生的烟气还具有一定的减光性。通常可见光波长（λ）为 $0.4\sim0.7~\mu m$，一般火灾烟气中的烟粒子粒径（d）为几微米到几十微米，由于 $d>2\lambda$，烟粒子对可见光是不透明的。烟气在火场中弥漫，会严重影响人们的视线，使人们难以辨别火势发展方向和寻找安全疏散路线。同时，烟气中有毒气体对人的眼睛有极大的刺激性，降低能见度。

2.2 火灾基础知识

2.2.1 火灾的定义、分类

1. 火灾的定义

根据国家标准《消防基本术语（第一部分）》（GB/T 5907.1—2014），火灾是指在时间或空间上失去控制的燃烧所造成的灾害。

2. 火灾的分类

1）按照燃烧对象的性质分类

根据国家标准《火灾分类》（GB/T 4968—2008）的规定，火灾分为 A、B、C、D、E、F 6 类。

A 类火灾：固体物质火灾。这种物质通常具有有机物性质，一般在燃烧时能产生灼热的余烬。例如，木材、棉、毛、麻、纸张等火灾。

B 类火灾：液体或可熔化固体物质火灾。例如，汽油、煤油、原油、甲醇、乙醇、沥青、石蜡等火灾。

C类火灾：气体火灾。例如，煤气、天然气、甲烷、乙烷、氢气、乙炔等火灾。
D类火灾：金属火灾。例如，钾、钠、镁、钛、锆、锂等火灾。
E类火灾：带电火灾。物体带电燃烧的火灾。例如，变压器等设备的电气火灾等。
F类火灾：烹饪器具内的烹饪物（如动物油脂或植物油脂）火灾。

2）按照火灾事故所造成的灾害损失程度分类

依据中华人民共和国国务院2007年4月9日颁布的《生产安全事故报告和调查处理条例》（国务院令第493号）中规定的生产安全事故等级标准，消防部门将火灾分为特别重大火灾、重大火灾、较大火灾和一般火灾4个等级。

（1）特别重大火灾是指造成30人以上死亡，或者100人以上重伤，或者1亿元以上直接财产损失的火灾。

（2）重大火灾是指造成10人以上30人以下死亡，或者50人以上100人以下重伤，或者5 000万元以上1亿元以下直接财产损失的火灾。

（3）较大火灾是指造成3人以上10人以下死亡，或者10人以上50人以下重伤，或者1 000万元以上5 000万元以下直接财产损失的火灾。

（4）一般火灾是指造成3人以下死亡，或者10人以下重伤，或者1 000万元以下直接财产损失的火灾。

2.2.2 火灾发生的常见原因

事故都有起因，火灾也是如此。分析起火原因，了解火灾发生的特点，是为了更有针对性地运用技术措施，有效控火，防止和减少火灾危害。

1. 电 气

电气原因引起的火灾在我国火灾中居于首位。电气设备过负荷、电气线路接头接触不良、电气线路短路等是电气引起火灾的直接原因。其间接原因是电气设备故障或电气设备设置和使用不当。

2. 吸 烟

烟蒂和点燃烟后未熄灭的火柴梗温度可达到800℃，能引起许多可燃物质的燃烧，在起火原因中占有相当的比重。

3. 生活用火不慎

生活用火不慎主要是指城乡居民家庭生活用火不慎。

4. 生产作业不慎

生产作业不慎主要是指违反生产安全制度引起火灾。

5. 设备故障

在生产或生活中，一些设施设备疏于维护保养，导致在使用过程中无法正常运行，因摩擦、过载、短路等原因造成局部过热，从而引起火灾。

6. 玩　火

未成年儿童因缺乏看管，玩火取乐，也是造成火灾发生的常见原因之一。

7. 放　火

放火主要是指人为放火的方式引起的火灾。

8. 雷　击

雷电导致的火灾原因，大体上有3种：一是雷电直接击在建筑物上发生热效应、机械效应作用等；二是雷电产生静电感应作用和电磁感应作用；三是高电位雷电波沿着电气线路或金属管道系统侵入建筑物内部。

2.2.3　建筑火灾蔓延的机理与途径

1. 建筑火灾蔓延的传热基础

热量传递有3种基本方式，即热传导、热对流和热辐射，如图2-2所示。

热传导又称导热，属于接触传热，是连续介质就地传递热量而又没有各部分之间相对的宏观位移的一种传热方式。

热对流又称对流，是指流体各部分之间发生相对位移，冷热流体相互掺混引起热量传递的方式。

热辐射是因热的原因而发出辐射能的现象。辐射换热是物体间以辐射的方式进行的热量传递。

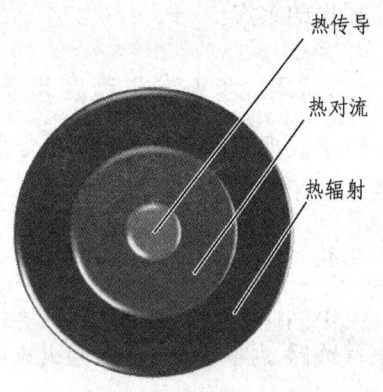

图 2-2　火灾热量传递方式

2. 建筑火灾的烟气蔓延

建筑发生火灾时，烟气流动的方向通常是火势蔓延的一个主要方向。一般500 ℃以上热烟所到之处，遇到的可燃物都有可能被引燃起火。

烟气流动的驱动力包括室内外温差引起的烟囱效应、外界风的作用、通风空调系统的影响等。

蔓延的主要途径有：内墙门、洞口，外墙门、窗口，房间隔墙，空心结构，闷顶，楼梯间，各种竖井管道，楼板上的孔洞及穿越楼板、墙壁的管线和缝隙等。

对主体为耐火结构的建筑物来说，造成蔓延的主要原因有：未设有效的防火分区，火灾在未受限制的条件下蔓延；洞口处的分隔处理不完善，火灾穿越防火分隔区域蔓延；防火隔墙和房间隔墙未砌至顶板，火灾在吊顶内部空间蔓延；建筑物采用了可燃构件与装饰物，火灾通过可燃的隔墙、吊顶、地毯等蔓延。

3. 建筑火灾发展的几个阶段

对于建筑火灾而言，最初发生在室内的某个房间或某个部位，然后由此蔓延到相邻的房间或区域，以及整个楼层，最后蔓延到整个建筑物。其发展过程大致可分为初期增长阶段、充分发展阶段和衰减阶段，如图2-3所示。

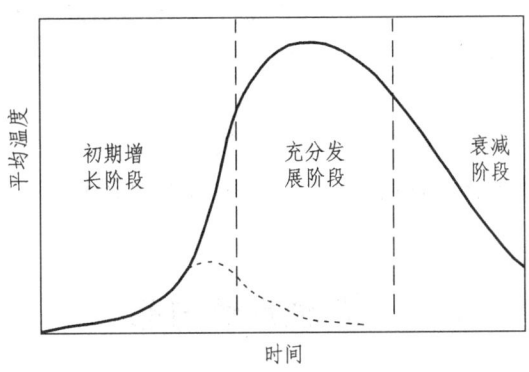

图 2-3　火灾发展阶段

1）初期增长阶段

初期增长阶段是从出现明火起，此阶段燃烧面积较小，只局限于着火点处的可燃烧物，局部温度较高，室内各点的温度不均衡，其燃烧状况与敞开环境中的燃烧状况差不多。火灾初期增长阶段持续时间的长短不定。

2）充分发展阶段

当房间内温度达到 400～600 ℃ 时，室内绝大部分可燃物起火燃烧，这种在一限定空间内可燃物的表面全部卷入燃烧的瞬变状态，称为轰燃。轰燃的出现是燃烧释放的热量在室内逐渐积累与对外散热共同作用、燃烧速率急剧增大的结果。通常，轰燃的发生标志着室内火灾进入充分发展阶段。

3）衰减阶段

一般认为火灾衰减阶段是从室内平均温度降低到其峰值的 80% 时算起。随后房间内温度下降显著，直到室内外温度达到平衡为止，火灾完全熄灭。

2.2.4　灭火的基本原理与方法

1. 冷却灭火

可燃物一旦达到着火点，即会燃烧或持续燃烧。在一定的条件下，将可燃物的温度降到着火点以下，燃烧即会停止。对于可燃固体，将其冷却在燃点以下；对于可燃液体，将其冷却在闪点以下，燃烧反应就会中止。

2. 隔离灭火

在燃烧三要素中，可燃物是燃烧的主要因素。将可燃物与氧气、火焰隔离，就可以中止燃烧、扑灭火灾。

3. 窒息灭火

可燃物的燃烧是氧化作用，需要在最低氧浓度以上才能进行，低于最低氧浓度，燃烧不能进行，火灾即被扑灭。一般氧浓度低于 15% 时，就不能维持燃烧。

4. 化学抑制灭火

有焰燃烧是通过链式反应进行的，如果能有效地抑制自由基的产生或降低火焰中的自由基浓度，即可使燃烧中止。化学抑制灭火的灭火剂常见的有干粉和七氟丙烷。

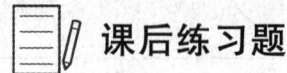

课后练习题

一、单项选择题

1. 以下两种地铁常见气体灭火剂：① IG541、② 七氟丙烷，所采用的灭火原理分别是（　　）。
   A. ① 窒息灭火　　② 窒息灭火　　　B. ① 窒息灭火　　② 化学抑制灭火
   C. ① 化学抑制灭火　　② 窒息灭火　　D. ① 化学抑制灭火　　② 化学抑制灭火

2. 在一定条件下，将可燃物的温度降到着火点以下燃烧即会停止，是（　　）原理。
   A. 冷却灭火　　B. 隔离灭火　　C. 窒息灭火　　D. 化学抑制灭火

3. 将氧气浓度降低，直至低于燃烧所需的最低氧浓度，即可达到灭火效果，是（　　）的灭火原理。
   A. 冷却灭火　　B. 隔离灭火　　C. 窒息灭火　　D. 化学抑制灭火

4. 使用冷却灭火时，对于可燃固体及可燃液体，应分别将其冷却在（　　）以下，燃烧反应可能会中止。
   A. 闪点，闪点　　B. 燃点，燃点　　C. 闪点，燃点　　D. 燃点，闪点

5. 可燃固体在空气中不流通、加热温度较低、分解出的可燃挥发成分较少或逸散较快、含水分较多等条件下，往往发生只冒烟而无火焰的燃烧现象，这种现象叫作（　　）。
   A. 蒸发燃烧　　B. 表面燃烧　　C. 分解燃烧　　D. 熏烟燃烧

6. （　　）的发生标志着室内火灾进入充分发展阶段。
   A. 燃烧　　B. 火焰　　C. 发烟　　D. 轰燃

7. 木材、棉、毛、麻、纸张等火灾，按照国家标准分类为（　　）。
   A. A 类火灾　　B. B 类火灾　　C. C 类火灾　　D. D 类火灾

8. 钾、钠、镁、钛、锆、锂等火灾，按照国家标准分类为（　　）。
   A. A 类火灾　　B. B 类火灾　　C. C 类火灾　　D. D 类火灾

9. C 类火灾是指（　　）火灾。
   A. 固体　　B. 气体　　C. 液体　　D. 可燃金属

10. 按燃烧对象分，可燃金属燃烧引起的火灾是（   ）。
   A. A类火灾   B. B类火灾   C. C类火灾   D. D类火灾

二、判断题

1. 一些设施设备疏于维护保养，因摩擦、过载、短路等原因造成局部过热，易引发火灾。
（   ）
2. 轰燃的出现是燃烧释放的热量在室内逐渐积累与对外散热共同作用、燃烧速率急剧增大的结果。（   ）
3. 可燃物质达到自燃点时，与空气（氧）接触，不需要明火的作用，就能产生燃烧。
（   ）
4. 建筑发生火灾时，烟气流动的方向通常是火势蔓延的一个主要方向。（   ）
5. 造成3人以上10人以下死亡，或者10人以上50人以下重伤，或者1 000万元以上5 000万元以下直接财产损失的火灾属重大火灾。（   ）

三、简答题

1. 按照国家标准《火灾分类》（GB/T 4968—2008），火灾按照燃烧对象的性质可以分为哪几类？
2. 灭火的基本方式及其原理是什么？
3. 燃烧必备的条件是什么？
4. 我国火灾按损失严重程度分为哪几类？

项目 3
火灾自动报警系统

3-视频/动画

> 📺 **情景导入**
>
> 为尽早发现和通报火灾并及时采取有效措施控制和扑灭火灾，城市轨道交通车站均设置火灾自动报警及消防联动控制系统。掌握火灾自动报警系统的类型、组成及工作原理是能够进行设备操作与维护的重要基础，你是否熟悉火灾自动报警主机、火灾探测设备及火灾自动报警子系统的结构及维护保养方法呢？
>
> **任务引领**
>
> 1. 了解火灾自动报警系统的类型及组成。
> 2. 掌握火灾自动报警系统工作原理及设备构成。
> 3. 掌握火灾自动报警系统子系统的类型及工作原理。
> 4. 掌握火灾自动报警系统单体设备的工作原理及故障处理方法。

 项目实施

3.1 火灾自动报警系统组成

火灾自动报警系统是人们为了尽早发现和通报火灾,并及时采取有效措施控制和扑灭火灾,而设置在建筑内部或其他场所的一种自动消防设施。把火灾自动报警装置和消防设备按照实际需要合理地组合起来,就构成了火灾自动报警及消防联动控制系统,该系统主要由火灾自动报警控制器、消防联动控制器、火灾探测器、火灾报警装置、火灾警报装置以及具有其他辅助功能的装置组成。目前市场有两种火灾自动报警系统(见图3-1及图3-2)。

火灾自动报警系统主要由以下部分组成:火灾触发器(包括火灾探测器和手动报警按钮)、火灾报警装置(火灾报警控制器)、火灾警报装置(声光警报器)、消防控制设备及电源(消防电源及蓄电池)等。

3.1.1 火灾触发器

火灾触发器是指火灾自动报警系统中通过自动或手动的方式产生火灾报警信息的信号装置,主要包括火灾探测器和手动报警按钮。火灾探测器是指能对火灾情况下的相应参数(烟、温、光、火焰辐射、气体浓度等)响应,并自动产生火灾报警信号的探测装置。火灾探测器分为感烟火灾探测器、感温火灾探测器、感光火灾探测器、可燃气体探测器等多种类型,不同类型的火灾探测器适用于不同类型的火灾和不同的场所。手动火灾报警按钮是手动方式产生火灾报警信号、启动火灾自动报警系统的装置,也是火灾自动报警系统不可缺少的组成部分。

3.1.2 火灾报警装置

火灾报警装置是指在火灾自动报警系统中,用以接收、显示和传递火灾报警信号并能发出控制信号和具有其他辅助功能的控制指示设备。火灾报警控制器就是其中最基本的一种,消防行业通常称为火灾自动报警系统主机,并配备有图形工作站、控制琴台等。

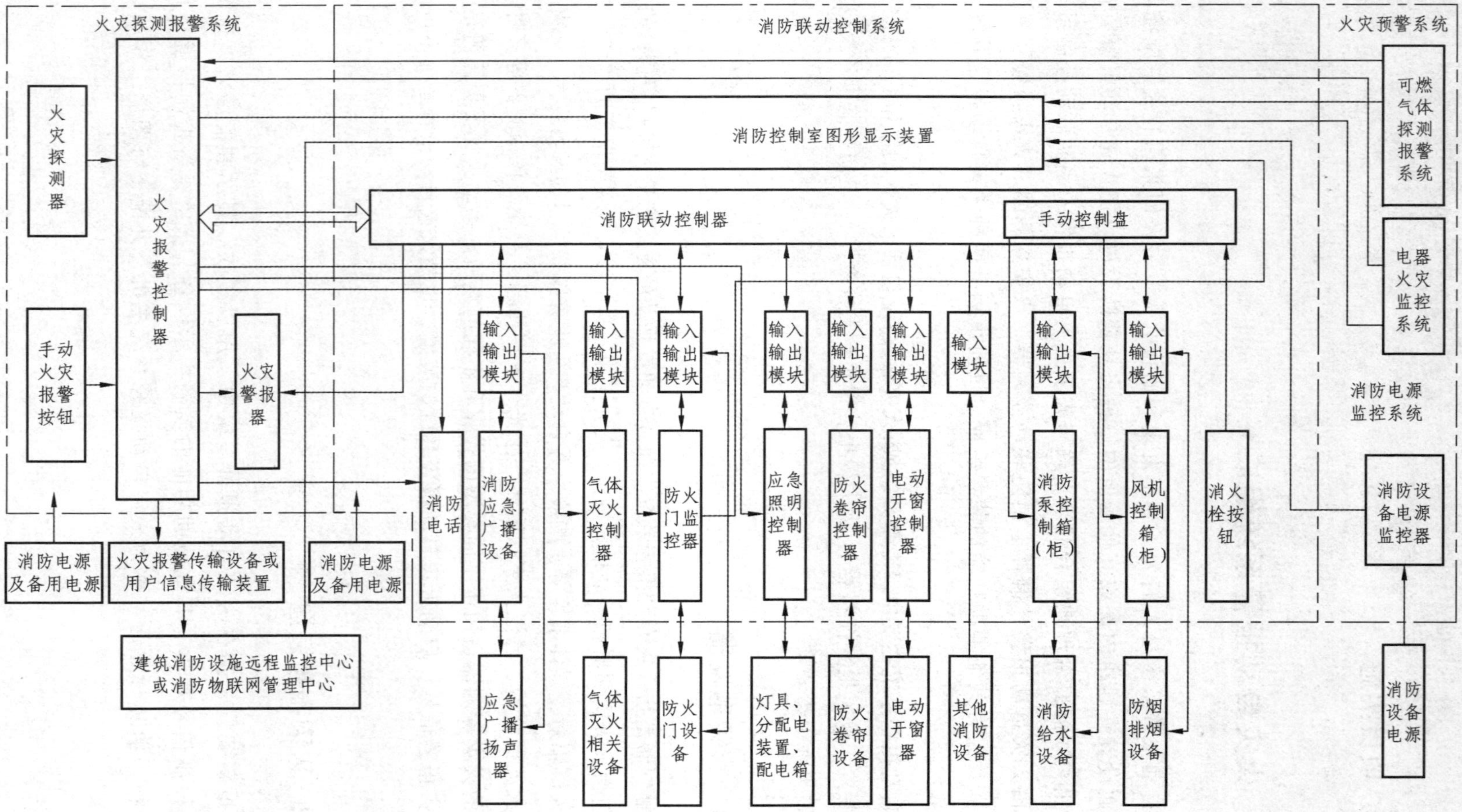

图 3-1 火灾自动报警系统组成（一）

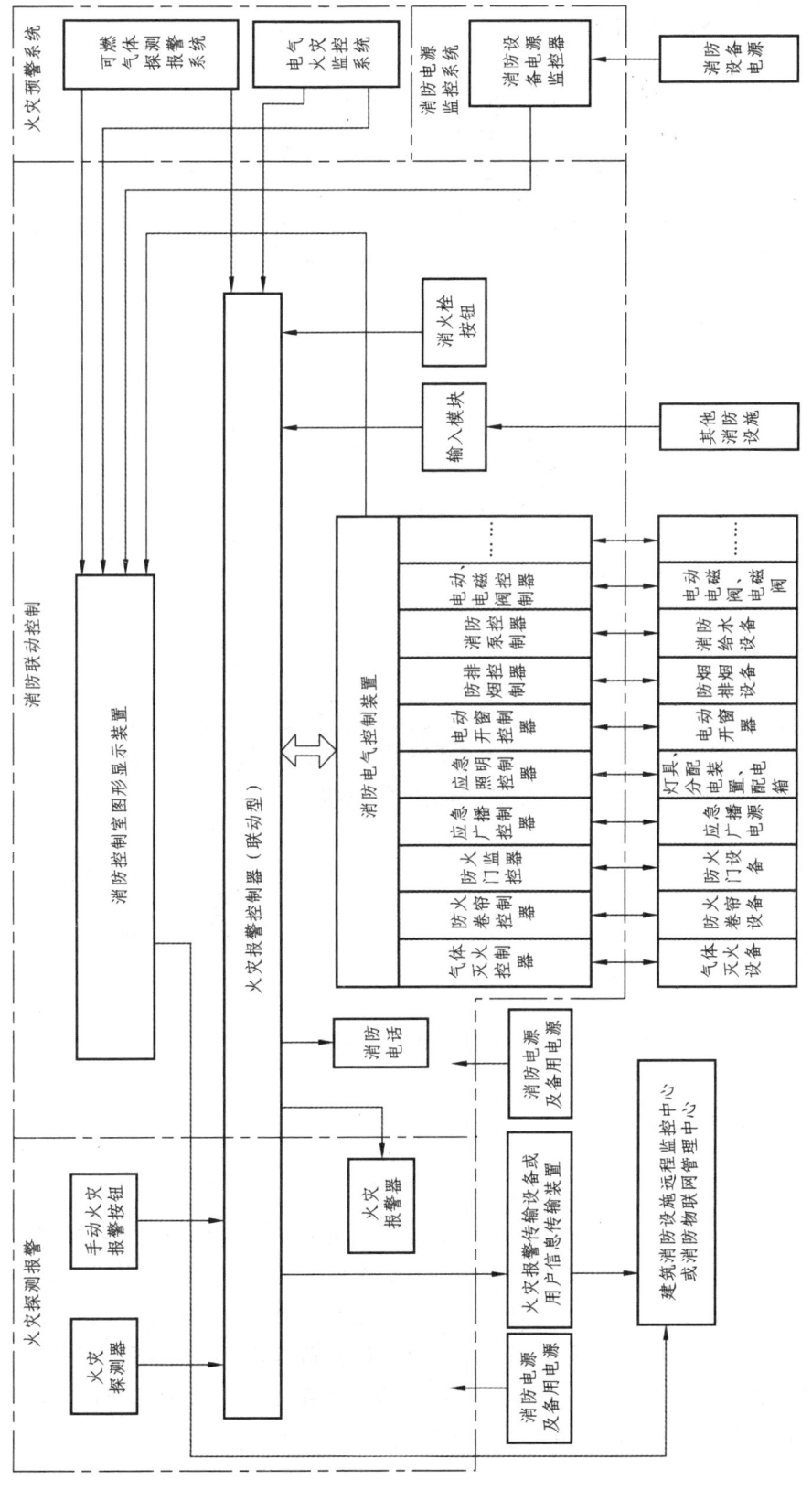

图 3-2 火灾自动报警系统组成（二）

3.1.3 火灾警报装置

火灾警报装置（见图 3-3）是指在火灾自动报警系统中，用以发出区别于环境声、光的火灾警报信号的装置。火灾警报器是一种最基本的火灾警报装置，通常与火灾报警控制器、区域显示器、火灾显示盘、集中火灾报警控制器组合在一起，它以声、光音响方式向报警区域发出火灾警报信号，以警示人们采取安全疏散、灭火救援措施。在有条件的场所，还可设置消防应急广播以及多功能显示屏，在火灾情况下播放预先录制好的疏散广播以及播放便于疏散的指引视频。

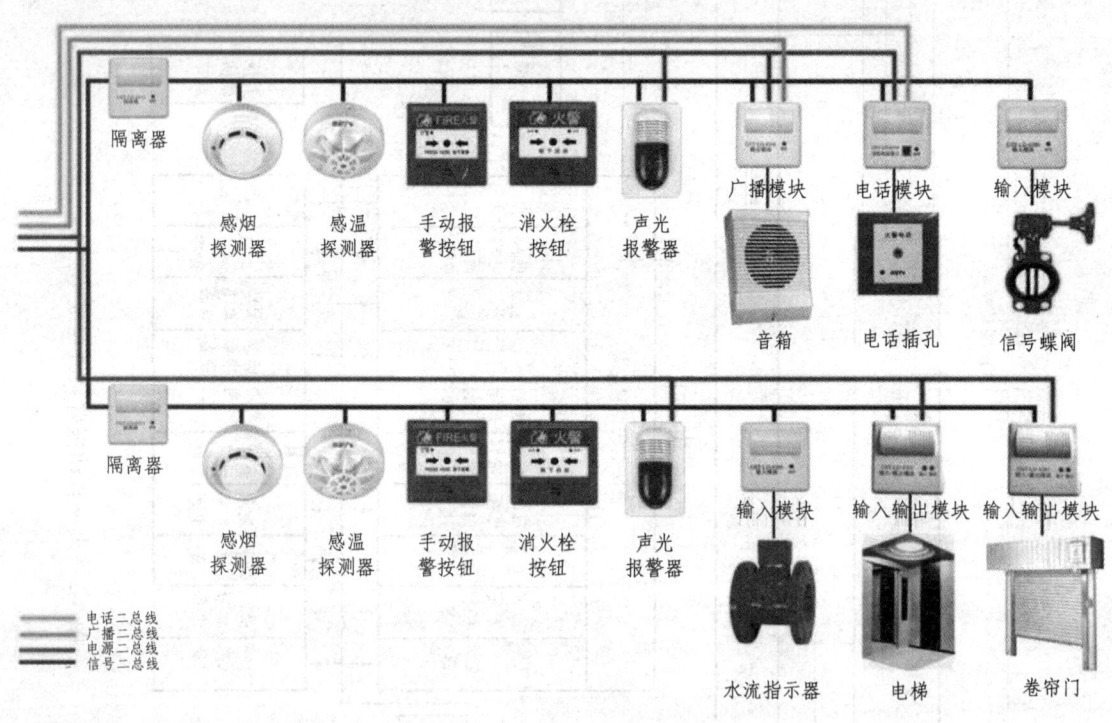

图 3-3　火灾警报装置产品

3.1.4 消防控制设备

消防控制设备（见图 3-4）是指在火灾自动报警系统中，当接收到火灾触发器触发火灾报警信号后，能自动或手动启动相关消防设备开关、显示其状态的设备。消防控制设备主要包括火灾报警控制器、自动灭火系统的控制装置、室内消火栓系统的控制装置、防烟排烟系统及空调通风系统的控制装置、常开防火门、防火卷帘控制器、火灾应急广播、火灾警报装置、消防通信设备、火灾应急照明与疏散指示标志的控制装置等。消防控制设备一般设置在消防值班室，以便于实现集中统一控制，少部分消防设备控制装置设置在现场，但其动作信号必须返回消防控制室，实行集中与分散相结合的控制方式。

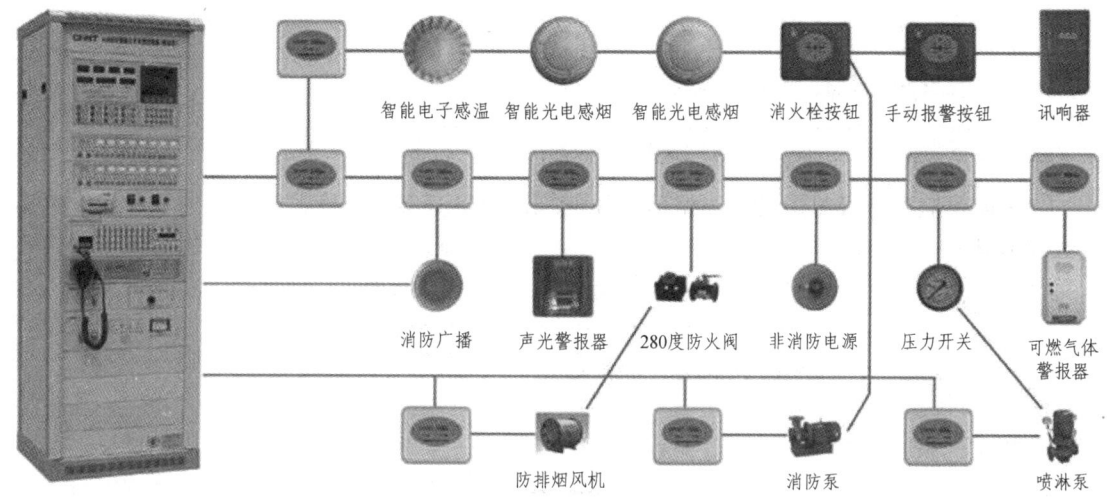

图 3-4 消防控制设备产品

3.1.5 消防电源

火灾自动报警系统属于消防用电设备,属一类用电负荷,其主电源应当采用消防专用电源。通常情况下主电源采用双路供电,一主一备,瞬时切换,备电采用蓄电池供电,须保证在主电失电的情况下,保证 24 h 正常监控用电。系统电源除为火灾自动报警系统供电外,还为与系统相联动的消防控制设备供电。

消防电源往往由几个不同用途的独立电源以一定的方式互相连接起来,构成一个电力网络进行供电,这样可以提高供电的可靠性和经济性。为了分析方便,一般可按照供电范围和时间的不同把消防电源分为主电源和应急电源两类。主电源指电力系统电源,应急电源可由自备柴油发电机组或蓄电池担任,对于停电时间要求特别严格的消防用电设备,还可采用不停电电源进行连续供电。此外,在火灾应急照明或疏散指示标志灯处,需要获得交流电时,可增加把蓄电池直流电变为交流电的逆变器。

3.2 火灾自动报警系统子系统

3.2.1 线型感温探测系统

线型感温探测系统分为感温电缆(即缆式线型感温火灾探测器)和感温光纤探测系统。感温电缆通过 FAS 监视模块直接接入火灾自动报警主机。

感温光纤探测系统由光纤主机、探测光纤等组成,其中光纤主机负责光纤信号处理、报警和参数设置等,探测光纤负责现场的温度采集。光纤主机还可以通过 RS485/232、CAN、以太网接口与火灾报警控制器相连,构成完整的火灾报警系统。

1. 以下场所宜选择缆式线型感温火灾探测器

（1）电缆隧道、电缆竖井、电缆夹层、电缆桥架。
（2）不宜安装点型探测器的夹层、闷顶。

2. 以下场所宜选择线型感温光纤探测系统

（1）需要监测环境温度的地下空间等场所宜设置具有实时温度监测功能的线型光纤感温火灾探测器。
（2）公路隧道、敷设动力电缆的铁路隧道和城市地铁隧道。

3.2.2 消防应急照明及疏散指示系统

消防应急照明及疏散指示系统是由控制主机、消防应急电源、消防应急标志灯具、消防火灾报警主机及火灾探测器等多种设备组成的一套智能消防疏散系统。该系统具有人机交互界面，可对消防应急标志灯具实时巡检并与报警主机系统联动，在有火灾发生时根据起火位置智能选择最佳逃生路线进行疏散指示。

1. 系统分类

消防应急照明和疏散指示系统按照灯具的应急供电方式和控制方式的不同，分为自带电源非集中控制型、自带电源集中控制型、集中电源非集中控制型、集中电源集中控制型4类系统。其中，集中电源集中控制型系统由应急照明控制器、应急照明集中电源、应急照明分配电装置、消防应急灯具组成。应急照明集中电源通过应急照明分配电装置为消防应急灯具供电，应急照明集中电源和消防应急灯具的工作状态受应急照明控制器控制。图3-5、图3-6分别为智能疏散控制器和消防应急标志灯。

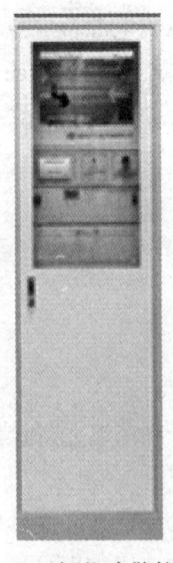

图3-5　智能疏散控制器　　　　图3-6　消防应急标志灯

2. 系统适用场所

（1）轨道交通的站厅层和站台层、车站和机场候机楼等交通枢纽，2 000 m² 以上的商场、展览中心和医院门诊楼等场所，宜选择自带电源集中控制型或集中电源集中控制型。

（2）疏散走道和楼梯间不宜选择应急供电电压为非安全电压的集中电源型消防应急照明和疏散指示系统。

（3）大型百货商场、大型超市、大型体育馆、地铁隧道等需要导光流疏散指示标志的场所，应选择自带电源集中控制型或集中电源集中控制型。

（4）当采用集中供电且线路压降不能满足要求时，应分散设置集中电源。

3. 系统工作原理

火灾报警系统与智能消防应急照明疏散指示逃生系统联动，当火灾信号被消防控制室确认后，疏散区域内的应急照明灯具被智能应急照明系统及时自动点亮，并对火灾现场的每个疏散指示、应急照明指示灯进行编程控制，以光流的疏散指示形式，为逃生人群动态指示逃生的方向，使逃生人员在烟雾弥漫的环境中能够及时、清晰地判断逃生方向。联动工作原理如图 3-7 所示。

火灾报警系统与智能应急照明系统联动，并确认火灾信息后，应急疏散指示灯进行方向调整指示时必须按照规定来进行，其应遵循以下规律：

（1）所调整的指示方向远离着火点。

（2）着火层以上的楼层在进行疏散时不能向着火层着火点临近的出口疏散。

（3）达到安全出口和接近安全出口时有声音提示及灯光闪烁，使在现场进行疏散指导的人员能为逃生人员做正确的方向指示，保证逃生人员不会因错过安全出口而延误了逃生时机。

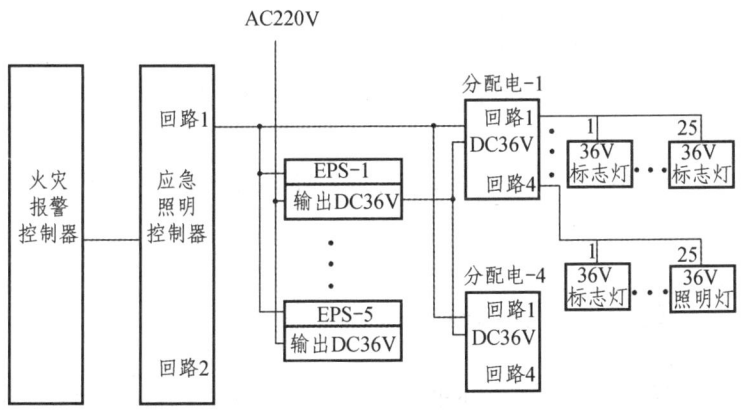

图 3-7 联动原理图

3.2.3 吸气式烟雾探测报警系统

吸气式烟雾探测火灾报警系统由空气采样管网、火灾报警装置及显示控制单元等组成，通过分布在探测区域的采样管网上的采样孔，将空气样品抽吸到探测报警器内进行分析，并显示出所保护区域的烟雾浓度和报警、故障状态的系统，吸气式烟雾探测系统如图3-8。

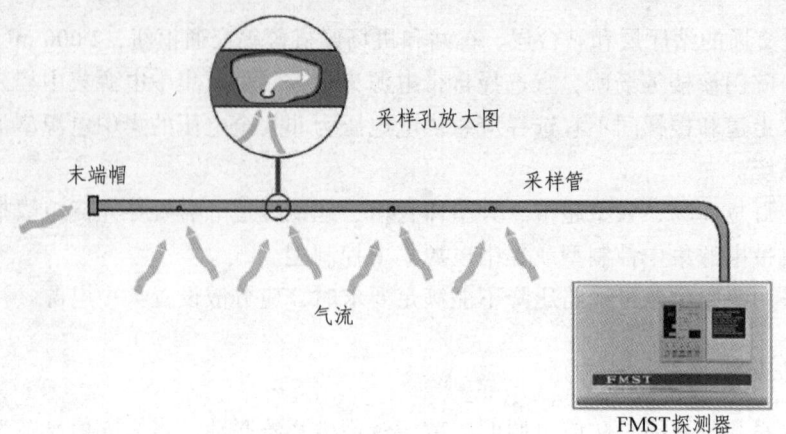

图3-8　吸气式烟雾探测系统示意图

1. 系统分类

探测器按功能应分为两类：

（1）吸气式烟雾探测报警器。该报警器除具有烟雾探测功能外，还具有复位、消音、自检等功能，可以独立使用，可对报警信号进行本地或远程输出。

（2）吸气式烟雾探测器。吸气式烟雾探测器只具有烟雾探测功能，不具有复位、消音、自检等功能，不能够脱离消防报警控制器而独立使用，所有对探测器的操作均要通过消防报警控制器来完成。

2. 系统适用场所

（1）具有高速气流的场所；点型感烟、感温火灾探测器不适宜大空间、舞台上方、建筑高度超过12 m或有特殊要求的场所；低温场所；需要进行隐蔽探测的场所；需要进行火灾早期探测的重要场所；人员不宜进入的场所。

（2）灰尘比较大的场所，不应选择没有过滤网和管路自动清洁功能的管路采样式吸气感烟火灾探测器。

3.2.4　可燃气体探测报警系统

可燃气体探测报警系统由可燃气体报警控制器、可燃气体探测器组成，能够在保护区域内泄漏可燃气体的浓度低于爆炸下限的条件下提前报警，从而避免由于可燃气体泄漏引起的火灾爆炸事故的发生。

1. 系统分类及适用场所

根据探测气体类型的不同以及使用场所的不同，对可燃气体探测报警系统进行了具体的分类。

现有可燃气体探测器主要有 7 个品种：测量范围为 0～100%LEL（爆炸下限）的点型可燃气体探测器；测量范围为 0～100%LEL（爆炸下限）的独立式可燃气体探测器；测量范围为 0～100%LEL（爆炸下限）的便携式可燃气体探测器；测量人工煤气的点型可燃气体探测器；测量人工煤气的独立式可燃气体探测器；测量人工煤气的便携式可燃气体探测器；线型可燃气体探测器。图 3-9 为某种可燃气体探测器实物。

图 3-9　可燃气体探测器

上述 7 种可燃气体探测器可按不同特性进行分类。

1）按防爆要求分类

（1）防爆型可燃气体探测器。

（2）非防爆型可燃气体探测器。

2）按使用方式分类

（1）固定式可燃气体探测器。

（2）便携式可燃气体探测器。

3）按探测可燃气体的分布特点分类

（1）点型可燃气体探测器。

（2）线型可燃气体探测器。

4）按探测气体特性分类

（1）探测爆炸气体的可燃气体探测器。

（2）探测有毒气体的可燃气体探测器。

5）可燃气体报警控制器按系统连线方式分类

（1）多线制可燃气体报警控制器：采用多线制方式与可燃气体报警控制器连接。

（2）总线制可燃气体报警控制器：采用总线（一般为 2～4 根）方式与可燃气体探测器连接。

6）系统使用场所

可燃气体探测器报警系统适用于使用、生产或聚集可燃气体或可燃液体蒸气场所可燃气体浓度探测，在泄漏或聚集可燃气体浓度达到爆炸下限前发出报警信号，提醒专业人员排除火灾、爆炸隐患，实现火灾的早期预防，避免火灾、爆炸事故的发生。

2. 系统组成

可燃气体探测报警系统是火灾自动报警系统的独立子系统，属于火灾预警系统。可燃气体探测报警系统的组成示意图如图 3-10 所示。

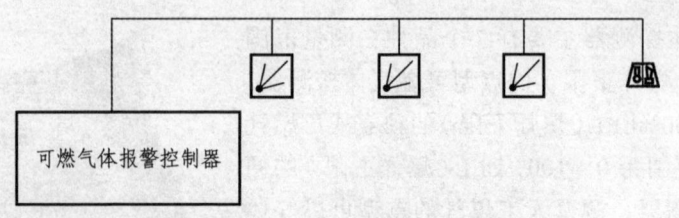

图 3-10 可燃气体探测报警系统的组成示意图

1）可燃气体报警控制器

可燃气体报警控制器用途是为所连接的可燃气体探测器供电，接收来自可燃气体探测器的报警信号，发出声、光报警信号和控制信号，指示报警部位，记录并保存报警信息的装置。

2）可燃气体探测器

可燃气体探测器是能对泄漏的可燃气体进行响应，自动产生报警信号并向可燃气体报警控制器传输报警信号的器件。

3. 系统设计

可燃气体探测系统是一个独立的子系统，应独立组成。可燃气体探测器应接入可燃气体报警控制器，不应直接接入火灾报警控制器的探测器回路。

由可燃气体报警控制器将报警信号传输至消防控制室的图形显示装置或集中火灾报警控制器，但其显示应与火灾报警信息有区别；石化行业涉及过程控制的可燃气体探测器，可接入 DCS 等生产控制系统，但其报警信号应接入消防控制室。

1）可燃气体探测器的设置

探测气体密度小于空气密度的可燃气体探测器应设置在被保护空间的顶部，探测气体密度大于空气密度的可燃气体探测器应设置在被保护空间的下部，探测气体密度与空气密度相当时，可燃气体探测器可设置在被保护空间的中间部位或顶部。

可燃气体探测器宜设置在可能产生可燃气体的部位附近，常见安装位置如图 3-11、3-12、3-13 所示。点型可燃气体探测器的保护半径，应符合现行国家标准《石油化工可燃气体和有毒气体检测报警设计规范》（GB 50493—2009）的有关规定。线型可燃气体探测器的保护区域长度不宜大于 60 m。

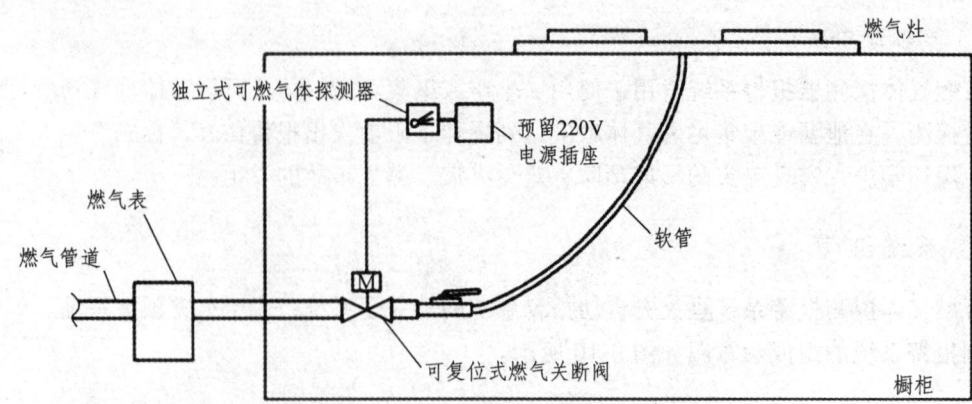

图 3-11 可燃气体探测器在橱柜中安装示意图

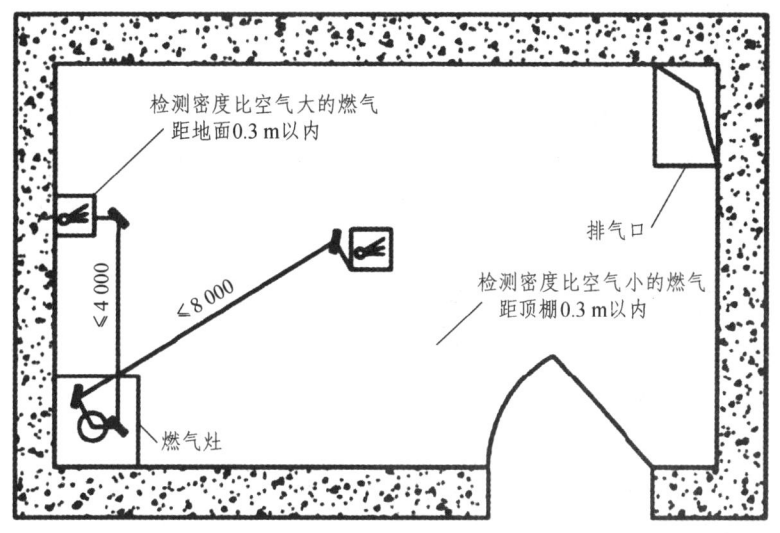

图 3-12 可燃气体探测器安装位置示意图一（单位：mm）

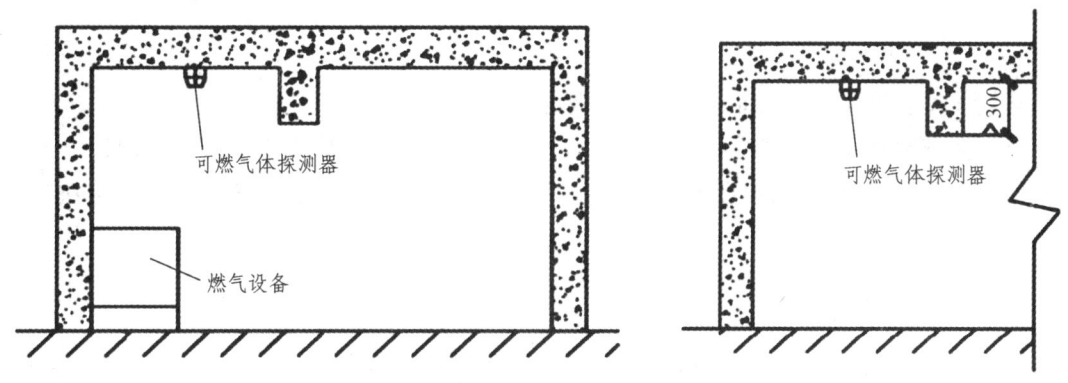

图 3-13 可燃气体探测器安装位置示意图二（单位：mm）

2）可燃气体报警控制器的设置

当有消防控制室时，可燃气体报警控制器可设置在保护区域附近，当无消防控制室时，可燃气体报警控制器应设置在有人员值班的场所。可燃气体报警控制器的设置应符合火灾报警控制器的安装设置要求。

3.2.5 电气火灾监控系统

电气火灾监控系统由电气火灾监控器、电气火灾监控探测器和火灾声警报器组成，能在电气线路以及线路中的配电设备或用电设备发生电气故障并产生一定电气火灾隐患的条件下发出报警，提醒专业人员排除电气火灾隐患，实现电气火灾的早期预防，避免电气火灾的发生，因此具有很强的电气防火预警功能。

1. 系统分类

1）电气火灾监控探测器的分类

（1）电气火灾监控探测器按工作方式分类：

① 独立式电气火灾监控探测器，即可以自成系统，不需要配接电气火灾监控设备。

② 非独立式电气火灾监控探测器，即自身不具有报警功能，需要配接电气火灾监控设备组成系统。

（2）电气火灾监控探测器按工作原理分类：

① 剩余电流保护式电气火灾监控探测器，即当被保护线路的相线直接或通过非预期负载对大地接通，而产生近似正弦波形且其有效值呈缓慢变化的剩余电流，当该电流大于预定设置时即自动报警的电气火灾监控探测器。

② 测温式（过热保护式）电气火灾监控探测器，即当被保护线路的温度高于预定数值时，自动报警的电气火灾监控探测器。

③ 故障电弧式电气火灾监控探测器，即当被保护线路上发生故障电弧时，发生报警信号的电气火灾监控探测器。

2）电气火灾监控设备的分类

电气火灾监控设备按系统连线方式分类为：

（1）多线制电气火灾监控设备，即采用多线制方式与电气火灾监控探测器连接。

（2）总线制电气火灾监控设备，即采用总线（一般为2~4根方式与电气火灾监控探测器）连接。

2. 系统适用场所

电气火灾监控系统适用于具有电气火灾危险场所，尤其是变电站、石油石化、冶金等不能中断供电的重要供电场所的电气故障探测，在出现一定电气火灾隐患的条件下发出报警信号，提醒专业人员排除电气火灾隐患，实现电气火灾的早期预防，避免电气火灾的发生。

3. 系统组成

电气火灾监控系统是火灾自动报警系统的独立子系统，属于火灾预警系统。电气火灾监控系统的组成示意图如3-14所示。

1）电气火灾监控器

电气火灾监控器（见图3-15）是为所连接的电气火灾监控探测器供电，能接收来自电气火灾监控探测器的报警信号，发出声、光报警信号和控制信号，指示报警部位，记录并保存报警信息的装置。

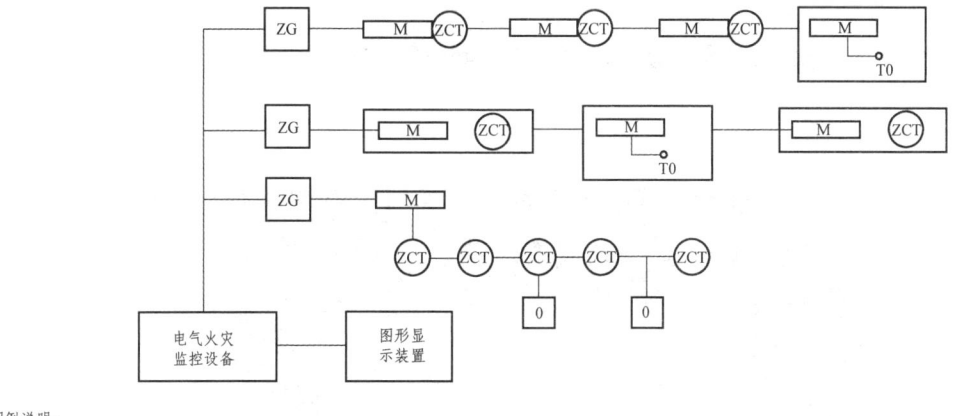
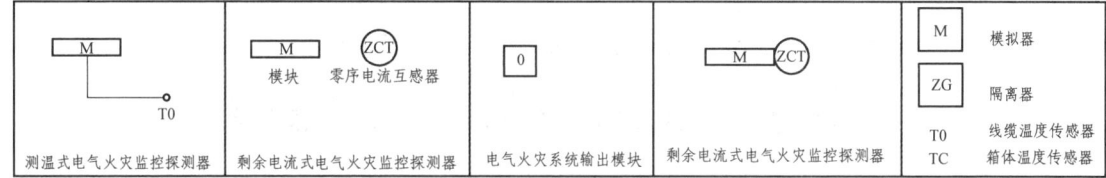

图 3-14 电气火灾监控系统的组成

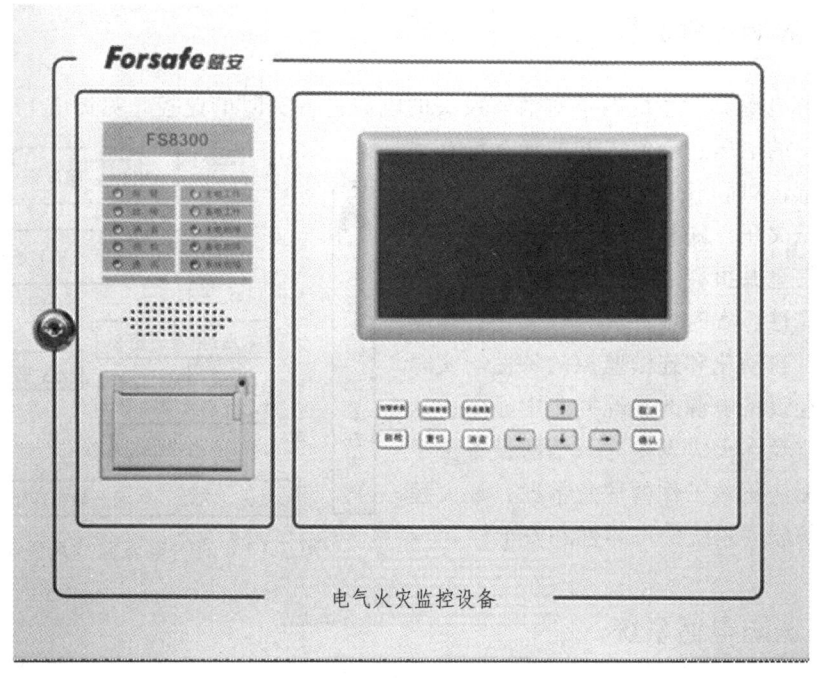

图 3-15 电气火灾监控器

2）电气火灾监控探测器

电气火灾监控探测器（见图 3-16）是能够对保护线路中的剩余电流、温度等电气故障参数响应，自动产生报警信号并向电气火灾监控器传输报警信号的器件。

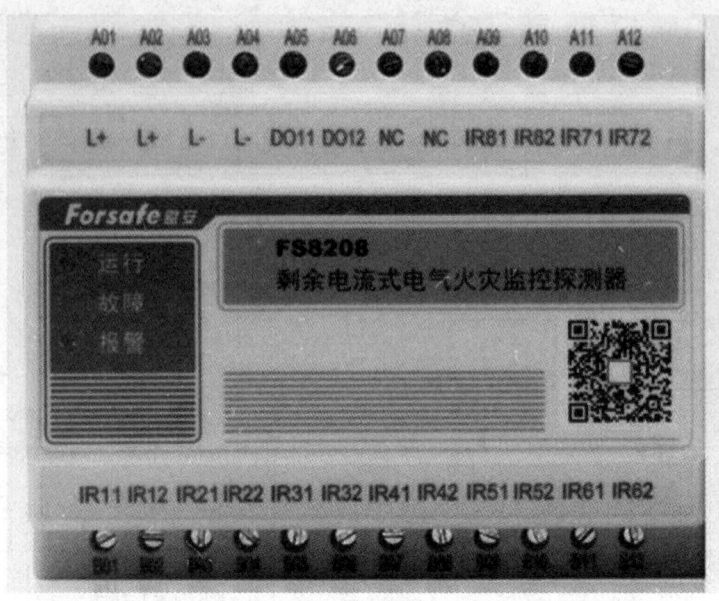

图 3-16 剩余电流式电气火灾监控探测器

3.2.6 消防电源监控系统

消防设备电源监控系统能够对消防设备的电源进行实时的监控（见图 3-17），通过检测消防设备电源的电压、电流、开关状态等有关设备电源信息，从而判断电源设备是否有断路、短路、过压、欠压、缺相、错相以及过流（过载）等故障信息并报警、记录的监控系统。此系统具有可靠性、实时性并具有数字化、智能化、网络化、自动化和连续监控的特性。实时反映出被监控设备电源的状况并集中显示，从而可以有效避免在火灾发生时，消防设备由于电源故障而无法正常工作的危急情况，最大程度地保障消防联动系统的可靠性和安全性。

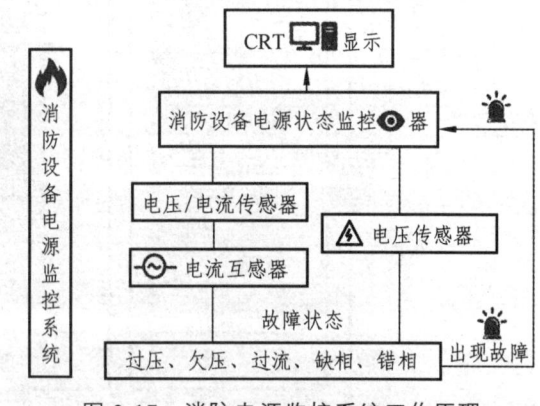

图 3-17 消防电源监控系统工作原理

3.2.7 消防电话系统

1. HDM3200 消防电话系统

HDM3200（总线式）消防电话系统是北京豪沃尔科技发展股份有限公司的产品，HDM3200（总线式）消防电话符合国家标准《消防联动控制系统》（GB 16806—2006）并取得 CCCF 认证。HDM3210 是二总线式消防电话系统中的总机设备，它可接入 HD312（总线式）台壁式消防电话分机、HD322（总线式）消防电话插孔以及和它配套的 HD220 插孔式消防电话分机，接入的门数为 127 门，每门总线式分机或插孔可外挂多达 60 个 HD230 消防电话插孔（多线式），以上设备与专用消防电源 HBM1001 及蓄电池构成完善的消防电话系统，适用于建筑内发生火灾或紧急情况时的通信、调度。郑州地铁 1 号线一期采用了此设备。

2. TCC-2 消防电话系统

TCC-2 消防电话系统是美国霍尼韦尔旗下 NOTIFIER 公司的产品，TCC-2 消防电话系统配备的消防电话 TCC-G3040 主机，它可以与分机进行可靠的通信，并且详细记录呼叫、通话时间及内容。可在紧急情况直接呼叫 119，可接通来自外线的呼叫。可对在线的分机进行一次登记并保持运行过程中的实时检测，对登记存在的分机出现开路故障可快速做出报警，便于日常的维护。郑州地铁 1 号线二期、2 号线一期、城郊线一期均采用了此系统。

3.3 火灾自动报警设备工作原理

3.3.1 单体设备工作原理

1. 光电感烟探测器

感烟探测器是对探测区域内某一点或某一连续线路周围的烟参数做出敏感响应的火灾探测器，图 3-18 所示的光电感烟探测器是常用的感烟探测器之一，对火灾初期及阴燃阶段的早期报警行之有效，应用广泛。

光电感烟探测器是对能影响红外、可见频谱区辐射的吸收或散射式的燃烧物质所敏感的火灾探测器，即在火灾探测器设有光源、光敏元件和电子开关，并由光源与光敏元件组成光电转换电路，当烟参数影响探测器内传播特性时，探测器就会发出火灾报警信号，其工作原理如图 3-19 所示。

图 3-18 光电感烟探测器

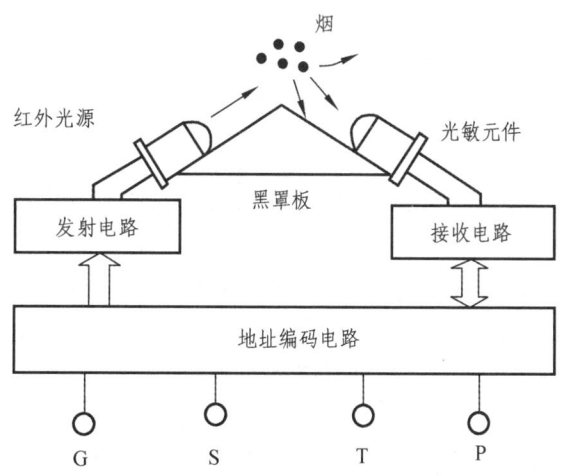

图 3-19 光电感烟探测器工作原理图

这种探测器对燃烧时产生的白烟有良好的响应，适用于电器火灾等场合，具有寿命长、稳定可靠和良好的抗风、耐潮湿性能。按其工作特点分为点型和线型，点型探测器设定在规定的位置上进行整个报警区域的探测；线型探测器所监测的区域为一条直线。

2. 红外光束线型感烟探测器

红外光束线型感烟探测器是应用烟粒子吸收或散射红外光束强度发生变化的原理而工作的一种火灾探测器。当正常的脉冲红外光束受到被保护空间（有一定的保护范围）的烟雾影响而减弱时，当辐射能量减弱到影响阈值时，探测器立即动作，发出火灾报警信号，其工作原理如图 3-20 所示。

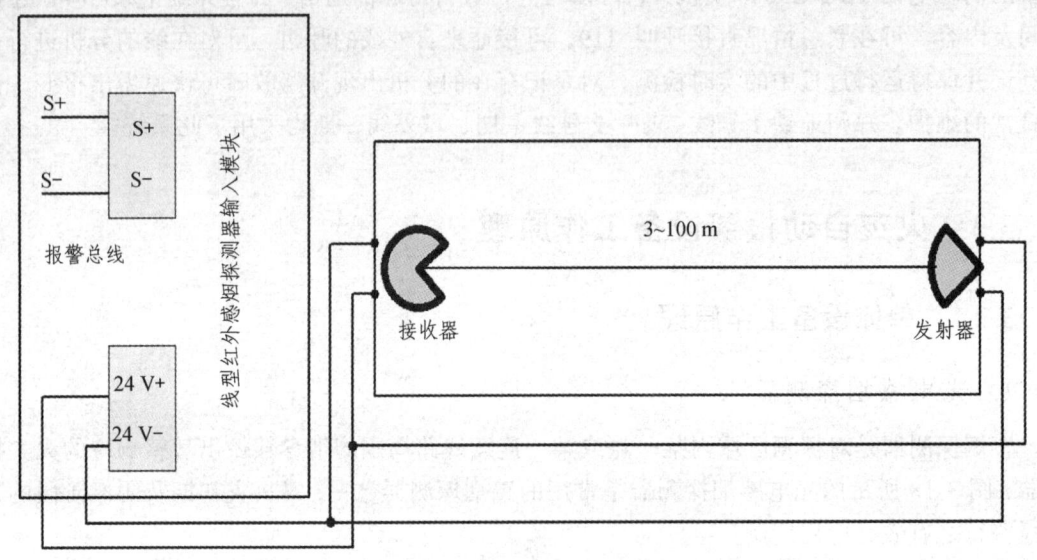

图 3-20　红外光束线型探测器工作原理图

3. 智能感温探测器

感温探测器是响应异常温度、温升速率和温差等参数的火灾探测器。感温探测器适用于火灾时产生的烟气较小，而热量增加很快的部位。它除了适用于宾馆、计算机房、地铁用电设备房外，还适用于经常存在大量烟尘、粉尘、烟雾、水蒸气的场所。感温探测器种类多，按其原理可分为定温探测器、差温探测器、差定温探测器 3 种。

1）定温探测器

定温探测器是随着环境温度的升高，达到或超过预定温度时响应的火灾探测器。

（1）双金属型定温探测器。

双金属型定温探测器主要由吸热罩、双金属片及低熔点合金和电气触点等组成。双金属片是两种膨胀系数不同的金属片以及低熔点合金作为热敏感元件。在吸热罩的中部与特种螺钉用低熔点金属相焊接，特种螺钉又与顶杆相连接。如被监控现场发生火灾时，随着环境温度的升高，热敏元件双金属片渐渐向上弯曲；同时，当温度高至标定温度（70~90℃）时，低熔点合金也熔化落下，释放螺钉，于是顶杆借助于弹簧的弹力，助推双金属片接通，以此送出火警信号。

双金属型定温探测器具有结构简单可靠，误动作少的优点，其报警值在出厂时已校正好，故在安装时不可随意改动。

（2）缆式线型定温探测器。

缆式线型定温探测器由两根相互扭绞的外包热敏绝缘材料的钢丝、塑料包带及塑料外护套等组成，其外形与一般导线相同。在正常时，两根钢丝之间的热敏绝缘材料相互绝缘，但被保护现场的缆线设备等由于短路或过载而使线路中的某部分温度升高，并达到缆式线型定温探测器的动作温度后，在温升地点的两根导线间的热敏绝缘材料的阻抗值降低，即使两根钢丝间发生阻值变化的信号，经与其连接的监视模块（也称为输入模块）转变成响应的数字信号，通过二总线传给报警控制器，发出报警信号。

特殊的模拟缆式线型感温探测器有 4 根导线，在电缆外面有特殊的高温度系数的绝缘材料，并接成两个探测回路。当温度升高并达到动作温度时，其探测回路的等效电阻减小，发出火警信号。

特殊的模拟缆式线型感温探测器适用于电缆沟内、电缆桥架、电缆竖井等处对电缆进行火警监测，也可用于控制室、计算机房地板下、电力变压器、生产流水线等处。

（3）电子定温探测器。

电子定温探测器采用临界热敏电阻 CTR 作为传感器件（见图 3-21），这种热敏电阻在室温下具有极高的阻值（可以达到 1 MΩ 以上），随着环境温度的升高，阻值会缓慢地下降，当达到预定的温度时，临界电阻的阻值会迅速减至几十欧姆，使得信号电流迅速增大，探测器向报警控制器发出报警信号，目前一般采用的是当环境温度达到 57 ℃ 时发出火警信号。

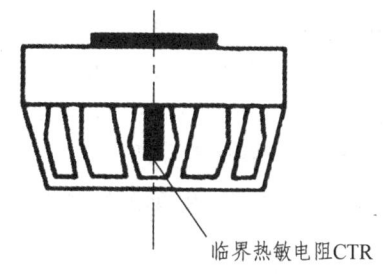

图 3-21 临界热敏电阻

2）差温探测器

如图 3-22 所示为差温探测器工作原理图，其工作原理是在规定时间内，火灾引起的温度上升速率超过某个规定值时启动报警的火灾探测器，它也有线型和点型两种结构。线型差温式探测器是根据广泛的热效应而动作的，点型差温式探测器是根据局部的热效应而动作的，主要感温器件是空气膜盒、热敏半导体电阻元件等。

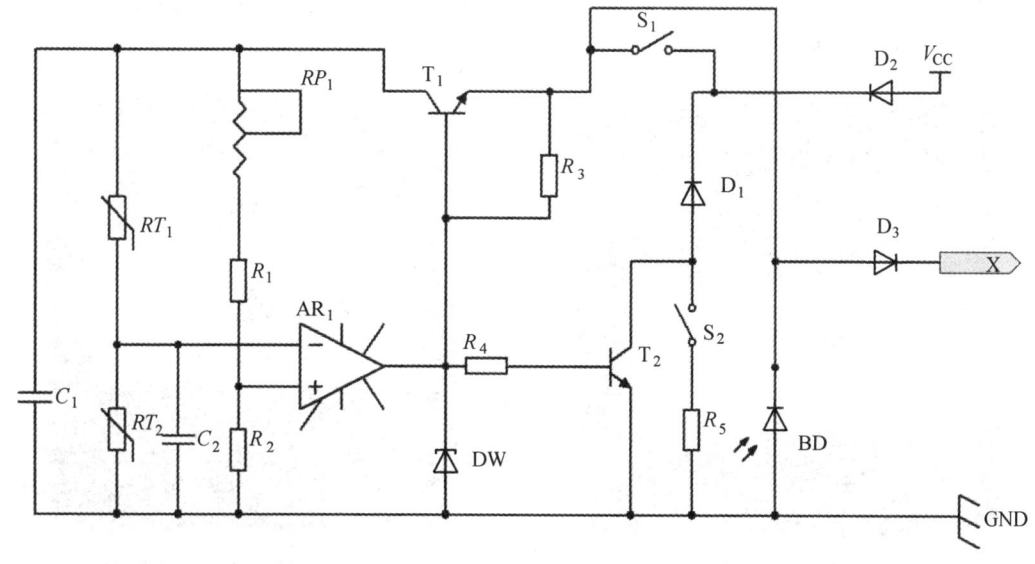

图 3-22 差温探测器工作原理图

3）差定温探测器

（1）机械式差定温探测器。

机械式差定温探测器的温差探测部分与膜盒型基本相同，而定温探测部分与易熔金属定温探测器相同。其工作原理是：差温部分，当发生火情时，环境温升速率达到某一数值，波纹片在受热膨胀的气体作用下，压迫固定在波纹片上的弹性接触片向上移动与固定触头接触，发出报警；定温部分，当环境温度达到一定阈值时，易熔金属熔化，弹簧片弹回，也迫使弹性接触片和固定触点接触，发出报警信号。

（2）电子式差定温探测器。

电子式差定温探测器采用了 3 只热敏电阻 R_1、R_2 和 R_3，其特性均随着温度升高而使阻值下降。其中差温探测部分的 R_1 和 R_2 阻值相同，R_2 布置在铜外壳上，对外界温度的变化较为敏感；R_3 置在一个特制的金属罩内，对环境温度变化不敏感。当环境温度缓慢变化时，R_1 和 R_2 阻值变化相近，三极管 V1 维持在截止状态。当发生火灾时，温度急剧上升，R_2 因直接受热，阻值迅速下降；则 R_1 反应较慢，阻值下降小，点电位降低，当降低到一定值时导通，三极管 V1 也随即导通，向报警器输出火警信号。定温部分由三极管 V2 和 R_3 组成，当温度升高至定值时，R_3 的阻值降低至动作值，使 V2 导通，向报警器发出火警信号。

4. 手动火灾报警按钮的工作原理

手动火灾报警按钮是火灾报警系统中的一个设备类型，如图 3-23 所示。当发生火灾时，在火灾探测器没有探测到火灾时，工作人员手动按下手动火灾报警按钮，报告火灾信号。手动火灾报警按钮目前有可复位式和玻璃破碎式报警方式。

5. 消火栓报警按钮的工作原理

如图 3-24 为消火栓报警按钮，一般放置于消火栓箱内，其表面装有一按片，当发生火灾时可直接按下按片，此时消火栓按钮的红色启动指示灯亮，并能向控制中心发出信号，一般不作为直接启动消防水泵的开关。

图 3-23　手动火灾报警按钮

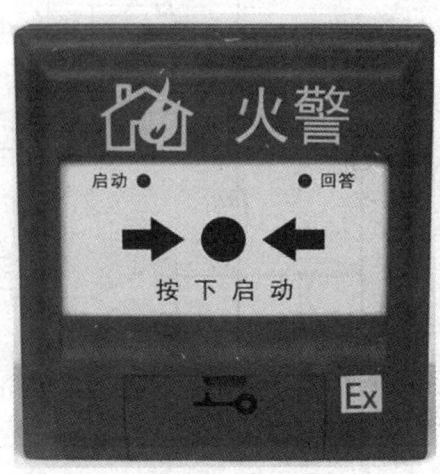

图 3-24　消火栓报警按钮

6. 消防模块的工作原理

消防模块在火灾自动报警系统中的应用大致可以分为输入模块、输出模块、输入输出模块、中继模块、隔离模块等。

1）输入模块

输入模块用于接收信号输入，将输入的设备作为火灾报警系统的一部分，有些生产厂家称之为中继模块。根据输入信号的不同，输入模块又可分为开关量输入和模拟量输入两种。开关量输入就是接收一个无源触点信号，通过该信号的输入接入到系统中，一般的输入模块可以用于接收水流指示器、压力开关、信号阀等设备的报警信号与反馈信号。由于消防系统中各个厂家设备的通信协议有区别，所以不同厂家的设备可以通过这种方式进行连接。目前市场上的输入模块有只可以接收常开信号输入的，有经过参数设定可以接收常开或者常闭信号输入的，还有双输入模块甚至是多输入模块等。模拟量输入模块一般用于接收电流量或者电压量信号，一般厂家的非编码探测器报警时输出的就是电流量信号，用于接本厂家的编址接口模块，输入到系统中。

2）输出模块

消防输出模块也叫控制模块，是消防联动控制系统的重要组成部分，用在火灾自动报警系统中连接排烟阀、送风阀、防火阀等外部设备。模块多有一对常开、常闭触点，通过模块上面的触点连接外接电路来实现外部设备的联动控制。该类模块用于控制某些设备的启停或切换，一般不接收信号输入，多用于控制无信号反馈的设备，比如广播、声光警报器、警铃等设备。

3）输入输出模块

输入输出模块在有控制要求时可以输出信号，或者提供一个开关量信号，使被控设备动作；同时可以接收设备的反馈信号，以向主机报告，是火灾报警联动系统中重要的组成部分。市场上的输入输出模块都可以提供一对无源常开/常闭触点，用以控制受控设备。部分厂家的模块可以通过参数设定，设置成有源输出。输入输出模块可分为单输入输出模块、双输入输出模块，也有个别是多输入输出模块。

4）中继模块

火灾报警系统中的中继模块多接收开关量信号，用于配接一些非编码设备、防爆设备等。后端连接的部分从系统中隔离，不致于造成整个系统无法正常工作，故障部分线路修复后隔离器可自行恢复工作，该模块接在系统总线前端。在回路发生短路等故障时，将该模块用于连接输入输出模块和大电流被控设备，起保护作用，其作用相当于继电器。多线模块用于连接多线直控点和被控设备，控制一些大型消防设备，如泵、风机等。

5）隔离模块（总线隔离器）

隔离模块也称总线隔离器，位于系统总线前端（消防规范要求每 32 个点位设置一个隔离模块），在回路发生短路等故障时，将后端连接的部分从系统中隔离，不至造成整个系统无法正常工作,故障部分线路修复后隔离模块可自行恢复工作。

7. 消防电话工作原理

消防电话是一种消防专用的、可及时掌握火灾现场情况及进行其他必要的通信联络的通信方式。其一般分为总线制和多线制两种实现方式。当发生火灾报警时,它可以提供方便快捷的通信手段,是消防控制及其报警系统中不可缺少的通信设备,消防电话系统有专用的通信线路,现场人员可以通过现场设置的固定电话和消防控制室进行通话,也可以通过便携式电话与控制室直接进行通话。消防电话主机(见图 3-25)由消防电话分机、消防电话插孔及相应管线组成。

图 3-25　消防电话

3.3.2　报警系统工作原理

在整个火灾自动报警系统中,火灾报警控制器(联动型)或火灾报警控制器及消防联动控制器是核心组件,是系统中火灾报警与警报的监控管理枢纽和人机交互平台。

1. 火灾探测报警系统

火灾发生时,安装在保护区域现场的火灾探测器,将火灾产生的烟雾、热量和光辐射等火灾特征参数转变为电信号,经数据处理后,将火灾特征参数信息传输至火灾报警控制器;或直接由火灾探测器做出火灾报警判断,将报警信息传输到火灾报警控制器。火灾报警控制器在接收到探测器的火灾特征参数信息或报警信息后,经报警确认判断,显示报警探测器的部位,记录探测器火灾报警的时间。处于火灾现场的人员,在发现火灾后可立即触动安装在现场的手动火灾报警按钮,手动报警按钮便将报警信息传输到火灾报警控制器,火灾报警控制器在接收到手动火灾报警按钮的报警信息后,经报警确认判断,显示动作的手动报警按钮的部位,记录手动火灾报警按钮报警的时间。火灾报警控制器在确认火灾探测器和手动火灾报警按钮的报警信息后,驱动安装在被保护区域现场的火灾警报装置,发出火灾警报,向处于被保护区域内的人员警示火灾的发生。图 3-26 为火灾探测报警系统工作原理图。

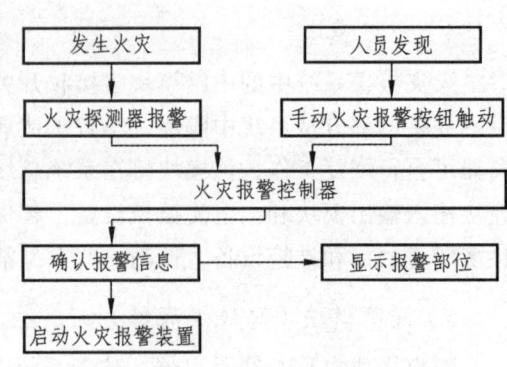

图 3-26　火灾探测报警系统的工作原理图

2. 消防联动控制系统

火灾发生时，火灾探测器和手动火灾报警按钮的报警信号等联动触发信号传输至消防联动控制器，消防联动控制器按照预设的逻辑关系对接收到的触发信号进行识别判断，在满足逻辑关系条件时，消防联动控制器按照预设的控制时序启动相应自动消防系统（设施），实现预设的消防功能；消防控制室的消防管理人员也可以通过操作消防联动控制器的手动控制盘直接启动相应的消防系统（设施），从而实现相应消防系统（设施）预设的消防功能。消防联动控制接收并显示消防系统（设施）动作的反馈信息。图 3-27 为消防联动控制系统的工作原理图。

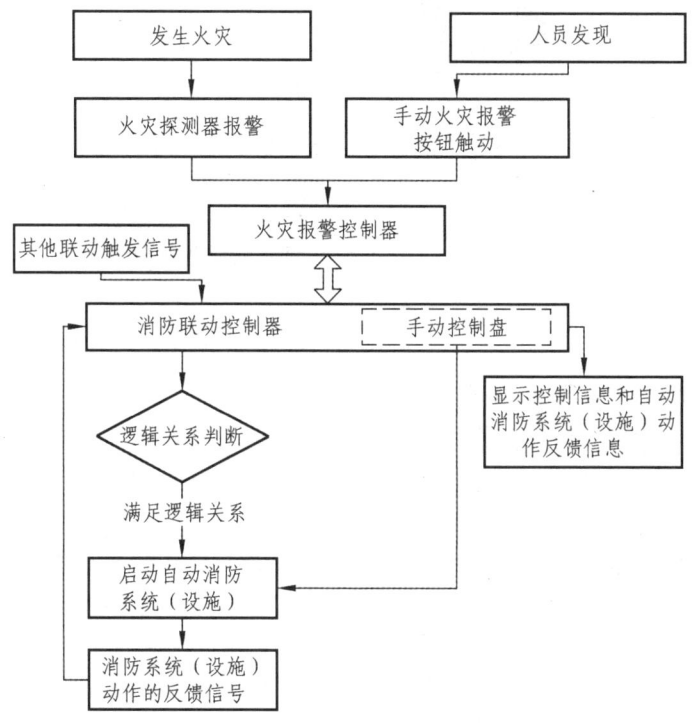

图 3-27 消防联动控制系统的工作原理图

3. 吸气式烟雾探测系统

吸气式烟雾探测火灾报警系统由空气采样管网、火灾报警装置及显示控制单元组成，通过分布在探测区域的采样管网上的采样孔，将空气样品抽吸到探测报警器内进行分析，并显示出保护区域的烟雾浓度和报警、故障状态。

吸气式烟雾探测系统包括探测器和采样网管。烟雾探测器由吸气泵、过滤器、激光探测腔、控制电路、显示电路等组成，如图 3-28 所示。吸气泵通过 PVC 管或钢管所组成的采样管网，利用探测主机内部抽气泵所产生的吸力，空气样品或烟雾通过这些小孔被吸入管道中从被保护区内连续采集空气样品放入探测器。空气样品经过过滤器组件滤去灰尘颗粒后进入探测腔，探测腔有一个稳定的激光光源。烟雾粒子使激光发生散射，散射光使高灵敏的光接收器产生信号。经过系统分析，完成光电转换。烟雾浓度值及其报警等级由显示器显示出来。主机通过继电器或通信接口将电信号传送给火灾报警控制中心和集中显示装置。

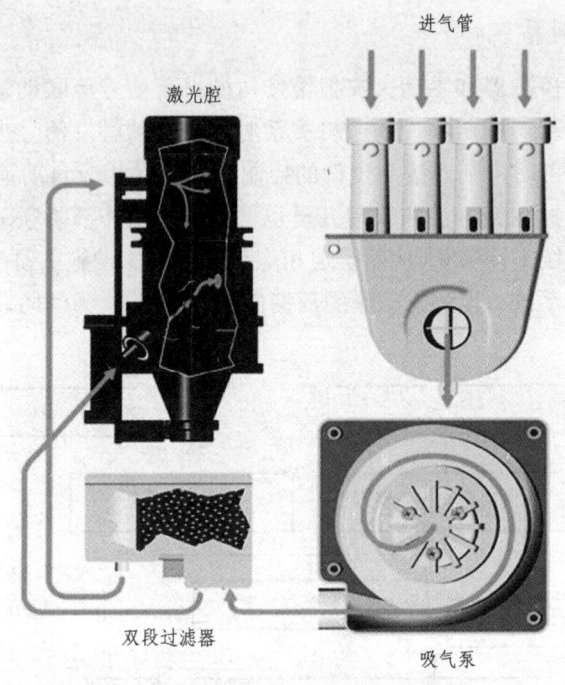

图 3-28 吸气式烟雾探测系统构成

4. 可燃气体探测系统工作原理

发生可燃气体泄漏时,安装在保护区域现场的可燃气体探测器,将泄漏可燃气体的浓度参数转变为电信号,经数据处理后,将可燃气体浓度参数信息传输至可燃气体报警控制器;或直接由可燃气体探测器对泄漏可燃气体浓度超限做出报警判断,将报警信息传输到可燃气体报警控制器。可燃气体报警控制器在接收到探测器的可燃气体浓度参数信息或报警信息后,经确认判断,显示报警探测器的部位并发出泄漏可燃气体浓度信息,记录探测器报警的时间,同时驱动安装在保护区域现场的声光警报装置,发出声光警报,警示人员采取相应的处置措施;必要时可以控制并关断燃气的阀门,防止燃气的进一步泄漏。图 3-29 为可燃气体探测系统工作原理图。

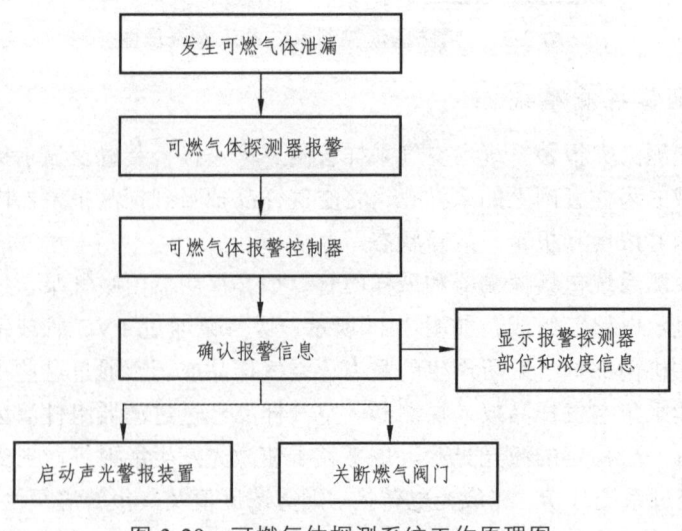

图 3-29 可燃气体探测系统工作原理图

5. 电气火灾监测系统工作原理

发生电气故障时，电气火灾监控探测器将保护线路中的剩余电流、温度等电气故障参数信息转变为电信号，经数据处理后，探测器做出报警判断，将报警信息传输到电气火灾监控器。电气火灾监控器在接收到探测器的报警信息后，经确认判断，显示电气故障报警探测器的部位信息，记录探测器报警的时间，同时驱动安装在保护区域现场的声光报警装置，发出声光警报，警示人员采取相应的处理措施，排除电气故障、消除电气火灾隐患，防止电气火灾的发生。

1) 电气火灾监控系统工作原理

电气火灾监控系统的基本原理是，当电气设备中的电流、温度等参数发生异常或突变时，终端探头（如剩余电流互感器、温度传感器）利用电磁感应原理、温度效应的变化对该信息进行采集，并输送到监控探测器里，经放大、A/D 转换，CPU 对变化的幅值进行分析、判断，并与报警设定值进行比较，一旦超出设定值则发出报警信号，同时也输送到监控设备里，再经监控设备进一步识别、判断，当确认可能会发生火灾时，监控主机发出火灾报警信号，点亮报警指示灯，发出报警音，同时在液晶屏幕上显示火灾报警等信息。值班人员则根据以上显示的信息，迅速到事故现场进行检查处理，根据已有的应急措施采取应对措施。

2) 剩余电流式电气火灾监控探测器工作原理

剩余电流式电气火灾监控探测器利用电流互感器检测电流的原理来检测剩余电流的大小，以防止电气火灾的发生。检测原理如图 3-30 所示，图中 I_A、I_B、I_C 为相电流，I_N 为中性线电流，I_d 为相线在 a 点的对地剩余电流，S 为任一封闭面。根据基尔霍夫定律，流入任一封闭面 S 的电流有效值相量之和等于零，则有 $I_A + I_B + I_C - I_N - I_d = 0$ 整理得 $I_A + I_B + I_C - I_N = I_d$。在正常情况下，三相电流的矢量和与 N 线中流过的电流大小相等，方向相反，相互抵消。如果线路绝缘劣化或其他原因导致 A 相线在 a 点产生对地电流，则在图中的 S 处电流互感器的线圈中将感应出与剩余电流 I_d 大小成正比的电流，其数值大小反映了配电线路及电气设备中电流的泄漏情况。

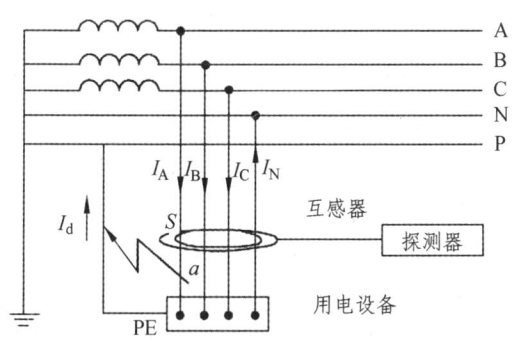

图 3-30 剩余电流式探测器的工作原理图

6. 线型感温探测系统

线型感温探测系统分为感温光纤和感温电缆。

1）感温电缆（缆式线型火灾探测器）

感温电缆又称缆式线型火灾探测器，探测器采用继电器无源触点方式输出报警信号，可以和国内外任何种类的火灾报警控制器连接，构成火灾自动探测报警系统。开关量线型定温火灾探测器和目前的模拟量线型定温火灾探测器适用的场所它都能适用，尤其适用于大型电缆隧道、公路铁路地铁隧道、高架大空间场所、内燃机车、船舰、大型野外变压器等场所。

感温电缆通过 FAS 监视模块直接接入火灾自动报警主机。缆式线型感温火灾探测器由可恢复式差定温传感电缆、接口模块和终端模块 3 部分组成，如图 3-31 所示。

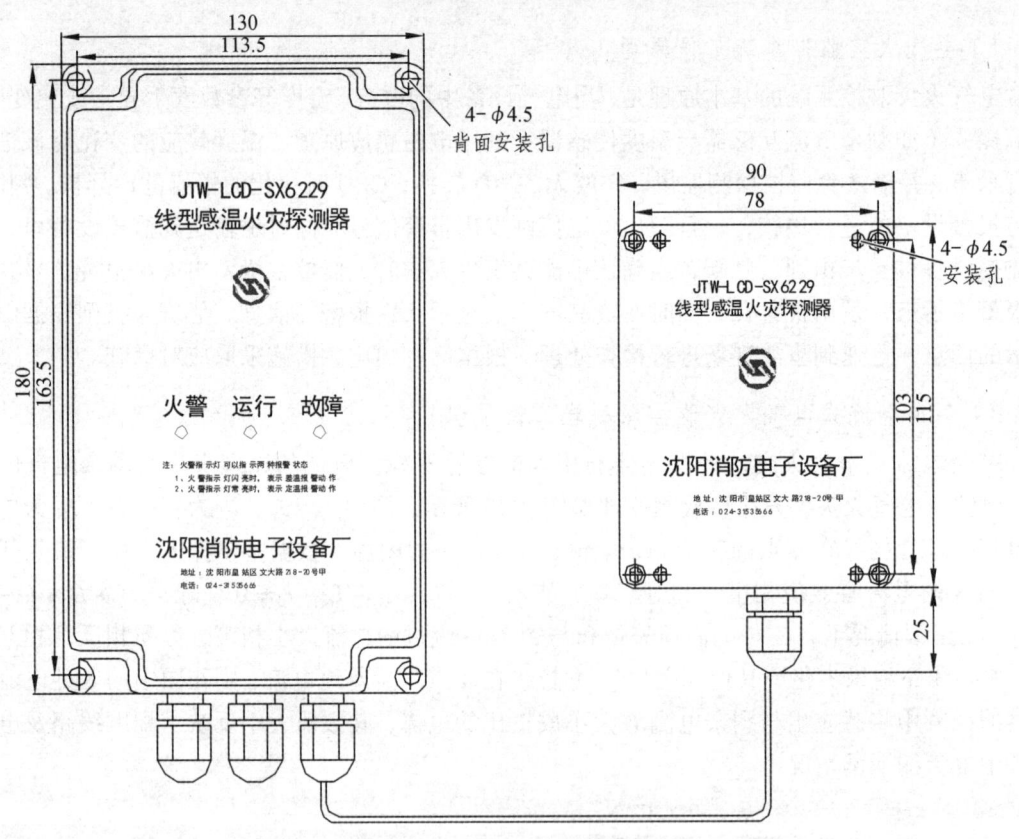

图 3-31　JTW-LCD-SX6229 线型感温火灾探测器

缆式线型感温火灾探测器接口模块与一定长度的可恢复式差定温传感电缆和终端模块连接使用，模块内设信号处理电路，对探测器进行连续的监视，对于异常情况造成的探测器温度升高和开路、短路情况，接口模块能对其进行综合判断处理，分别驱动差温火警、定温火警、故障输出电路。

探测器的可恢复式差定温传感电缆由内导体（两芯无极性）、绝缘层、编织屏蔽层组成，如图 3-32 所示。其中绝缘层的绝缘材料是一种特殊的热敏材料，因此两根内导体之间的电阻呈负温度特性。负温度系数的特征表现为一个对数函数，即常温下探测器的电阻值将远大于异常温度下的电阻值。为了保证系统能够准确感知温度的变化，探测器必须与专用的接口模块相连，通过合理的模块参数设定，可以有效地探测温度异常现象。

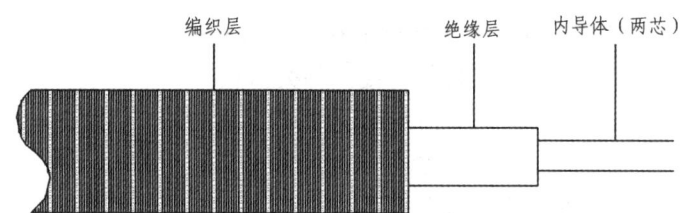

图 3-32 JTW-LCD-SX6229 线型感温火灾探测器结构

在正常情况下，终端模块中通过微弱的电流，使整个探测器形成一个闭合的环路，终端模块成为信号解码器平衡电路的一部分。当发生开路、短路现象后，终端模块中电流发生变化，线型感温火灾探测器接口模块能立即检测出终端模块的电流变化，从而输出故障信号。

当火灾扑灭后，由于探测器线芯之间的阻值可以恢复到常温时的阻值，因此探测器可以重复使用。

探测器线径细小、柔软，有利于敷设在各种场所，方便施工。线型感温火灾探测器具有很强的抗环境干扰特性，可以很好地应用于工业领域以及其他特殊领域的许多场所。尤其可以用于不能采用其他形式探测器的场所，另外探测器维护工作量低的特性还提供了人员不便于靠近或对人体有危害场所的火灾探测解决方案。

2）感温光纤

感温光纤系统由光纤主机、探测光纤组成，其中，光纤主机负责光纤信号处理、报警和参数设置等，探测光纤负责现场的温度采集。光纤主机还可以通过 RS485/232、CAN、以太网接口与火灾报警控制器相连，构成完整的火灾报警系统。

光纤测温的机理是依据后向喇曼散射效应，如图 3-33 所示。激光脉冲与光纤分子相互作用发生散射，散射有多种，如瑞利散射、布里渊散射和喇曼散射等。其中喇曼散射是由于光纤分子的热振动，它会产生一个比光源波长长的光，称斯托克斯光，和一个比光源波长短的光，称为反斯托克斯光。光纤受外部温度的调制使光纤中的反斯托克斯光强发生变化，反斯托克斯光与斯托克斯光的比值提供了温度的绝对指示，利用这一原理可以实现沿光纤温度场的分布式测量，并可向火灾报警控制器输出报警信息。

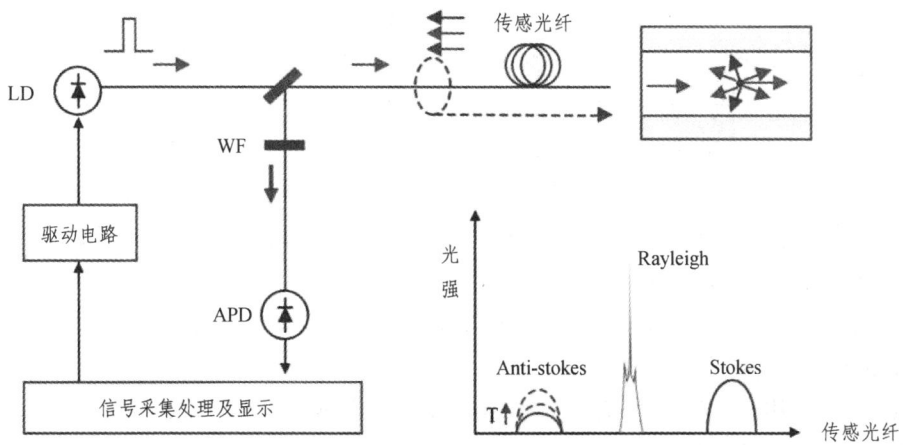

图 3-33 感温光纤工作原理图

感温光纤系统测温速度非常高，测量周期在 0.5～1 s 完成，能迅速反映火情大小、火灾蔓延方向和火灾烟雾风向，及时给指挥部门提供各类信息，以及给消防主机提供准确的信号。当火灾出现时，每一秒钟的延误都可能给国家带来巨大的损失。

测温、定位特性：光纤既是温度传感器又是通信通道，由于光纤有良好的绝缘特性和可绕曲性，直接敷设在任何物体的表面或关键部位，对任何物体和空间温度进行实时在线检测，对过热故障的早期预测非常有效。发生过热故障时，系统能提供报警并准确确定过热位置，指导检修工作。分布式温度监测系统，可连续动态监测长达几千米范围内每隔 2 m 各点的温度变化信号，可任意设置各级温度报警值。系统温度分辨率可达 0.1 ℃，温度精度 ±0.5 ℃；监测系统提供的是一个连续的动态监测信号，系统可设置多级温度点报警，如 60 ℃ 初报警、75 ℃ 预报警、80 ℃ 采取措施等，并且可以根据环境不同进行修正；针对事故发生前的温度变化率大的特点，在报警设置中可设置温度变化率阈值，当检测到温度变化率大于该值时发出报警信号，并提供相应的信号输出。两种报警条件，只要满足一条，系统就会立即产生报警。

课后练习题

一、单项选择题

1. 以下（　　）不是火灾自动报警系统的构成。
   A. 火灾报警控制器　　　　　　　　B. 气体灭火控制盘
   C. 火灾探测器　　　　　　　　　　D. 消防联动控制器
2. 能够在保护区域内泄漏可燃气体的浓度低于爆炸下限的条件下提前报警，从而实现避免由于可燃气体泄漏引起的火灾爆炸事故的发生，称为（　　）。
   A. 可燃气体探测报警系统　　　　　B. 声光报警器
   C. 电气火灾监控系统　　　　　　　D. 吸气式烟雾探测器
3. 按工作原理，（　　）不属于电气火灾监控探测器的类型。
   A. 剩余电流式电气火灾监控探测器　B. 测温式电气火灾监控探测器
   C. 总线式电气火灾监控设备　　　　D. 故障电弧式电气火灾监控探测器
4. 以下属于吸气式感烟探测系统组成器件的是（　　）。
   A. 吸气泵　　　B. 激光探测腔　　　C. 光电转换装置　　　D. 过滤器
5. 在线型感温火灾探测器中，对于异常情况造成的探测器温度升高和开路、短路情况，能对其进行综合判断处理的器件是（　　）。
   A. 接口模块　　　B. 终端模块　　　C. 感温电缆　　　D. 信号处理装置
6. 以下（　　）适合用感温光纤火灾探测器。
   A. 通信机房　　　B. 地铁隧道　　　C. 办公室走廊　　　D. 地铁站厅
7. 电气火灾监控器的主要作用不包含（　　）。
   A. 为所连接的电气火灾监控探测器供电

B. 接收来自电气火灾监控探测器的报警信号

C. 发出声、光报警信号和控制信号

D. 响应剩余电流、温度等电气故障参数

8. 关于消防隔离模块的描述，以下正确的是（　　）。

A. 位于系统总线前端　　B. 位于系统总线后端

C. 每32个点位设置一个　　D. 每64个点位设置一个

二、简答题

1. 火灾自动报警系统主要由哪几部分组成？
2. 感温电缆（缆式线型火灾探测器）由哪些部件组成？
3. 简述光电感烟探测器的工作原理。
4. 发生火灾时，消防联动控制系统是如何工作的？
5. 简述吸气式烟雾探测系统的工作原理。
6. 简述可燃气体探测系统的工作原理。
7. 消防模块在火灾自动报警系统中的应用大致分为哪几部分？

项目 4
气体灭火系统

4-视频/动画

 情景导入

  气体灭火系统具有灭火效率高、灭火速度快、保护对象无污染等优点。在城市轨道交通车站的通信设备室、信号设备室、地下变电站、牵引变电站及电气设备室等重要设备房安装气体灭火系统，根据设计规范设置多个防护区。作为城市轨道交通车站各部门工作人员，进出重要设备房需要严格遵守气体灭火系统一般规定和安全要求，作为气体灭火系统设备维护人员更需要掌握气体灭火系统组成、工作原理、设备操作及应急操作知识，通过本项目的学习你是否可以达到要求呢？

任务引领

1. 掌握气体灭火系统的分类。
2. 掌握气体灭火系统的组成。
3. 掌握气体灭火系统灭火的工作原理。
4. 了解气体灭火系统应急操作的流程。

 项目实施

4.1 气体灭火系统介绍

气体灭火系统是传统的四大固定灭火系统（水、气体、泡沫、干粉）之一，广泛应用于重要设备房。国内应用较为广泛的有以七氟丙烷为代表的卤代烷灭火系统、以IG541气体为代表的惰性气体灭火系统，以及二氧化碳灭火系统。因为七氟丙烷在火灾中会释放氟化氢，对人体有伤害，二氧化碳会造成人员窒息，因此地铁中使用较多的是IG541气体灭火系统。

4.1.1 气体灭火系统的分类和组成

1. 系统分类

1）按使用灭火剂分类

（1）二氧化碳灭火系统。

二氧化碳灭火系统是以二氧化碳作为灭火介质的气体灭火系统。二氧化碳是一种惰性气体，对燃烧具有良好的窒息和冷却作用。

二氧化碳灭火系统按灭火剂存储压力不同可分为高压系统（指灭火剂在常温下存储的系统）和低压系统（指在灭火剂在 $-18 \sim 20\ ℃$ 低温下储存的系统）两种应用形式。管网起点计算压力（绝对压力）：高压系统应取 5.17 MPa，低压系统应取 2.07 MPa。

（2）七氟丙烷系统灭火系统。

七氟丙烷灭火系统是以七氟丙烷作为灭火介质的气体灭火系统。七氟丙烷灭火剂属于卤代烷灭火剂系列，具有灭火能力强、灭火剂性能稳定的特点，但与卤代烷1301和卤代烷1211灭火剂相比，臭氧层损耗能力（ODP）为0，全球温室效应潜能值（GWP）很小，不会破坏大气环境。但七氟丙烷灭火剂及其分解产物对人有毒害作用，使用时应引起重视。

（3）惰性气体灭火系统。

惰性气体灭火系统包括：IG01（氩气）灭火系统、IG100（氮气）灭火系统、IG55（氩气、氮气）灭火系统、IG541（氩气、氮气、二氧化碳）灭火系统。由于惰性气体纯粹来源于自然，是一种无毒、无色、无味、惰性及不导电的纯"绿色"压缩气体，故又称之为洁净气体灭火系统。

2）按系统结构特点分类

（1）无管网灭火系统。

无管网灭火系统是指按一定的应用条件，将灭火剂储存装置和喷放组件等预先设计、组装成套且具有联动控制功能的灭火系统，又称预制灭火系统。该系统又分为柜式气体灭火系统和挂式气体灭火系统两种类型，其使用于较小的、无特殊要求的防护区。

（2）管网灭火系统。

管网灭火系统是指按一定的应用条件进行计算，将灭火剂从储存装置经由干管、支管输送至喷放组件实施喷放的灭火系统。

管网系统又可分为组合分配系统和单元独立系统。

组合分配系统（见图4-1）是指用一套灭火系统存储装置同时保护两个或两个以上防护区或保护对象的气体灭火系统。组合分配系统的灭火剂设计用量是按最大的一个防护区或保护对象来确定的。如组合中某个防护区需要灭火，则通过选择阀、容器阀来控制，定向释放灭火剂。这种灭火系统的优点是储存容器数和灭火剂用量可以大幅度减少，有较高应用价值。

单元独立系统是指用一套灭火剂储存装置保护一个防护区的灭火系统。一般来说，用单元独立系统保护的防护区在位置上是单独的，其他防护区较远，不便于组合，或是两个防护区相邻，但有同时失火的可能。

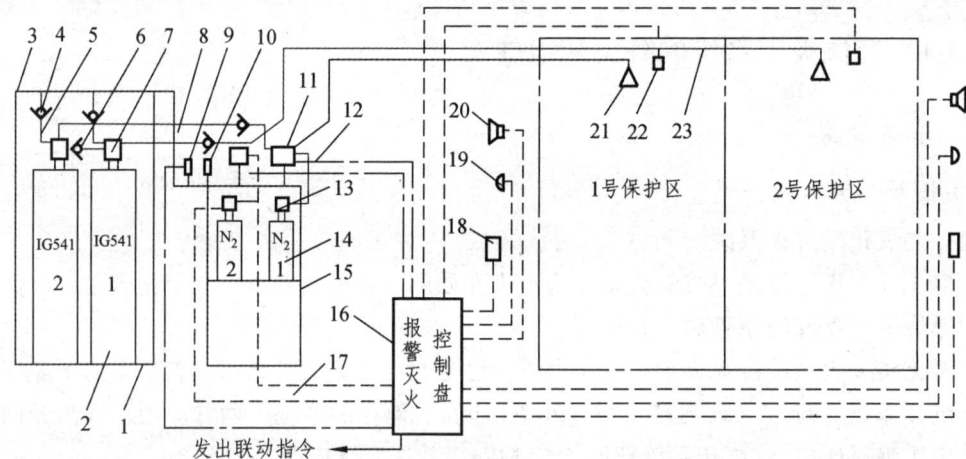

1—灭火剂储瓶框架；2—灭火剂储瓶；3—集流管；4—液流单向阀；5—高压软管；6—气流单向阀；7—瓶头阀；8—启动管道；9—压力信号器；10—安全阀；11—选择阀；12—信号反馈线路；13—电磁阀；14—启动钢瓶；15—启动瓶框架；16—报警灭火控制盘；17—控制线路；18—手动控制盒；19—光报警器；20—声报警器；21—喷嘴；22—火灾探测器；23—灭火剂输送管道。

图4-1 组合分配系统原理图

3）按应用方式分类

（1）全淹没灭火系统。

全淹没灭火系统是指在规定的时间内，向防护区喷射一定浓度的气体灭火剂，并使其均匀地充满整个防护区的灭火系统。全淹没灭火系统的喷头均匀布置在防护区的顶部，火灾发生时，喷射的灭火剂与空气混合，迅速在此空间建立有效扑灭火灾的灭火浓度，并将灭火剂浓度保持一段所需要的时间，即通过灭火剂气体将封闭空间淹没实现灭火。

（2）局部应用灭火系统。

局部应用灭火系统是指在规定的时间内向保护对象以设计喷射率直接喷射气体，在保护对象周围形成局部高浓度，并持续一定时间的灭火系统。局部应用灭火系统的喷头均匀布置在保护对象的四周，火灾发生时，将灭火剂直接而集中地喷射到保护对象上，使其笼罩整个保护对象表面，即在保护对象周围局部范围内达到较高的灭火剂气体浓度实施灭火。

4）按加压方式分类

（1）自压式气体灭火系统。

自压式气体灭火系统是指在灭火剂无须加压而是依靠自身饱和蒸气压力进行输送的灭火系统。

（2）内储压式气体灭火系统。

内储压式气体灭火系统是指灭火剂在瓶组内用惰性气体进行加压储存，系统动作时灭火剂靠瓶组内的充压气体进行输送的灭火系统。

（3）外储压式气体灭火系统。

外储压式气体灭火系统是指系统动作时灭火剂由专设的充压气体瓶组按设计压力对其进行充压的灭火系统。

2. 系统组成

1）高压二氧化碳灭火系统、内储压式七氟丙烷灭火系统

这类系统由灭火剂瓶组、驱动气体瓶组（可选）、单向阀、选择阀、驱动装置、集流管、连接管、喷头、信号反馈装置、控制盘、检漏装置、管道管件及吊钩支架等组成，如图4-2所示。

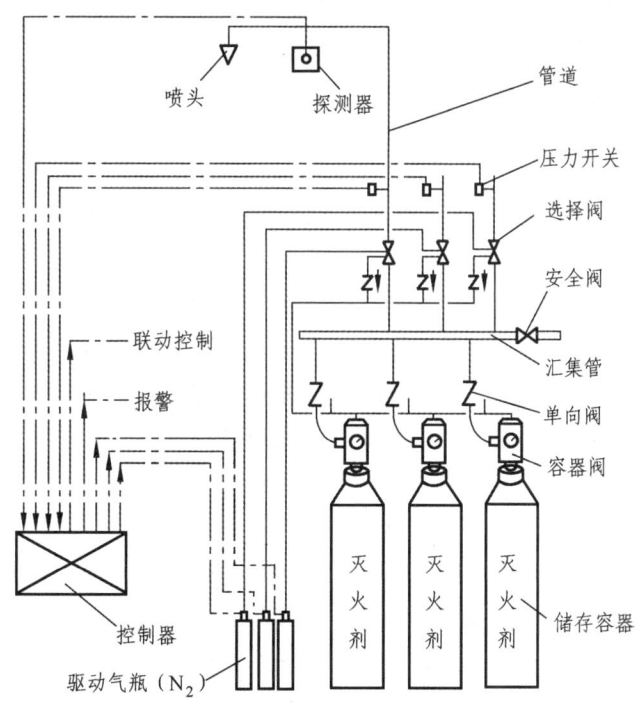

图4-2 高压二氧化碳灭火系统、内储压式七氟丙烷灭火系统

2）外储压式七氟丙烷灭火系统

该系统由灭火剂瓶组、加压气体瓶组、驱动气体瓶组（可选）、单向阀、选择阀、减压装

置、驱动装置、集流管、连接管、喷头、信号反馈装置、安全泄放装置、控制盘、检漏装置、管道管件及吊钩支架等组成。

3）惰性气体灭火系统

该系统由灭火剂瓶组、驱动气体瓶组（可选）、单向阀、选择阀、减压装置、驱动装置、集流管、连接管、喷头、信号反馈装置、安全泄放装置、控制盘、检漏装置、管道管件及吊钩支架等组成。

4）无管网灭火系统

（1）柜式气体灭火系统。

该系统一般由灭火剂瓶组、驱动气体瓶组（可选）、容器阀、减压装置（针对惰性气体灭火装置）、驱动装置、集流管（只限多瓶组）、连接管、喷头、信号反馈装置、安全泄放装置、控制盘、检漏装置、管道管件等组成。

2）悬挂式气体灭火系统。

该系统由灭火剂储存容器、启动释放组件、悬挂支架等组成。

3. 系统工作原理、操作与控制

1）系统的工作原理

（1）高压二氧化碳灭火系统、内储压式七氟丙烷灭火系统与惰性气体灭火系统。

当防护区发生火灾时，产生烟雾、高温和光辐射使探测器探测到火灾信号，探测器将火灾信号转变为电信号传达到灭火控制盘，控制盘自动发出声光报警并经逻辑判断后，启动联动装置，经过延时，发出系统启动信号，启动驱动气体瓶组上的容器阀释放驱动气体，打开通向发生火灾的防护区的选择阀，同时打开灭火剂瓶组的容器阀，各瓶组的灭火剂经连接管汇集到集流管，通过选择阀到达安装在防护区内的喷头进行喷放灭火，同时安装在管道上的信号反馈装置动作，将信号传达到控制器，由控制器启动防护区外的释放指示灯和声光报警器。

（2）外储压式七氟丙烷灭火系统。

控制器发出系统启动信号，启动驱动气体瓶组上的容器阀释放驱动气体，打开通向发生火灾的防护区的选择阀，同时打开加压单元气体瓶组的容器阀，加压气体经减压进入灭火剂瓶组，加压后的灭火剂经连接管汇集到集流管，通过选择阀到达安装在防护区的喷头进行喷放灭火。

2）操作与控制

采用气体灭火系统的防护区，应设置火灾自动报警系统，其设计应符合现行国家标准《火灾自动报警系统设计规范》GB 50116 的规定，并应选用灵敏度级别高的火灾探测器。

采用自动控制启动方式时，根据人员安全撤离防护区的需要，应有不大于 30 s 的可控延迟喷射；对于平时无人工作的防护区，可设置为无延迟的喷射。

灭火设计浓度或实际使用浓度大于无毒性反应浓度的防护区和采用热气溶胶预制灭火系统的防护区，应设手动与自动控制的转换装置。当人员进入防护区时，应能将灭火系统转换为手动控制方式；当人员离开时，应能恢复为自动控制方式。防护区内外应设手动、自动控制状态的显示装置。

自动控制装置应在接到两个独立的火灾信号后才能启动。手动控制装置和手动与自动转换装置应设在防护区疏散出口的门外便于操作的地方,安装高度为中心点距地面 1.5 m。机械应急操作装置应设在储瓶间内或防护区疏散出口门外便于操作的地方。

气体灭火系统的操作与控制,应包括对开口封闭装置、通风机械和防火阀等设备的联动操作与控制。设有消防控制室的场所,各防护区灭火控制系统的有关信息,应传送给消防控制室。

气体灭火系统的电源,应符合现行国家有关消防技术标准的规定;采用气动力源时,应保证系统操作和控制需要的压力和气量。

组合分配系统启动时,选择阀应在容器阀开启前或同时打开。

管网灭火系统应设自动控制、手动控制和机械应急操作 3 种启动方式。预制灭火系统应设自动控制和手动控制两种启动方式,具体的控制过程如图 4-3 所示。

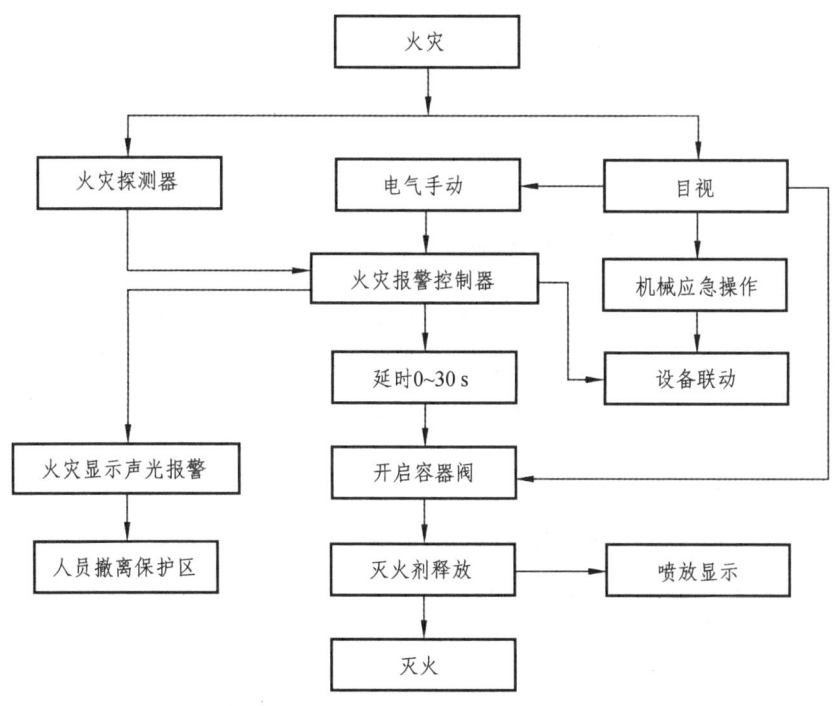

图 4-3 气体灭火系统控制过程

(1)自动操作方式。灭火控制器配有感烟火灾探测器和感温火灾探测器,控制器上有手自动开关。

自动操作方式是指控制子系统处于自动工作状态,系统自动完成声光报警和警铃报警、联动控制及灭火整个过程。

联动步骤为:

第一步:防护区内单一类型探测器探测到火灾信号后,气体灭火控制盘启动设在该防护区域内的火警声光信号。

第二步:同一防护区内两种类型探测器同时探测到火灾信号后,控制器发出火灾声光信号，通知有火灾发生，有关人员应撤离现场，并发出联动指令，关闭风机、防火阀等联动设备，经过一段时间延时后，即发出灭火指令。

如在延时阶段发现是系统误动作，或防护区确有火灾发生但仅使用手提式灭火器和其他移动式灭火设备即可扑灭的情况下，工作人员可按下设在防护区域门外的紧急停止开关暂时停止释放气体（直至系统复位）。如需继续开启气体灭火系统，则按下紧急启动开关即可继续完成气体喷放过程。

第三步：延时结束时，控制盘开启系统的启动装置以释放气体，气体通过管道输送到防护区。此时，压力开关上的触点开关动作将气体释放信号传至现场就地气体灭火控制盘，由就地气体灭火控制盘启动防护区外的释放指示灯。防护区域门内外的声光报警器在灭火期间将一直工作，警告所有人员不能进入该防护区域，直至火情熄灭。

（2）手动操作方式。手动操作方式是指控制器处于手动位置时，灭火控制器处于手动控制状态。当现场人员确认发生火灾后，可按下保护区外控制器操作面板上的"紧急启动开关"即可启动灭火装置，释放灭火剂，实施灭火。

（3）应急机械操作方式。应急机械操作方式是指自动操作和手动操作均不能启动容器阀，在必要时采用的一种应急操作。该功能在气瓶间完成，通过扳动相应区域的选择阀和火灾区域的瓶头阀，人工完成启动气体灭火系统的操作。

4.1.2　气体灭火系统的部件及组件

气体灭火系统设备主要由控制系统设备和管网系统设备组成，控制系统设备主要负责电气控制部分，包括保护区信息收集、分析、控制、为外围设备提供电源等，管网系统设备主要负责气体灭火系统灭火剂的储存、释放以及输送。

1. 控制系统设备

控制系统设备由控制盘、继电器模块、探测器、警铃、声光报警器、释放指示灯、紧急停止按钮、紧急释放按钮及 DC 24 V 辅助联动电源等部分组成。

2. 管网系统设备

管网系统设备一般由灭火剂瓶组、驱动气体瓶组、单向阀、选择阀、容器阀组、减压装置、驱动装置、集流管、连接管、喷嘴、信号反馈装置、安全泄放装置、管道管件及吊钩支架部件组成。

（1）灭火剂瓶组。灭火剂瓶组应至少由灭火剂及容器、容器阀、安全泄放装置、灭火剂取样口、检漏装置等组成。

（2）驱动气体瓶组。驱动气体瓶组应至少由充装的气体及贮存容器、容器阀、安全泄放装置等组成。

（3）容器。容器是用来储存灭火剂和启动气体的重要组件，分为钢制无缝容器和钢制焊接容器。

（4）容器阀组。容器阀组又称瓶头阀，安装在容器上，具有封存、释放、超压排放的功能。以国内某厂家一瓶头阀为例：瓶头阀由阀主体、启动活塞、压力表、泄压装置等部分组成。其结构是活塞式，安装在储存容器瓶口上，容器阀组结构总图如图 4-4 所示。

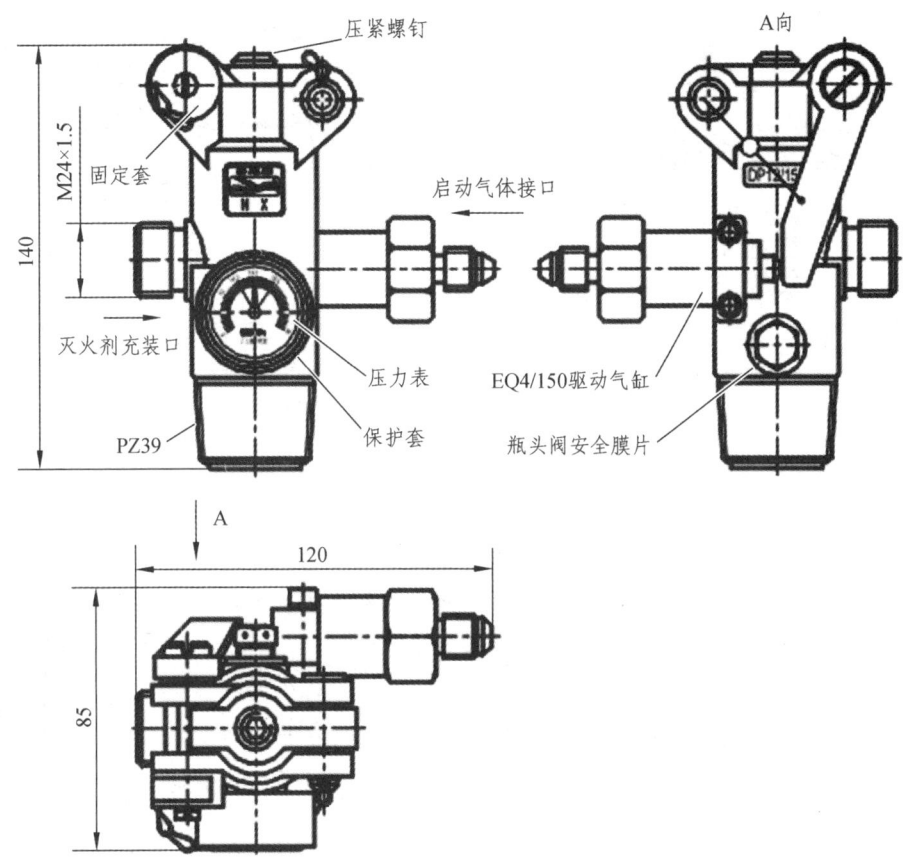

图 4-4 容器阀组结构总图

（5）喷嘴。喷嘴是用于控制灭火剂的流速和喷射方向的组件，是气体灭火系统的一个关键部件，如图 4-5 所示。喷嘴可分为全淹没灭火方式喷嘴和局部应用灭火方式喷嘴。局部应用灭火方式喷嘴又分为架空型喷嘴和槽边型喷嘴。

图 4-5 喷嘴

（6）选择阀。选择阀是在组合分配系统中，用于控制灭火剂经管网释放到预定防护区或保护对象的阀门，选择阀和防护区一一对应，选择阀结构如图 4-6 所示。

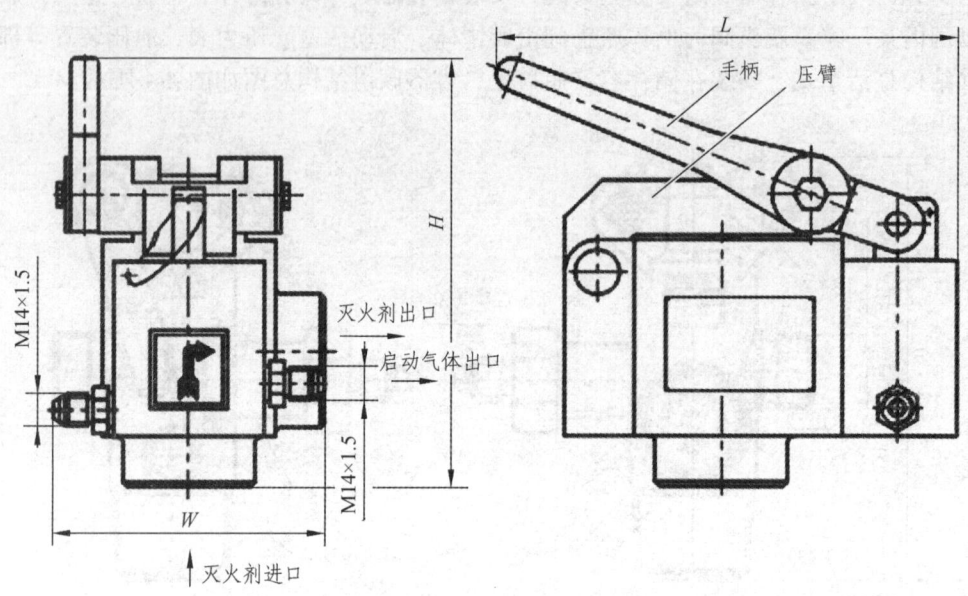

图 4-6 选择阀结构总图

（7）单向阀（逆止阀）。单向阀安装在管路的位置可分为灭火剂流通管路单向阀和驱动气体控制管路单向阀，如图 4-7 所示。

灭火剂流通管路单向阀安装在连接管与集流管之间，防止灭火剂从集流管向灭火剂瓶组反流。驱动气体控制管路单向阀安装于启动管路上，用来控制气体流动方向，启动特定的阀门。安装时注意逆止阀上箭头指示。

（8）连接管。连接管可分为容器阀和集流管之间的连接管和控制管路连接管。容器阀与集流管之间连接管按材料分为高压不锈钢连接管和高压橡胶连接管。

（9）集流管。集流管是将多个灭火剂瓶组的灭火剂汇集在一起，再分配到各防护区的汇流路，如图 4-8 所示。

图 4-7 单向阀

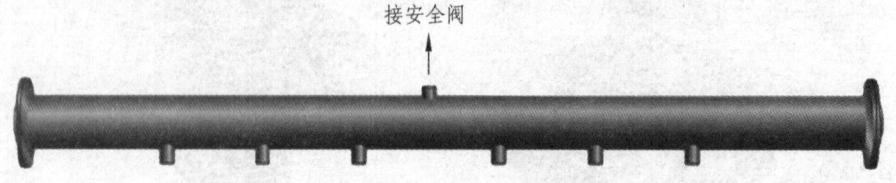

图 4-8 集流管结构总图

（10）安全泄放装置。灭火剂瓶组和集流管上设置有安全泄放装置，以防止瓶组和灭火剂管道非正常受压时爆炸，如图 4-9 所示。

- 54 -

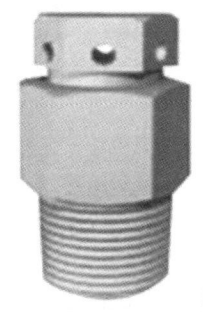 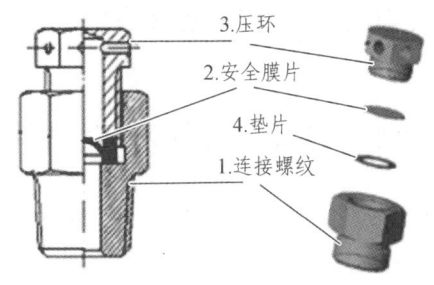

图 4-9　安全泄放装置结构总图

（11）驱动装置。驱动装置用于驱动容器阀、选择阀使其动作。驱动装置可分为气体型驱动器、引爆性驱动器、电磁型驱动器、机械性驱动器和燃气性驱动器。

（12）检漏装置。系统中压力显示器属于检漏装置。

（13）低泄高阻阀（低通高阻阀）。低通高阻阀（见图 4-10）安装在气灭系统每个分区的启动管路中，当启动装置有微量泄漏时，泄漏的气体从端口排出，避免气体在管道中积聚升压而引起系统误动作。

系统工作时，由于启动管路中压力迅速增大，低通高阻阀将自动关闭，以确保系统正常启动。

（14）信号反馈装置。信号反馈装置安装在灭火剂释放管路或者选择阀上，将灭火剂释放的压力或流量信息转化为电信号，并反馈到控制中心的装置，有时也称压力开关（如图 4-11）。

图 4-10　低泄高阻阀

 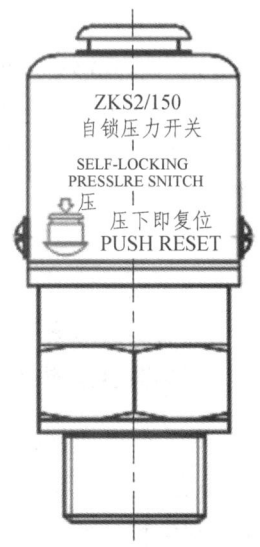

图 4-11　压力开关总图

4.2 气体灭火系统操作

4.2.1 地铁车站控制室气灭控制盘简介

郑州地铁1号线一期工程，为保证气体灭火系统的安全运行，在车站控制室内的IBP盘盘面中设置了气体灭火功能区，相关配置如下：

1. 有效/无效钥匙开关

有效/无效钥匙开关的使用与IBP盘其他功能区保持一致，有效/无效钥匙开关平时一般处于"无效"位，当需要操作时，首先需要将有效/无效钥匙开关打至"有效"位后，按下"暂停喷放"按钮才属于有效操作。

2. 试灯按钮

试灯按钮的使用与IBP盘其他功能区保持一致，用于测试系统指示灯的可用性是否正常，按下试灯按钮后，灯光正常显示表示系统指示灯灯体正常。

3. 暂停喷放按钮

对于暂停喷放按钮，使用工况有如下两种情况：

1）当气灭房间门口气灭控制盘上的紧急启动按钮被误按下时

如某气灭房间确实发生火灾，而此时仅处于火灾初期，房间内的烟感探测器和温感探测器均未报警，房间内的维护人员或途经此处的工作人员，在未通知车控室的前提下，慌乱中按下了房间门口的气灭控制盘上的紧急启动按钮。此时，气灭控制器进入倒计时30 s，30 s后会立即喷放。在气灭控制盘上的紧急启动按钮被按下的同时，车控室值班员才会发现现场出现火情，如果车控室值班员判断火情可控或者室内还有人员未疏散，而此时车控室值班员再跑到气灭房间门口停止喷放，时间上是来不及的，此时可操作IBP盘上的暂停喷放按钮及时中止气灭喷放。

在暂停喷放期间，可由一名车控室值班员到发生火灾的房间进行灭火，如现场火灾失控，确实有必要采用气灭喷气时，可用气灭房间门口的消防电话分机通知车控室值班员，车控室值班员在确认气灭房间房门紧闭、室内无人、火灾模式已启动的情况下，再次按下暂停喷放按钮，此时气灭无延时直接喷放。

2）当气灭房间内的感烟探测器和感温探测器同时误报，气灭房间火灾被误确认时

如某个气灭房间并未发生火灾，而此时房间内的感烟探测器和感温探测器因为某些原因均误报，在火灾报警控制器处于"自动确认火灾"模式时，气灭控制器会自动进入气体喷放倒计时30 s，30 s后即马上喷放。在这种情况下，如果车控室值班员判断火警为误报，而此时车控室值班员再在跑到气灭房间门口停止喷放，时间上是来不及的，此时可操作IBP盘上的

暂停喷放按钮及时中止气灭喷放。

4.2.2 气体灭火系统应急操作

气体灭火系统气瓶间设置气体灭火管网系统，管网系统由灭火剂储气瓶、启动瓶及其相应组件、机械启动装置、自动启动装置、高压软管、集流管、安全阀、单向阀、减压装置、选择阀、压力反馈装置及管道和喷头等部分组成。

1. 气体释放辨识

当气体保护区气灭释放后，可通过两方面观察气体是否释放：

1）观察气灭房间

可从视觉、听觉和触觉判断气体保护房间是否已喷气。当发现以下任一现象时，即表示已喷气，严禁进入该房间。

（1）门头"放气误入"灯亮，声光报警器鸣叫并伴有闪光。

（2）房间气灭控制盘"气体释放"指示灯亮。

（3）房间内有剧烈"嗤嗤"喷气声。

（4）房间门把手温度降低，感觉冰冷。

2）观察气瓶间

气灭房间对应的启动瓶掉压至零，同时部分储气瓶掉压为零，掉压气瓶瓶体有冷凝水珠。

2. 气体无法释放应急操作

气灭设备房发生火灾，无法喷气，需要进入气瓶间进行机械操作时，按照如下步骤操作：

1）以郑州地铁1号线一期为例

（1）进入相应气瓶间找到发生火灾的气体保护区对应的启动瓶，查看压力表指针是否处于绿色区域，如处于绿色区域则拔出启动瓶电磁瓶头阀安全栓（保险销），将手柄反方向扳动180°。N_2启动瓶操作气体释放后，10 min内严禁开启保护区房间门和通风。

（2）若在气瓶间内操作启动瓶释放气体失败，则需要采用机械应急操作释放灭火剂灭火。

① 到达气灭保护区相应气瓶间，首先找到对应气灭保护房间选择阀（若气瓶间只有一个启动瓶则跳过此步骤）抬起压臂，向下压选择阀手柄，如图4-12、图4-13所示。

② 查看对应房间设计灭火剂瓶子数量。

③ 逆时针扳开相应数量、压力正常的IG541储气瓶瓶头阀上的手柄，完成灭火剂释放，如图4-12所示。

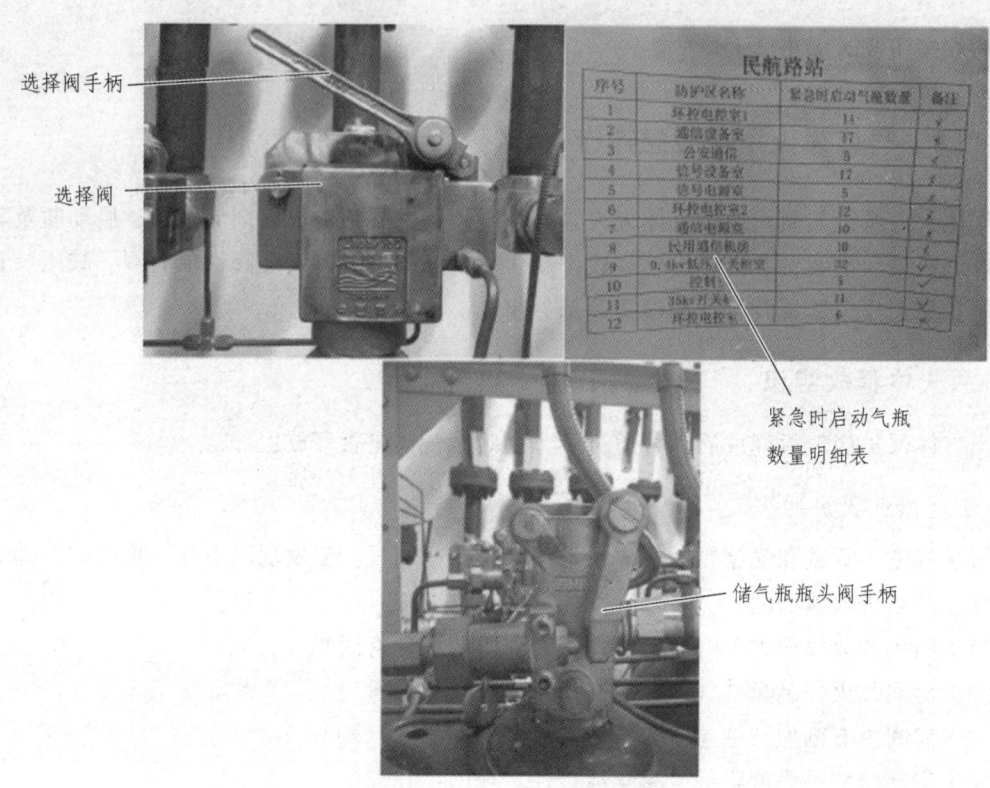

图 4-12 气瓶间相关设备

图 4-13 选择阀应急操作

2）以郑州地铁 2 号线一期为例

（1）操作启动瓶释放气体。

① 进入气瓶间，选择相应保护房间的启动瓶（如照明配电室发生火灾，则选择照明配电室相应的启动瓶，启动瓶上粘贴有各个保护房间的名称）。

② 找到启动装置，去除铅封，拔出保险销，用力拔出手动释放按钮释放灭火气体，如图 4-14。

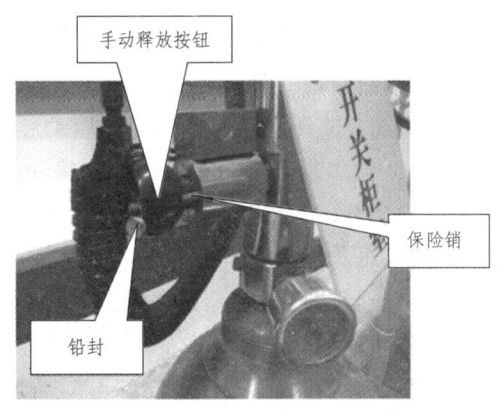

图 4-14 启动瓶应急操作

（2）操作储气瓶及选择阀释放气体（当启动瓶的启动装置无法使用时可采取此方法）。

① 选择相应房间的选择阀，去除铅封，按选择阀机械旋钮指示方向将旋钮旋至最大位置，如图 4-15 所示。

图 4-15 选择阀应急操作

② 查看对应房间所需储气瓶数量，按照去除铅封、拔出保险销、用力拔出手动释放旋钮的操作方式逐一释放对应房间所需储气瓶，如图 4-16 所示。

图 4-16 储气瓶应急操作

3）以郑州地铁 1 号线二期、城郊线一期、5 号线为例

（1）操作启动瓶释放气体。

① 进入气瓶间，选择相应保护房间的启动瓶（如照明配电室发生火灾，则选择照明配电室相应的启动瓶，启动瓶上粘贴有各个保护房间的名称），如图 4-17 所示。

② 找到启动装置，去除铅封，拔出保险销，用力按下手动释放按钮释放灭火气体。

（2）操作储气瓶及选择阀释放气体（当启动瓶的启动装置无法使用时可采用此方法）。

① 选择相应房间的选择阀，推动选择阀机械抬臂，打开选择阀。

② 选择任意储气瓶，去除铅封，拔出保险销，用力推动手动装置释放灭火气体。

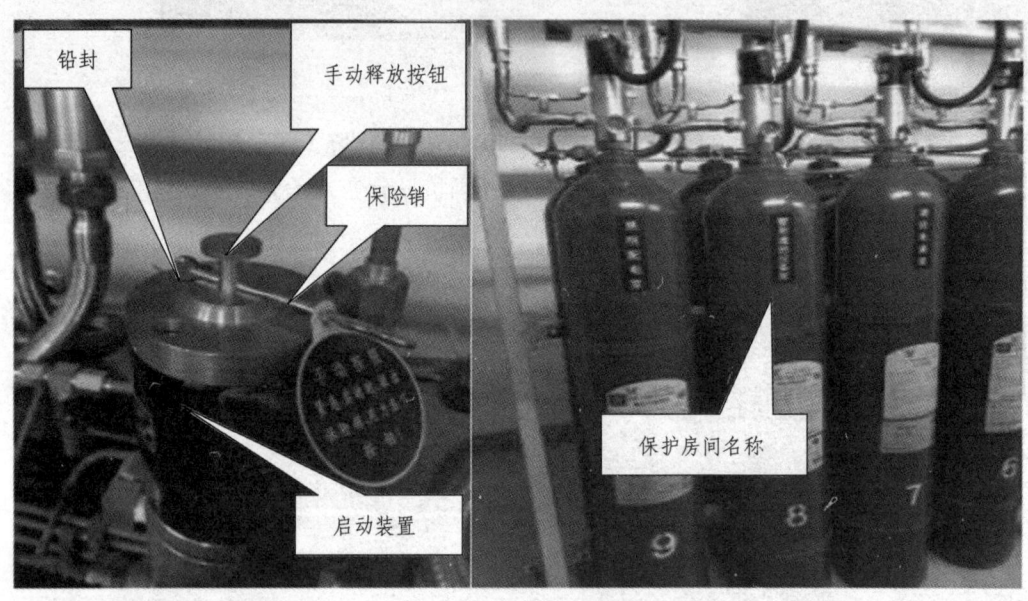

图 4-17　气瓶间相关设备

课后练习题

一、单项选择题

1.（　　）不属于气体灭火系统的主要类型。

　A. CO_2 灭火系统　　B. 七氟丙烷灭火系统　　C. IG541 灭火系统　　D. 干粉灭火器

2. 能够防止灭火剂气体由于慢性泄漏误喷的阀门是（　　）。

　A. 安全阀　　　　B. 单向阀　　　　C. 低泄高阻阀　　　　D. 瓶头阀

3. 气体灭火系统按系统结构特点分类可分为（　　）。

　A. 管网灭火系统和无管网灭火系统

　B. 全淹没灭火系统和局部应用灭火系统

　C. CO_2 灭火系统和 IG541 灭火系统

　D. 自压式灭火系统和储压式灭火系统

4. 安装在贮瓶瓶口上，具有封存、释放等功能的是（　　）。
　　A. 单向阀　　　　B. 瓶头阀　　　　C. 选择阀　　　　D. 安全阀
5. 气体灭火系统中用来控制气体流动方向，启动特定的阀门的装置是（　　）。
　　A. 单向阀　　　　B. 机械泄压口　　C. 低通高阻阀　　D. 瓶头阀
6. 管网式气体灭火系统不包含（　　）启动方式。
　　A. 自动控制　　　B. 手动控制　　　C. 机械应急操作　D. 半自动
7. 灭火剂释放以后，灭火剂释放的压力或流量信息转化为电信号，并反馈到控制中心的装置是（　　）。
　　A. 安全阀　　　　B. 信号反馈装置　C. 单向阀　　　　D. 低泄高阻阀
8. 在组合分配系统中，用于控制灭火剂经管网释放到预定防护区或保护对象的装置是（　　）。
　　A. 选择阀　　　　B. 低泄高阻阀　　C. 单向阀　　　　D. 信号反馈装置
9. 组合分配系统是指用一套灭火系统存储装置同时保护（　　）防护区或保护对象的气体灭火系统。
　　A. 1　　　　　　B. 2　　　　　　C. 3　　　　　　D. 2个及2个以上

二、简答题

1. 简述气体灭火系统的分类。
2. 简述自动控制方式时气体灭火系统的工作原理。
3. 气体灭火系统气瓶间设置了哪些保护装置？
4. 简述管网灭火系统中组合分配式灭火系统与单元独立式灭火系统的区别。

项目 5
消防联动技术

5-视频/动画

情景导入

在城市轨道交通车站火灾情况下,消防联动系统是能够有效地组织各个系统实施灭火、人员疏散的重要手段。消防联动控制系统包括自动喷水灭火系统、消火栓系统、防排烟系统、防火卷帘系统、火灾警报和应急广播系统及应急照明和疏散系统等,熟悉联动系统要求及火灾自动报警系统与其他设备的接口技术至关重要,通过本项目的学习你能否熟悉各接口位置及接线要求呢?

任务引领

1. 了解消防联动技术一般要求。
2. 掌握消防联动系统的联动控制设计要求。
3. 熟悉 FAS 与各专业接口的位置及设备的功能。
4. 熟悉地铁车站内消防互联互通的相关知识。

 项目实施

消防联动系统是火灾自动报警系统中的一个重要组成部分。通常包括消防联动控制器、消防控制室显示装置、传输设备、消防电气控制装置、消防设备应急电源、消防电动装置、消防联动模块、消防栓按钮、消防应急广播设备、消防电话等设备和组件。《火灾自动报警系统设计规范》GB 50116 对消防联动控制的内容、功能和方式有明确的规定。

5.1 消防联动系统设计

5.1.1 轨道交通消防联动技术一般要求

消防联动是在地铁火灾情况下，有效地组织各个设备系统实施灭火、人员疏散的重要手段。地铁涉及灭火、排烟、疏散、应急照明的设施均应在火灾情况下实现消防联动控制；消火栓系统联动是指采用消防泵加压的消火栓；疏散动态指示标识应在设备明确、可靠的前提下可实现消防联动控制。

在发生火灾时车站消防控制室的值班人员对所辖范围内的室内消火栓所处位置，什么地方需要使用消防栓，消防泵是否启动等需全面掌握。消防控制室的火灾自动报警控制设备上设消防泵的自动启、停控制功能，显示消防泵的工作和故障状态、消火栓按钮工作位置和手/自动开关位置。

地铁给水系统设有消防给水电动阀门，为满足消防用水，用以调节供水支路给水水量。为了解此类阀门的实际状态，FAS 对每个阀门都需具备状态监视和随时控制功能。

地铁由于排烟系统与正常通风系统合用，日常设备运行由车站设备监控系统监控管理，而火灾发生地点和灾情由火灾报警系统掌握和了解，为保障火灾运行模式准确、可靠的转换，必须由火灾报警系统选定、发布控制指令。由于现在有些地铁线路设置了综合监控系统，BAS 系统集成于综合监控系统，并设有模式控制，因此也可由综合监控系统接收 FAS 指令，由综合监控系统执行联动，并反馈指令执行信号。

在火灾情况下消防控制设备按消防分区在配电室或变电所切除火灾区域的非消防电源，在保证利于消防救灾的前提下，尽量缩小断电范围。本处所指的非消防电源主要是建筑设施的电源，地铁系统电源由于设有 UPS，切除的位置应能保证设备完全断电，切除的时机可视需要确定。

屏蔽门和自动检票闸门是控制和检查乘客进出车站的主要限制关口，火灾时乘客出站越快越好，当火灾确认后应立即开放所有限制通行的关口（门），提高人员疏散速度，缩短疏散时间，保障人身安全。因此车站消防控制室对屏蔽门和自动检票闸门应具有开启控制功能，并显示工作状态。

各地地铁的工程性质、建设原则、消防要求、管理体制、运营模式等不尽相同，具体设计应与当地各有关方共同确定，满足消防疏散功能要求。

5.1.2 消防联动系统设计要求

1. 自动喷水灭火系统的联动控制设计

1）湿式系统（见图5-1）和干式系统的联动控制设计规定

（1）联动控制方式，应由湿式报警阀压力开关的动作信号作为触发信号，直接控制启动喷淋消防泵，联动控制不应受消防联动控制器处于自动或手动状态影响。

（2）手动控制方式，应将喷淋消防泵控制箱（柜）的启动、停止按钮用专用线路直接连接至设置在消防控制室内的消防联动控制器的手动控制盘，直接手动控制喷淋消防泵的启动、停止。

（3）水流指示器、信号阀、压力开关、喷淋消防泵的启动和停止的动作信号应反馈至消防联动控制器。

2）预作用系统的联动控制设计规定

（1）联动控制方式，应由同一报警区域内两只及以上独立的感烟火灾探测器或一只感烟火灾探测器与一只手动火灾报警按钮的报警信号，作为预作用阀组开启的联动触发信号。由消防联动控制器控制预作用阀组的开启，使系统转变为湿式系统；当系统设有快速排气装置时，应联动控制排气阀前的电动阀的开启。

（2）手动控制方式，应将喷淋消防泵控制箱（柜）的启动和停止按钮、预作用阀组和快速排气阀入口前的电动阀的启动和停止按钮，用专用线路直接连接至设置在消防控制室内的消防联动控制器的手动控制盘，直接手动控制喷淋消防泵的启动、停止及预作用阀组和电动阀的开启。

（3）水流指示器、信号阀、压力开关、喷淋消防泵的启动和停止的动作信号，有压气体管道气压状态信号和快速排气阀入口前电动阀的动作信号应反馈至消防联动控制器。

3）雨淋系统的联动控制设计规定

（1）联动控制方式，应由同一报警区域内两只及以上独立的感温火灾探测器或一只感温火灾探测器与一只手动火灾报警按钮的报警信号，作为雨淋阀组开启的联动触发信号，应由消防联动控制器控制雨淋阀组的开启。

（2）手动控制方式，应将雨淋消防泵控制箱（柜）的启动和停止按钮、雨淋阀组的启动和停止按钮，用专用线路直接连接至设置在消防控制室内的消防联动控制器的手动控制盘，直接手动控制雨淋消防泵的启动、停止及雨淋阀组的开启。

（3）水流指示器、压力开关、雨淋阀组、雨淋消防泵的启动和停止的动作信号应反馈至消防联动控制器。

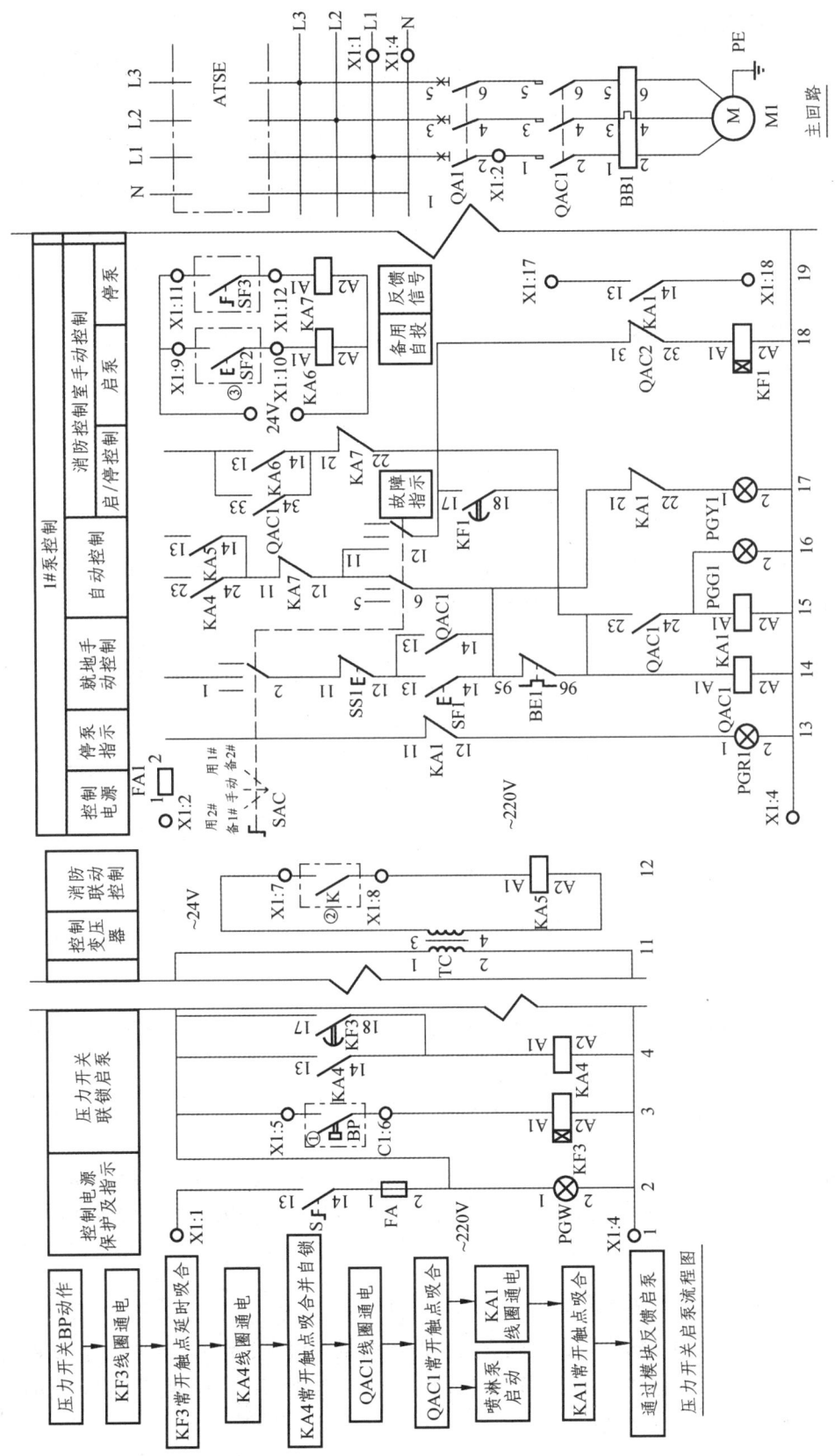

图 5-1 湿式自动喷水灭火系统联动控制原理图

4）自动控制的水幕系统的联动控制设计规定

（1）联动控制方式，当自动控制的水幕系统用于防火卷帘的保护时，应由防火卷帘下落到楼板面的动作信号与本报警区域内任一火灾探测器或手动火灾报警按钮的报警信号作为水幕阀组启动的联动触发信号，并应由消防联动控制器联动控制水幕系统相关控制阀组的启动；仅用水幕系统作为防火分隔时，应由该报警区域内两只独立的火灾感温探测器的火灾报警信号作为水幕阀组启动的联动触发信号，并应由消防联动控制器联动控制水幕系统相关控制阀组的启动。

（2）手动控制方式，应将水幕系统相关控制阀组和消防泵控制箱（柜）的启动，停止按钮用专用线路直接连接至设置在消防控制室内的消防联动控制器的手动控制盘，并应直接手动控制消防泵的启动、停止及水幕系统的相关控制阀组的开启。

（3）压力开关、水幕系统相关控制阀组和消防泵的启动、停止的动作信号应反馈至消防联动控制器。

2. 消火栓系统的联动控制要求

（1）联动控制方式，应由消火栓系统出水干管上设置的低压压力开关、高位消防水箱出水管上设置的流量开关或报警阀压力开关等信号作为触发信号，直接控制启动消火栓泵，联动控制不应受消防联动控制器处于自动或手动状态影响。当设置消火栓按钮时，消火栓按钮的动作信号应作为报警信号及启动消火栓泵的联动触发信号，由消防联功控制器联动控制消火栓泵的启动。

（2）手动控制方式，应将消火栓泵控制箱（柜）的启动、停止按钮用专用线路直接连接至设置在消防控制室内的消防联动控制器的手动控制盘，并应直接手动控制消火栓泵的启动、停止。

（3）消火栓泵的动作信号应反馈至消防联动控制器（见图5-2）。

3. 防烟排烟系统的联动控制设计

1）防烟系统的联动控制方式规定

（1）应由加压送风口所在防火分区内的两只独立的火灾探测器或一只火灾探测器与一只手动火灾报警按钮的报警信号，作为送风口开启和加压送风机启动的联动触发信号，并应由消防联动控制器联动控制相关层前室等需要加压送风场所的加压送风口开启和加压送风机启动。

（2）应由同一防烟分区内且位于电动挡烟垂壁附近的两只独立的感烟火灾探测器的报警信号，作为电动挡烟垂壁降落的联动触发信号，并应由消防联动控制器联动控制电动挡烟垂壁的降落。

2）排烟系统的联动控制方式规定

（1）应由同一防烟分区内的两只独立的火灾探测器的报警信号，作为排烟口、排烟窗或排烟阀开启的联动触发信号，并应由消防联动控制器联动控制排烟口、排烟窗或排烟阀的开启，同时停止该防烟分区的空调系统。

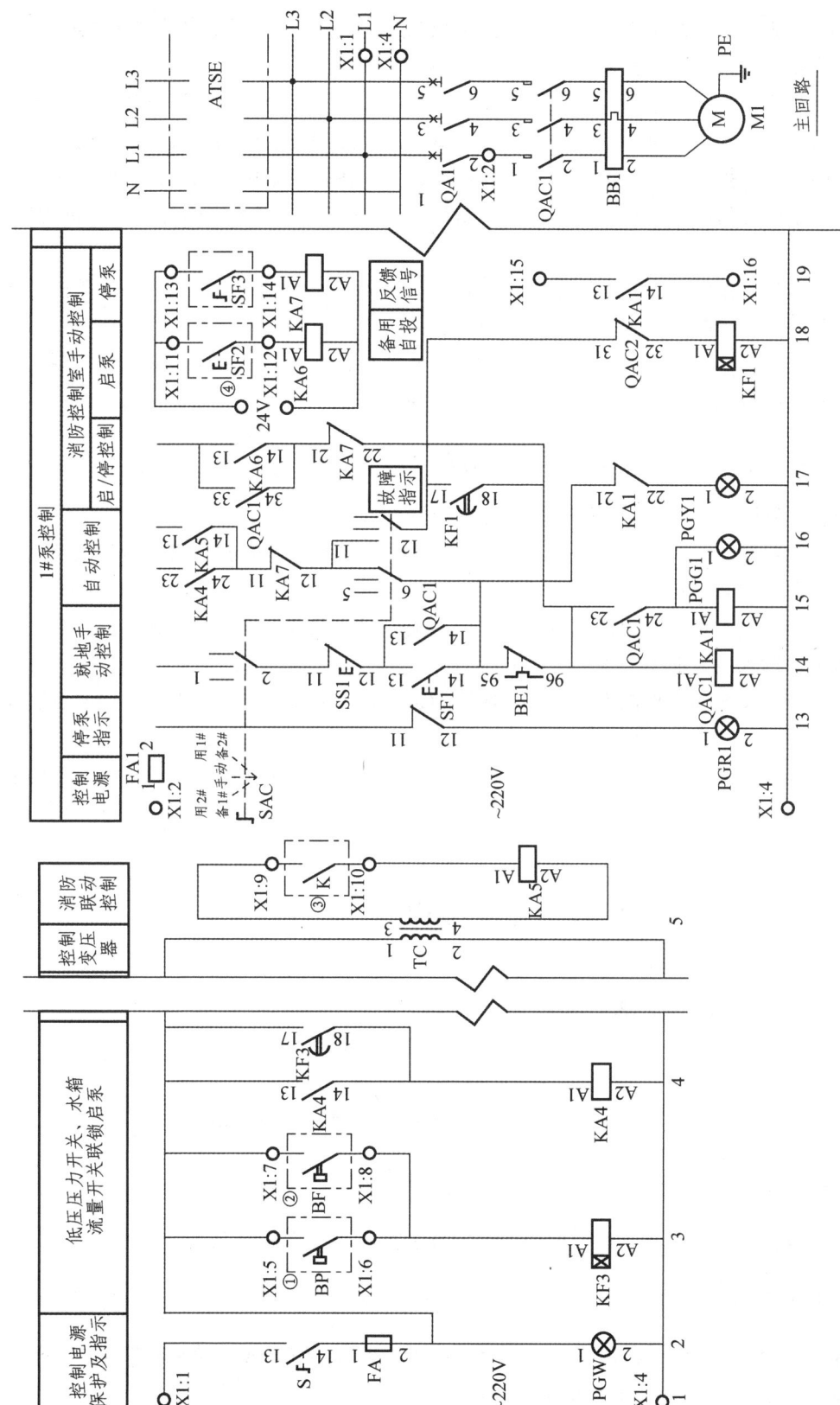

图 5-2 湿式消火栓系统联动控制原理图

（2）应由排烟口、排烟窗或排烟阀开启的动作信号，作为排烟风机启动的联动触发信号，并应由消防联动控制器联动控制排烟风机的启动。

（3）防烟系统、排烟系统的手动控制方式，应能在消防控制室内的消防联动控制器上手动控制送风口、电动挡烟垂壁、排烟口、排烟窗、排烟阀的开启或关闭及防烟风机、排烟风机等设备的启动或停止。防烟、排烟风机的启动、停止按钮应采用专用线路直接连接至设置在消防控制室内的消防联动控制器的手动控制盘，并应直接手动控制防烟、排烟风机的启动、停止。

（4）送风口、排烟口、排烟窗或排烟阀开启和关闭的动作信号，防烟、排烟风机启动和停止及电动防火阀关闭的动作信号，均应反馈至消防联动控制器。

（5）排烟风机入口处的总管上设置的 280 ℃ 排烟防火阀在关闭后应直接联动控制风机停止，排烟防火阀及风机的动作信号应反馈至消防联动控制器。

4．消防应急照明和疏散指示系统的联动控制设计

消防应急照明和疏散指示系统的联动控制设计应符合下列规定：

（1）集中控制型消防应急照明和疏散指示系统，应由火灾报警控制器或消防联动控制器启动应急照明控制器实现。

（2）集中电源非集中控制型消防应急照明和疏散指示系统，应由消防联动控制器联动应急照明集中电源和应急照明分配电装置实现。

（3）自带电源非集中控制型消防应急照明和疏散指示系统，应由消防联动控制器联动消防应急照明配电箱实现。

当确认火灾后，由发生火灾的报警区域开始，顺序启动全部疏散通道的消防应急照明和疏散指示系统，系统全部投入应急状态的启动时间不应大于 5 s。

5.2 轨道交通 FAS 与各专业接口

5.2.1 FAS 与 ACS 维护接口划分

1．维护接口划分

FAS 模块箱接线端子排以上设备由 FAS 专业维护，其下方设备由 ACS 专业维护。

2．接口位置

接口位置位于车站、车辆段、停车场等门禁主控制器接线端子上。

3．接口电器

FAS 提供给 ACS 为无源保持触点，容量不小于 DC 24 V/0.5 A。ACS 反馈给 FAS 的无源保持触点，容量不小于 DC 24 V/0.5 A。

4. 接口信息

在火灾情况下，FAS 向 ACS 主控制器发出强制释放控制信号，门禁向 FAS 反馈释放完成信号。

5. 接口功能

火灾发生时，释放火灾相关区域的全部门禁，如图 5-3 所示。

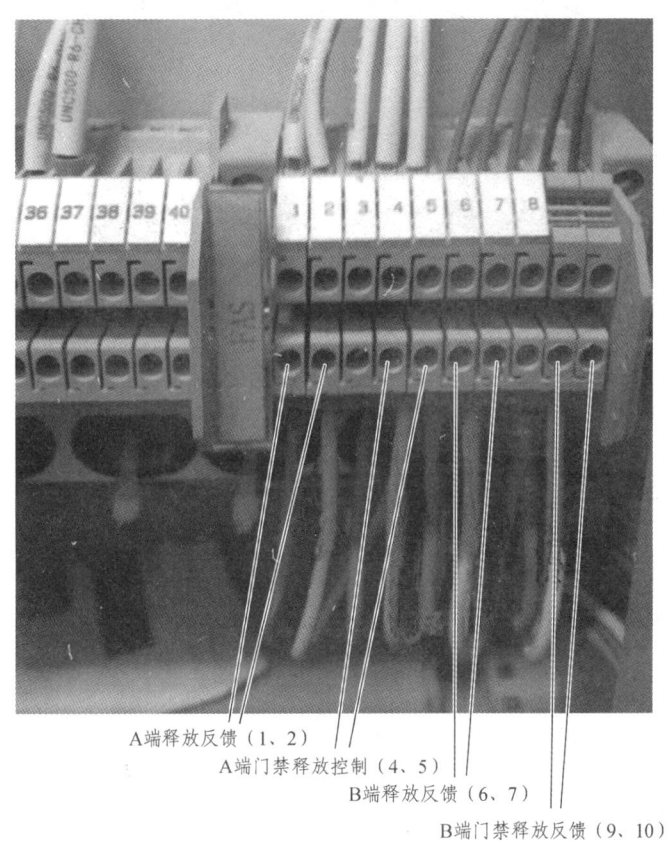

A端释放反馈（1、2）
A端门禁释放控制（4、5）
B端释放反馈（6、7）
B端门禁释放反馈（9、10）

图 5-3 FAS 与 ACS 维护接口

5.2.2 FAS 与 BAS 维护接口内容

1. 维护接口划分

火灾报警控制器端子排以上设备由 FAS 专业维护，其下方设备由 BAS 专业维护。

2. 接口位置

接口位置位于车控室火灾报警控制器接线端子排外侧，如图 5-4 所示。

3. 接口电器

FAS 与 BAS 接口通常采用 RS485 通信协议，标准 modbus-RTU 协议。

图 5-4　FAS 与 BAS 维护接口

4．接口信息

（1）按约定好的格式，向 BAS 发送火灾模式指令。

（2）接收火灾模式指令，启动消防联动设备。

5．接口功能

FAS 下发火灾模式控制指令、BAS 执行针对风、水、电系统的消防联动命令，并反馈动作完成信息。

5.2.3　FAS 与 ISCS 维护接口内容

1．维护接口划分

火灾报警控制器至 ISCS 配线架由 FAS 专业维护，ISCS 配线架至 ISCS 交换机由 ISCS 专业维护。

2．接口位置

接口位置位于综合监控设备室 ISCS 机柜配线架外。如图 5-5 所示。

3．接口电器

通常采用 RJ45 标准 ModBusTCP/IP 协议。

4．接口信息

接收 FAS 系统的主要状态信息，接收 FAS 所

图 5-5　FAS 与 ISCS 维护接口

监控的防排烟系统、消防泵等主要的状态信息；接收火灾联动信号。

5．接口功能

监视 FAS 主要的设备运行状态。

5.2.4　FAS 与广播维护接口内容

1．维护接口划分

火灾报警控制器主机至广播设备接线端子排由 FAS 专业维护，其下方设备由通信专业维护。

2．接口位置

接口位置位于通信设备商广播设备接线端子排外侧，如图 5-6 所示。

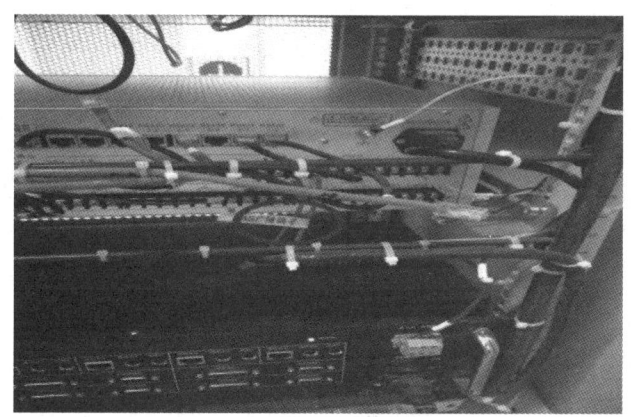

图 5-6　FAS 与广播维护接口

3．接口电器

控制信号为无源保持触点，DC 24 V/0.5 A。

4．接口信息

开关量。

5．接口功能

发生火灾时，实现消防广播自动切入功能。

5.2.5　FAS 与 AFC 维护接口内容

1．维护接口划分

FAS 模块箱至 AFC 紧急控制盒接线端子由 FAS 专业维护，其下方设备由 AFC 专业维护。

2. 接口位置

接口位置位于 AFC 紧急控制盒接线端子处，如图 5-7 所示：

图 5-7 FAS 与 AFC 维护接口

3. 接口电器

火灾情况下，FAS 专业向 AFC 专业紧急控制盒发送火灾确认信号，AFC 专业接到控制命令后，启动 AFC 车站紧急模式，由 FAS 模块箱子控制 AFC 电源的切除。

4. 接口信息

开关量信号。

5. 接口功能

火灾情况下控制闸机断电并释放。

5.2.6 FAS 与垂梯维护接口内容

1. 维护接口划分

FAS 模块箱接线端子至垂梯控制箱接线端子排由 FAS 专业维护，其下方设备由屏梯专业维护。

2. 接口位置

接口位置位于 AFC 垂梯控制柜接线端子处。如图 5-8 所示。

图 5-8 FAS 与垂梯维护接口

3. 接口电器

FAS 提供给电梯的信号容量不小于 DC 24 V/0.5 A。电梯为 FAS 提供的控制信号容量不大于 DC 24 V/0.5 A。

4. 接口信息

（1）向电梯反馈火灾信号状态、接收电梯的释放动作信号。
（2）监视火灾信号，向 FAS 反馈垂梯释放动作信号。

5. 接口功能

火灾发生时，向电梯发出消防联动指令。

5.2.7　FAS 与变配电维护接口内容

1. 维护接口划分

FAS 模块箱接线端子至 400 V 开关柜接线端子排由 FAS 专业维护，以下由变配电专业维护。

2. 接口位置

接口位置位于 400 V 开关柜内接线端子排外侧，如图 5-9 所示。

切除防火分区一非消防电源（6、7）　防火分区一切除反馈（8、9）　切除防火分区二非消防电源（6、7）　防火分区二切除状态（8、9）

图 5-9　FAS 与变配电维护接口

3. 接口电器

FAS 提供给 400 V 开关柜的信号容量不小于 DC 24 V/0.5 A。400 V 为 FAS 提供的反馈信号容量不大于 DC 24 V/0.5 A。

4. 接口信息

FAS 向 400 V 开关柜切非信号；FAS 接收 400 V 开关柜反馈的切非完成信号。

5. 接口功能

火灾发生时，联动 400 V 开关柜完成切非。

5.2.8　FAS 与工建维护接口内容

1. 维护接口划分

FAS 模块箱接线端子至电动防火卷帘接线端子排由 FAS 专业维护，其下方设备由工建专业维护。

2. 接口位置

接口位置位于卷帘门控制器接线端子。

3. 接口电器

FAS 提供给防火卷帘的信号容量不小于 DC 24 V/0.5 A，防火卷帘为 FAS 提供的控制信号容量不大于 DC 24 V/0.5 A。

4. 接口信息

接收防火卷帘运行状态信号，向防火卷帘控制箱发出升降/关闭控制信号。

5. 接口功能

发送火灾联动信号并监视防火卷帘运行状态。

5.2.9　FAS 与通风空调维护接口内容

1. AS 与排烟风机维护接口

1）维护接口划分

FAS 模块箱接线端子至专用排烟风机控制箱接线端子排由 FAS 专业维护，其下方设备由风水电专业维护。

2）接口位置

接口位置位于专用排烟风机控制箱接线端子排处，如图 5-10 所示。

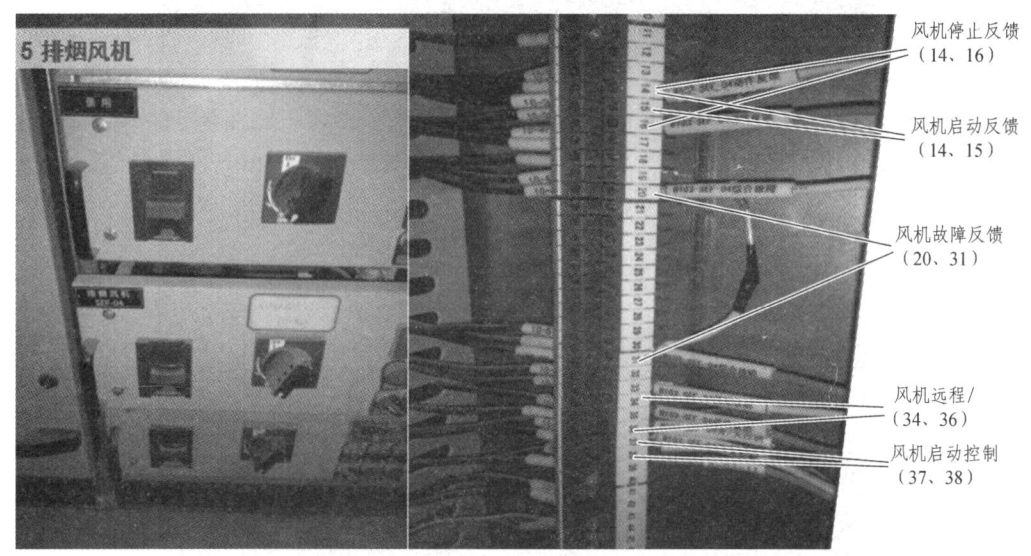

图 5-10 FAS 与排烟风机维护接口

3）接口电器

FAS 提供给防火阀的信号容量不小于 DC 24 V/0.5 A，防火阀为 FAS 提供的控制信号容量不大于 DC 24 V/0.5 A。

4）接口信息

FAS 专业接收排烟风机的开关状态反馈信号，下发风机的启停控制命令，实现联锁功能。

5）接口功能

监控专用排烟风机运行状态，根据排烟系统的运行控制要求，实现专用排烟风机与风阀的联锁控制。

2. FAS 与防火阀维护接口

1）维护接口划分

FAS 模块箱接线端子至专用排烟风管防火阀控制箱接线端子排由 FAS 专业维护，其下方设备由风水电专业维护。

2）接口位置

接口位置位于专用排烟风管防火阀控制箱接线端子排，如图 5-11 所示。

3）接口电器

FAS 提供给通风空调的信号容量不小于 DC 24 V/0.5 A，通风空调为 FAS 提供的控制信号容量不大于 DC 24 V/0.5 A。

FD2防火阀开启/关闭状态（2、3）

图 5-11 FAS 与防火阀维护接口

4）接口信息

FAS 向防火阀发出控制信号，接收防火阀的状态信号。

5）接口功能

监视专用排烟管道上防火阀的运行状态；通过有源输出接点实现对电动防火阀的控制，根据排烟系统的运行控制要求，实现风阀与专用排烟风机的联锁控制。

5.2.10 FAS 与给排水维护接口内容

1. FAS 与水泵控制箱维护接口

1）维护接口划分

FAS 模块箱接线端子至水泵控制箱接线端子排由 FAS 专业维护，以下由风水电专业维护。

2）接口位置

接口位置位于水泵控制箱接线端子排处。

3）接口电器

FAS 提供给排水的信号容量不小于 DC 24 V/0.5 A，给排水为 FAS 提供的控制信号容量不大于 DC 24 V/0.5 A。

4）接口信息

接收消防泵的运行状态信息，下发对消防泵的启停控制命令。

5）接口功能

传送火灾联动信号并监视状态。

2. FAS 消防蝶阀维护接口

1）维护接口划分

FAS 模块箱接线端子至电动蝶阀抽屉柜接线端子排由 FAS 专业维护，其下方设备由风水电专业维护。

2）接口位置

接口位置位于消防水管电动蝶阀接线端子排，如图 5-12 所示。

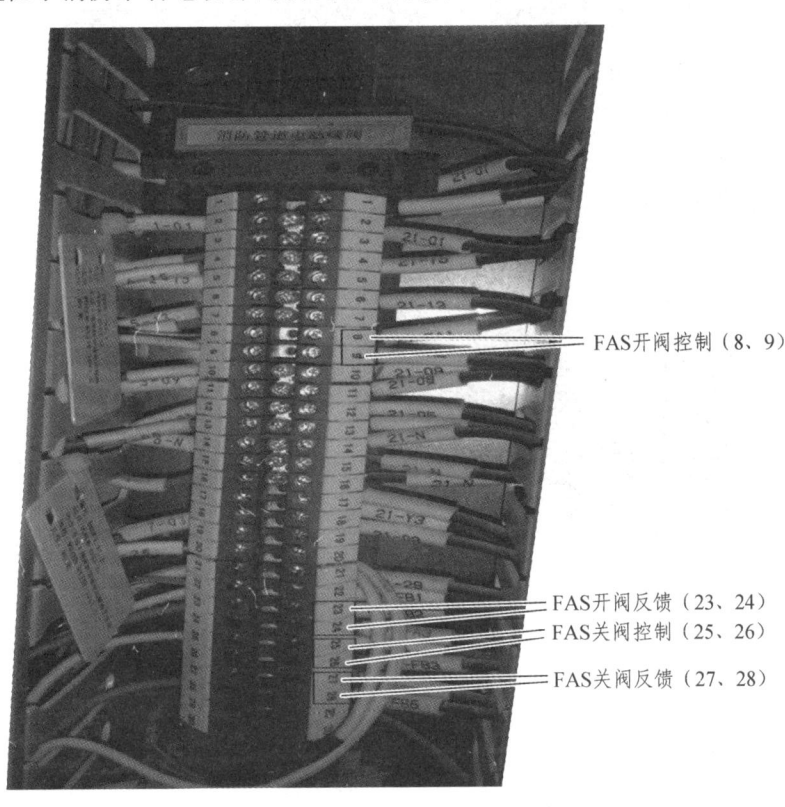

图 5-12 FAS 与消防蝶阀维护接口

3）接口电器

FAS 提供给电动蝶阀的信号容量不小于 DC 24 V/0.5 A，电动蝶阀为 FAS 提供的控制信号容量不大于 DC 24 V/0.5 A。

4）接口信息

接收阀电动蝶阀的运行状态信息，下发对消防泵的控制命令。

5）接口功能

监控消防水管电动蝶阀的运行状态。

5.2.11　FAS 与动力照明维护接口内容

1. 维护接口划分

FAS 模块箱接线端子至 EPS 配电柜接线端子排由 FAS 专业维护，以下由风水电专业维护。

2. 接口位置

接口位置位于 EPS 配电柜接线端子排处，如图 5-13 所示。

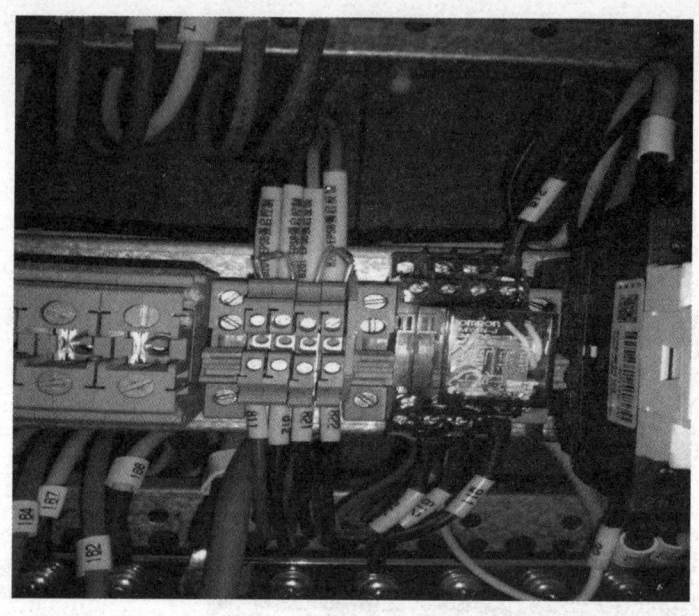

图 5-13　FAS 与 EPS 维护接口

3. 接口电器

FAS 提供给 EPS 的信号容量不小于 DC 24 V/0.5 A，EPS 为 FAS 提供的控制信号容量不大于 DC 24 V/0.5 A。

4. 接口信息

监视 EPS 相关设备区配电回路的状态信息；火灾情况下，向 EPS 设备区配电回路发出强制开启控制信号。

5. 接口功能

火灾情况下启动应急照明电源，如图 5-13 为 FAS 与 EPS 维护接口。

5.2.12 FAS 与通信维护接口内容

1. 维护接口划分

火灾报警控制器至通信 ODF 配线架由 FAS 专业维护，以下由通信专业维护。

2. 接口位置

接口位置通信 ODF 配线架外侧。

3. 接口电器

单模光纤。

4. 接口信息

无接口信息。

5. 接口功能

接口为 FAS 系统骨干网提供专用光纤通道。

5.2.13 FAS 与时钟维护接口内容

1. 维护接口划分

火灾报警控制器至通信 ODF 配线架由 FAS 专业维护，其下方设备由通信专业维护。

2. 接口位置

接口位置位于控制中心综合监控室通信配线架外侧。

3. 接口电器

接口软件协议应具有通用性，且符合国际国内有关标准和规范。

4. 接口信息

标准时间信息。

5. 接口功能

时钟系统为 FAS 系统提供实时的标准时间信息。

5.2.14 接口界面划分一览表

FAS 与其他专业接口一览表如表 5-1 所示。

表 5-1 FAS 与其他专业接口一览表

相关系统	接口设备	接口界面位置	接口功能
BAS	车站控制室 IBP 盘 PLC	FAS 控制器侧	发送火灾模式信号并接收 BAS 执行信号
ISCS	综合监控 FEP（综合监控设备室）	综合监控接线箱串口接线端子	与综合监控系统互联
门禁	门禁主控制器（综合监控设备室）	门禁主控制器接线端子	发送火灾联动信号并监视状态、故障信号
广播	PA 机柜端子排（综合监控设备室）	PA 机柜端子排侧	发送火灾联动信号
AFC	AFC 紧急控制盒（综合监控设备室）	AFC 紧急控制盒侧	发送火灾联动信号并接收执行完成信号
垂梯	垂梯（出入口、站内）	垂梯控制柜接线端子	发送火灾联动信号并接收反馈信号
变配电	0.4 kV 开关柜	0.4 kV 开关柜内接线端子	按防火分区发送切非信号并接收执行完成信号
建筑	电动防火卷帘门	卷帘门控制器接线端子	发送火灾联动信号并监视状态
通风空调	排烟风机、加压送风机、消防专用补风机	环控柜接线端子	发送火灾联动信号并监视状态
	防烟防火阀、排烟防火阀	防火阀执行器接线端子	
给排水	消火栓泵、稳压泵	水泵控制箱接线端子	
	电动蝶阀	环控柜接线端子	
动力照明	EPS 照明配电室	EPS 柜内接线端子	发送火灾强启信号并监视状态
通信传输	配线架（通信设备室）	配线架接线端子	通过通信系统的光纤组成 FAS 主干网
时钟	通信综合配线架（通信设备室）	时钟接线端子	接收时钟信号

5.3 换乘站互联互通

在城市轨道交通行业中，地铁建设的规模不断扩大，线路数量不断增加，线路长度不断延伸，两条甚至多条线路的换乘车站会越来越多。为解决多条线路交叉车站的消防联动执行问题，行业内线路均采取火灾报警系统互联技术进行消防联动，在出现火灾时，可根据对应火灾影响和需求执行对应应急处置，最大限度地降低影响，将车站人员安全疏散至地面。A 线与 B 线在 C 车站交叉换乘，车站消防联动互联互通执行方案可分为以下几部分。

5.3.1 换乘通道互通

一般换乘车站在每条线路均设消防控制室，换乘车站互联互通分界为双层防火卷帘门，由 A 线及 B 线各控制一道防火卷帘门，火灾时各线路联动各自控制的防火卷帘门，由火灾报警系统统一实施。

5.3.2　火灾报警控制器互通

A 线车站出现火灾情况，将 A 线消防控制室内火灾报警控制器操作至自动位，由消防联动控制器执行对应火灾模式，需向 B 线消防控制室火灾报警控制器发送火灾信息，B 线消防控制室火灾报警控制器收到 A 线出现火灾情况的火警信息后，将主机操作至自动位可执行火灾联动。

5.3.3　消防电话互通

A 线和 B 线消防控制室内均敷设对应线路的消防电话分机，在火灾情况下保证车站内两消防控制室的通信正常。

5.3.4　消火栓泵互联互通

A 线消防控制室与 B 线消防控制室均具有启动并停止 C 站消火栓泵的权限，以保证在火灾情况下车站内消防系统的正常启动，实施灭火操作。

课后练习题

一、单项选择题

1. FAS 下发火灾模式控制指令，（　　）执行针对风、水、电系统的消防联动命令并反馈动作信息。

　　A. ACS　　　　　B. BAS　　　　　C. AFC　　　　　D. ISCS

2. FAS 提供给防火卷帘的信号容量不小于（　　），同时防火卷帘为 FAS 提供的控制信号容量不大于（　　）。

　　A. DC 24 V/0.5 A　　B. AC 24 V/0.5 A　　C. DC 24 V/1 A　　D. AC 24 V/1 A

3. FAS 与（　　）负责接收消防泵的运行状态信息，下发对消防泵的启停控制命令，传送火灾联动信号并监视状态。

　　A. 通风空调维护接口　　B. 给排水维护接口　　C. 工建维护接口　　D. 通信维护接口

二、简答题

1. 简述城市轨道交通内 FAS 接口有哪些。
2. 简述通道换乘时消防互联互通如何设置。

项目 6
消防系统图纸及施工工艺

6-视频/动画

情景导入

在城市轨道交通车站消防设备设计、安装施工及验收阶段，技术人员应能够熟悉比如消防主机、火灾探测器、报警按钮、声光报警器、模块箱及气体灭火系统各部分设备的安装要求，掌握安装大样图、系统设备配线图及接线图。通过本项目的理论知识学习，希望你在未来岗位跟岗历练中能够进行消防设备的安装、接线及调试相关工作。

任务引领

1. 掌握施工图的定义。
2. 掌握消防系统各系统设备的安装大样图及安装要求。
3. 熟悉消防系统各系统电源配线图。
4. 掌握消防系统各系统设备的接线图。

 项目实施

6.1 消防系统施工图

施工图,表示工程项目总体布局,是建筑物及构筑物的外部形状、内部布置、结构构造、内外装修以及设备、施工等要求的图样。施工图按种类可划分为建筑施工图、结构施工图、水电施工图等。

6.1.1 火灾自动报警系统

1. 消防主机安装

消防主机安装如图 6-1 所示。

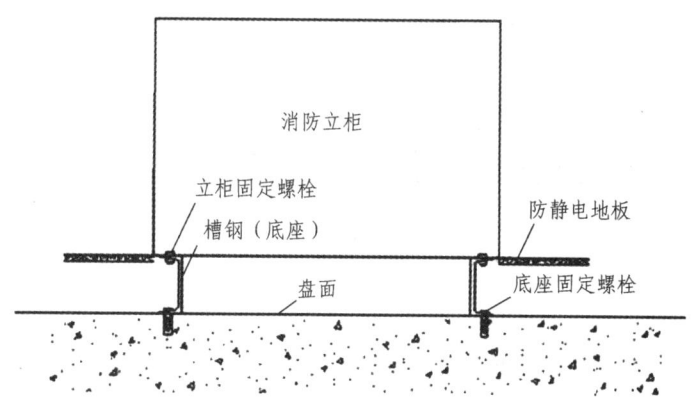

图 6-1 消防主机立柜安装大样图

消防控制器的安装应符合下列要求:
(1)设备面盘前的操作距离,单列布置时不应小于 1.5 m。
(2)在值班人员经常工作的一面,设备面盘至墙的距离不应小于 3 m。
(3)设备面盘后的维修距离不宜小于 1 m。
(4)设备面盘的排列长度大于 4 m 时,其两端应设置宽度不小于 1 m 的通道。
(5)与建筑其他弱电系统合用的消防控制室内,消防设备应集中设置,并应与其他设备有明显间隔。

2. 感烟/感温探测器安装

探测器安装位置如图 6-2、图 6-3 所示。

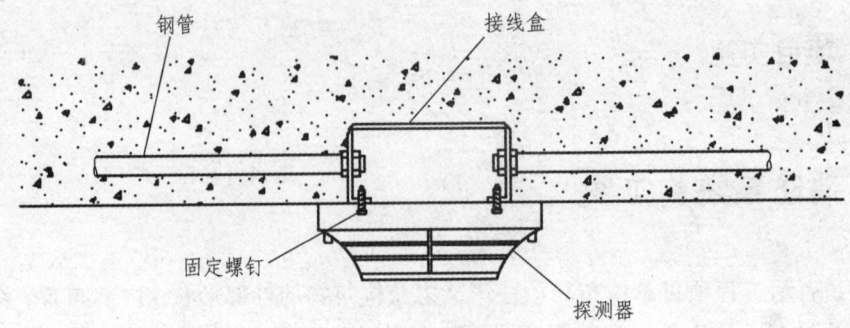

图 6-2 探测器吸顶安装大样图

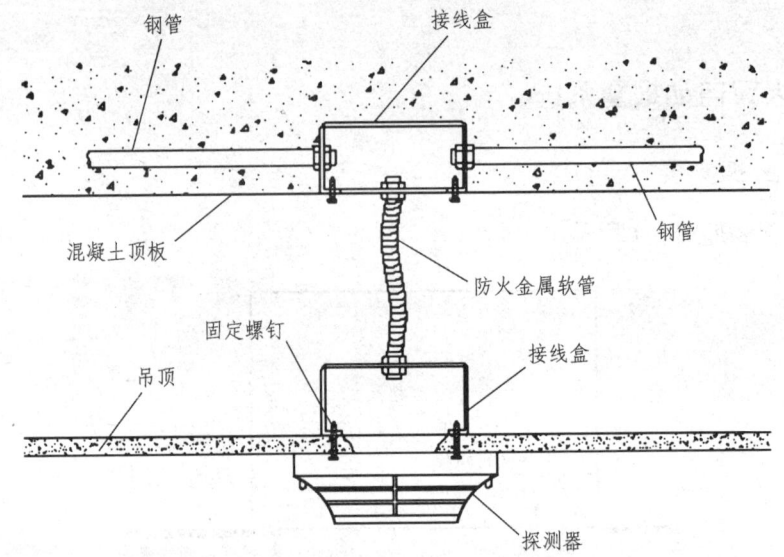

图 6-3 探测器吊顶下安装大样图

点型感烟、感温火灾探测器的安装应符合下列要求：

（1）探测器至墙壁、梁边的水平距离，不应小于 0.5 m。

（2）探测器周围水平距离 0.5 m 内，不应有遮挡物。

（3）探测器至空调送风口最近边的水平距离，不应小于 1.5 m。

（4）在宽度小于 3 m 的内走道顶棚上安装探测器时，宜居中安装。点型感温火灾探测器的安装间距，不应超过 10 m；点型感烟火灾探测器的安装间距，不应超过 15 m；探测器至端墙的距离，不应大于安装间距的一半。

（5）探测器宜水平安装，当确需倾斜安装时，倾斜角不应大于 45°。

3. 手动报警按钮

手动报警按钮安装位置如图 6-4 所示。

手动火灾报警按钮的安装应符合下列要求：

（1）手动火灾报警按钮应安装在明显和便于操作的部位。

（2）当安装在墙上时，其底边距地（楼）面的高度宜为 1.3～1.5 m。

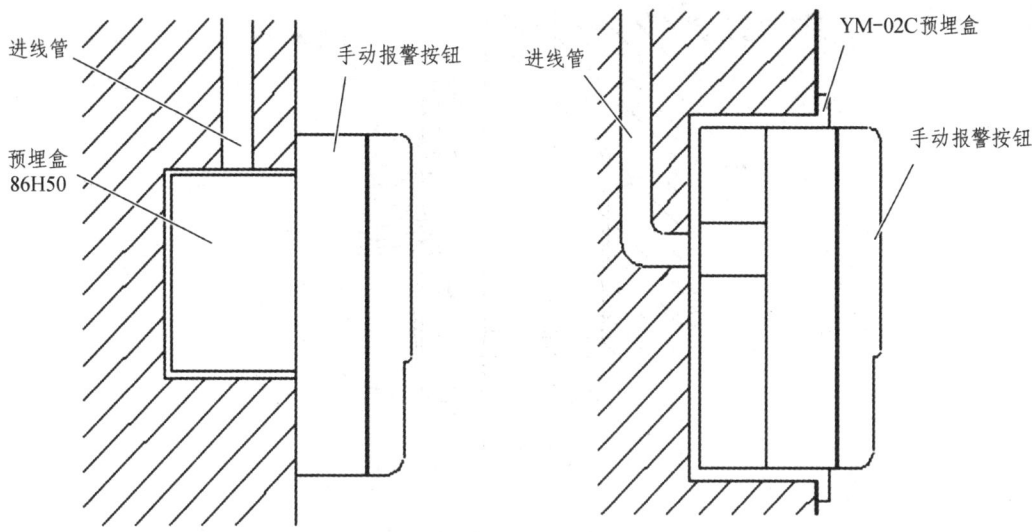

图 6-4 手动报警按钮安装大样图

4. 消火栓报警按钮安装

消火栓报警按钮安装如图 6-5 所示。

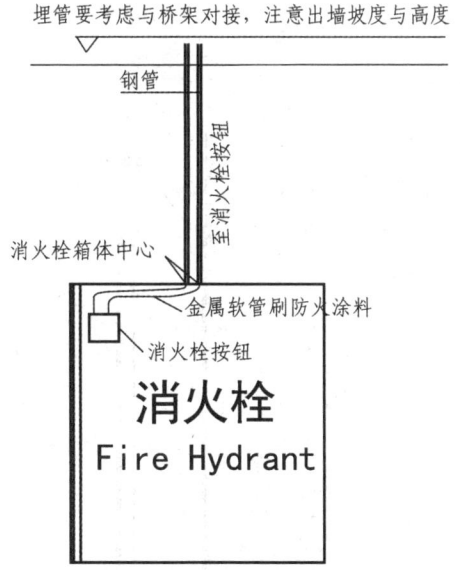

图 6-5 消火栓报警按钮安装大样图

消火栓报警按钮的安装应符合下列要求：
（1）消火栓按钮一般采用明装方式，紧靠箱顶内部安装。
（2）消火栓报警按钮一般距地 1.6~1.8 m。

5. 声光报警器安装

声光报警器的安装如图 6-6 所示。

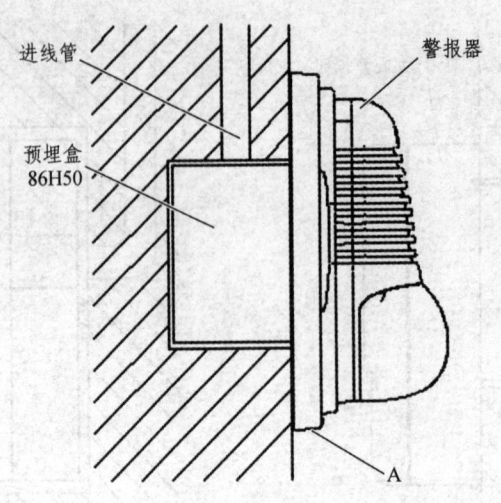

图 6-6 声光报警器安装大样图

声光报警器的安装应符合下列要求：
（1）声光报警器应安装在安全出口附近明显处，距地面 2.2 m 以上。
（2）每个报警区域内应均匀设置声光报警器，间距不应大于 25 m。

6. 模块箱安装

模块箱安装如图 6-7 所示。

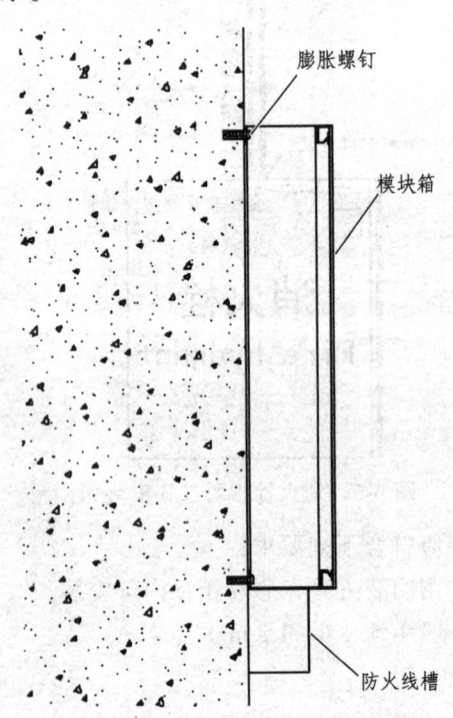

图 6-7 模块箱安装大样图

模块箱的安装应符合下列要求：

（1）模块箱底边距地（楼）面的高度宜为 1.5 m。

（2）同一报警区域内的模块箱宜集中安装在金属箱内。

（3）模块箱（或金属箱）应独立支撑或固定，安装牢固，并应采取防潮、防腐蚀等措施。

（4）模块箱的连接导线应留有不小于 150 mm 的余量，其端部应有明显标志。

7. 常闭防火门安装

常闭防火门安装如图 6-8、图 6-9 所示。

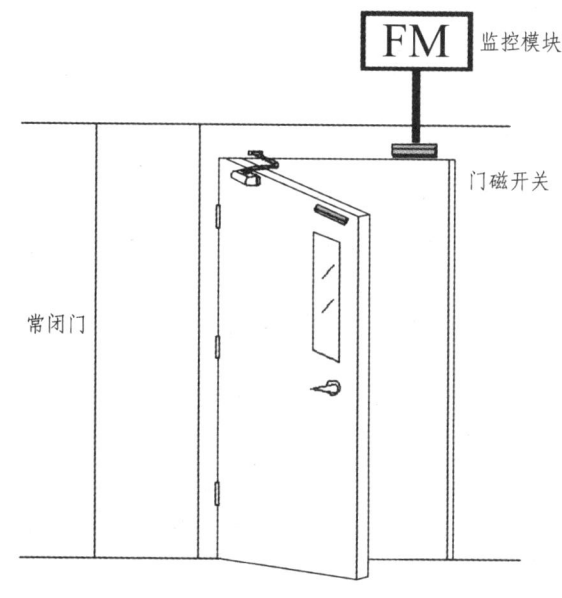

图 6-8　单扇常闭防火门安装大样图

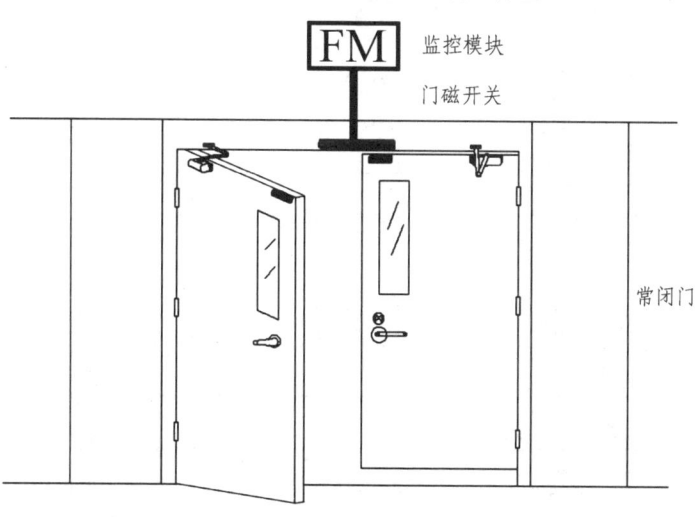

图 6-9　双扇常闭防火门安装大样图

常闭防火门的安装应符合下列要求：

（1）除特殊情况外，防火门应向疏散方向开启，防火门在关闭后应从任何一侧手动开启。

（2）防火插销应安装在双扇门或多扇门相对固定一侧的门扇上。

（3）门扇与上框的配合活动间隙不应大于 3 mm。

（4）门扇与下框或地面的活动间隙不应大于 9 mm。

（5）门扇与门框贴合面间隙、门扇与门框有合页一侧、有锁一侧及上框的贴合面间隙，均不应大于 3 mm。

（6）防火门安装完成后，其门扇应启闭灵活，并应无反弹、翘角、卡阻和关闭不严现象。

6.1.2 IG-541 气体灭火系统

1. 气瓶间储气瓶、启动瓶安装

储气瓶、启动瓶安装如图 6-10、图 6-11 所示。

储气瓶、启动瓶的安装应符合下列要求：

（1）储气瓶、启动瓶装置的安装应牢固，且便于操作、维修。

（2）储气瓶、启动瓶操作面距墙面或两操作面之间的距离，不宜小于 1.0 m，且不应小于储存容器外径的 1.5 倍。

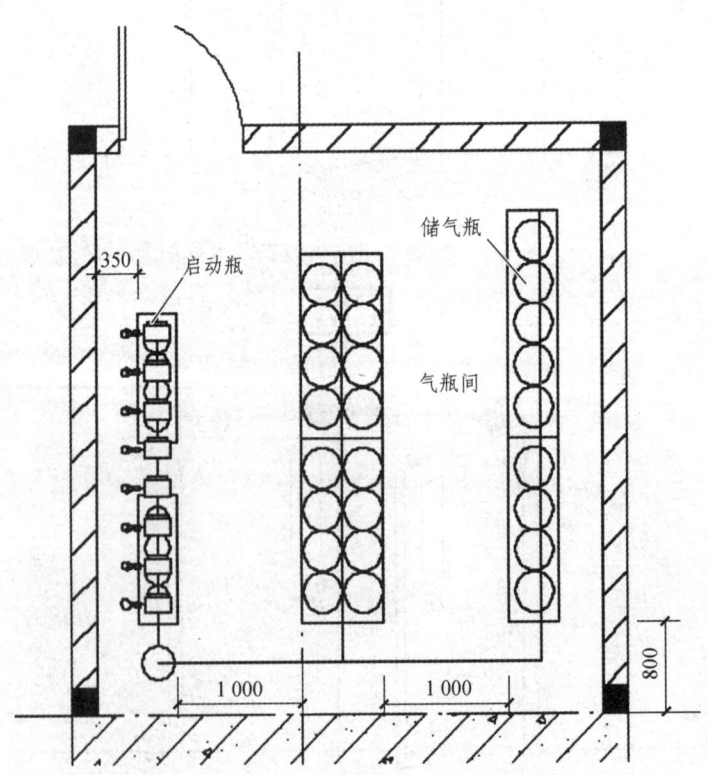

图 6-10 气瓶间储气瓶、启动瓶安装布局图（单位：mm）

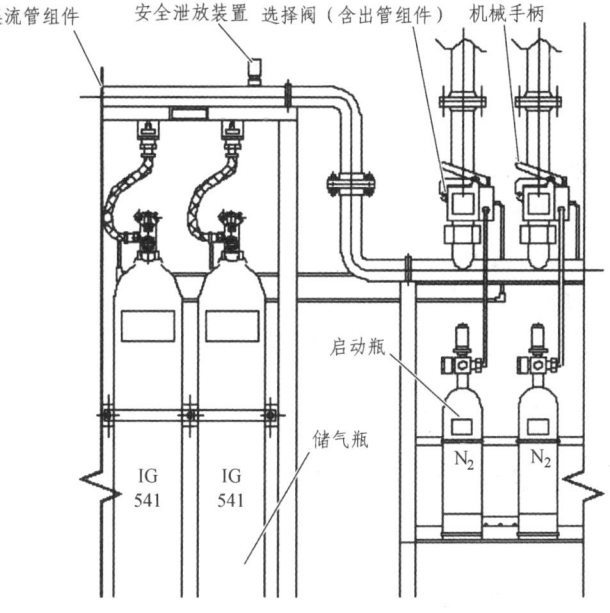

图 6-11 储气瓶、启动瓶安装大样图

2. 气体灭火系统组件安装

气体灭火系统组件安装如图 6-12 所示。

气体灭火系统组件的安装应符合下列要求：

（1）气体灭火控制器和手动与自动转换装置应设在防护区疏散出口的门外便于操作的地方，安装高度为中心点距地面 1.5 m。

（2）警铃、声光报警器的安装高度一般在地面 2.2 m 以上。

（3）放气指示灯一般安装在通道门的上方，距地面高度 2.2 m。

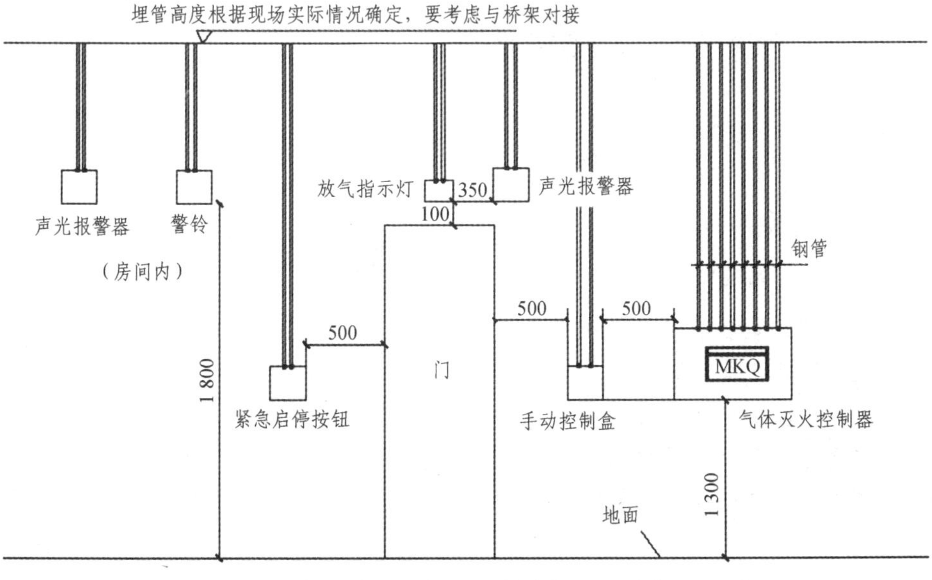

图 6-12 气体灭火系统组件安装大样图（单位：mm）

3. 泄压装置安装

泄压装置安装如图 6-13 所示。

泄压装置的安装应符合下列要求：

（1）泄压装置安装高度应大于室内总高度的 2/3，且气体泄压口宜设置在防护区的外墙上。

（2）泄压装置与地面必须保持垂直，可用水平仪调整，偏差不能大于 2°。

（3）安装泄压装置应注意泄压口上下面及气流方向，不能错位。

（4）保护区泄压装置外墙装饰百叶窗为可选择项，安装百叶窗应于外墙齐平。

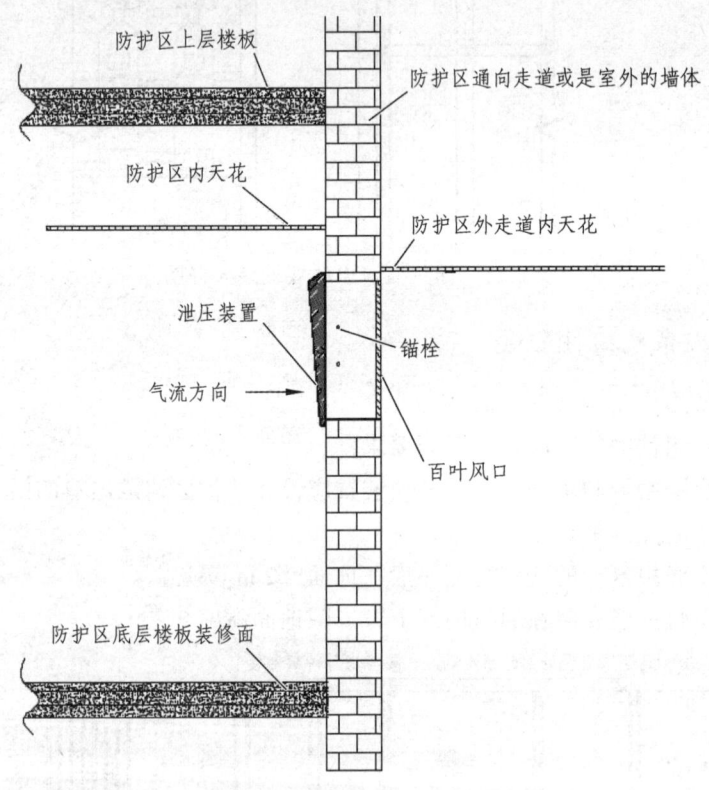

图 6-13 泄压装置安装大样图

4. 气灭管道安装大样图

气灭管道安装如图 6-14 所示。

管道支、吊架的安装应符合下列规定：

（1）管道应固定牢靠，管道支、吊架的最大间距应符合规定，如表 6-1 所示。

（2）管道末端应采用防晃支架固定，支架与末端喷嘴间的距离不应大于 500 mm。

（3）公称直径大于或等于 50 mm 的主干管道，垂直方向和水平方向至少应各安装 1 个防晃支架，当穿过建筑物楼层时，每层应设 1 个防晃支架。当水平管道改变方向时，应增设防晃支架。

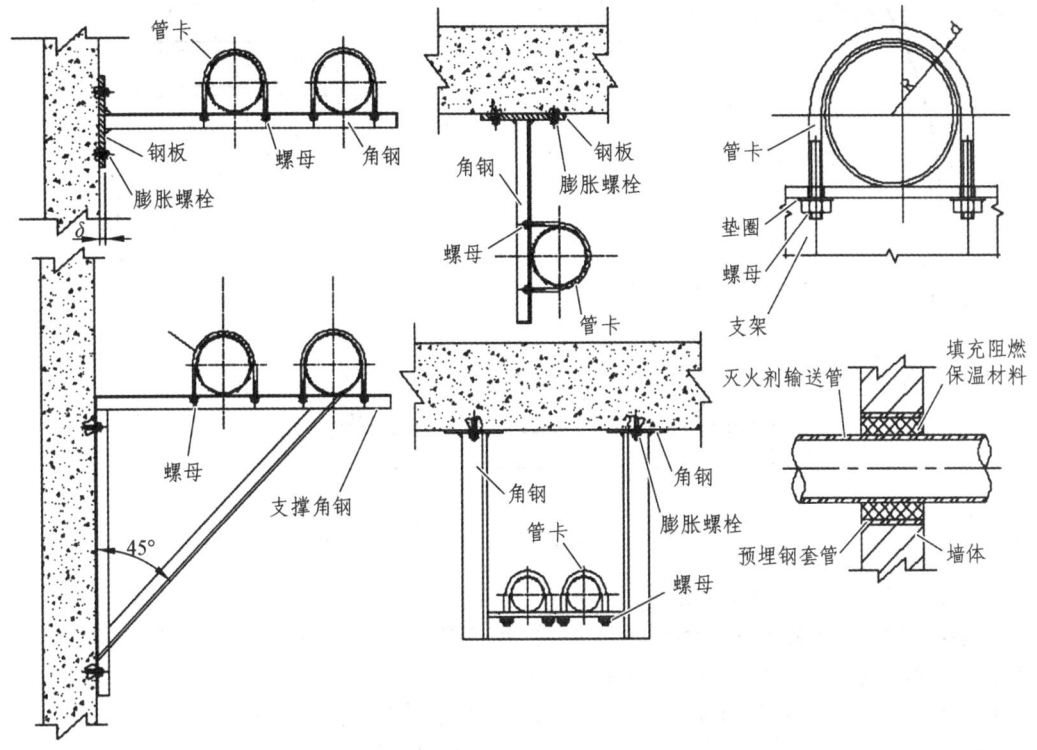

图 6-14 气灭管道安装大样图

表 6-1 管道支、吊架之间最大间距

DN/mm	15	20	25	32	40	50	65	80	100	150
最大间距/m	1.5	1.8	2.1	2.4	2.7	3.0	3.4	3.7	4.3	5.2

5．喷头安装

喷头安装如图 6-15 所示。

喷头的保护高度和保护半径，应符合下列规定：

（1）最大保护高度不宜大于 6.5 m。

（2）最小保护高度不应小于 0.3 m。

（3）喷头安装高度小于 1.5 m 时，保护半径不宜大于 4.5 m。

（4）喷头安装高度不小于 1.5 m 时，保护半径不应大于 7.5 m。

（5）喷头宜贴近防护区顶面安装，距顶面的最大距离不宜大于 0.5 m。

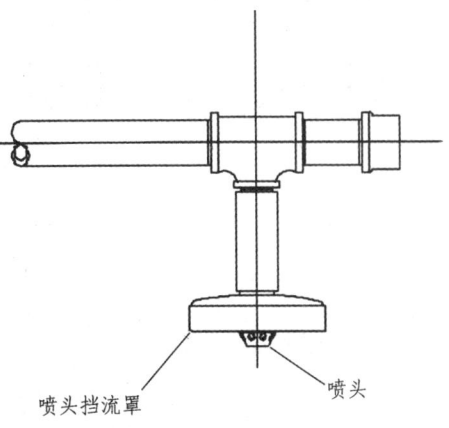

图 6-15 喷头安装大样图

6.1.3 感温光纤

感温光纤在隧道内安装如图 6-16 所示。

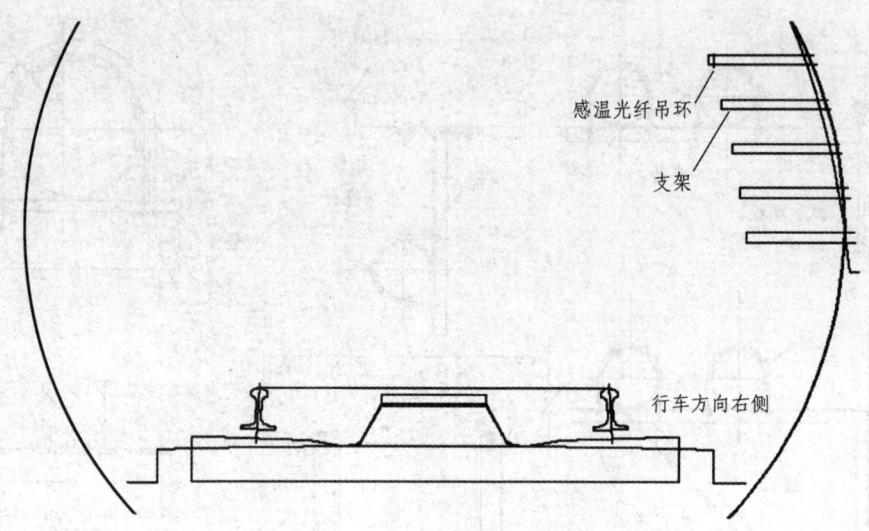

图 6-16　感温光纤安装大样图

感温光纤的安装应符合下列规定：
（1）感温光纤应每隔 100 m 预留 1 m 余量，预留光纤固定成盘状，直径不应小于 150 mm。
（2）区间距隧道口 5 m 处预留 20 m 作为测试段，预留成盘状。
（3）每个隧道的终端预留 10~15 m 作为测试段，在隧道口和终端预留的测试段，应下引至疏散平台上方人员能触及的位置，便于后期检测和验收，下引和预留的光纤应成盘状，固定牢靠美观。
（4）感温光纤应与每个支架上的吊环进行固定，扎带使用金属防潮扎带。
（5）区间预留光纤成盘状后，应使用金属扎带固定于供电支架上，并保证牢固。

6.1.4　疏散指示灯

疏散指示灯的安装如图 6-17 所示。
疏散指示灯的安装应符合下列规定：

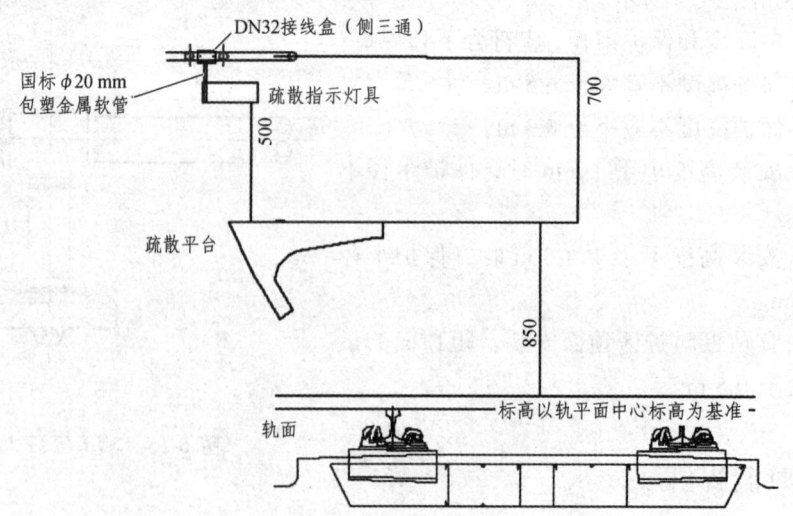

图 6-17　智能疏散指示灯安装大样图（单位：mm）

（1）疏散指示灯应安装牢固可靠，不得有松动。
（2）疏散指示灯的安装间距不应大于 15 m。
（3）疏散指示灯宜设置在疏散通道及转角处，距疏散平台高度 1 m 以下的隧道壁上。

6.1.5　吸气式感烟探测器

1．吸气式烟雾探测主机安装大样图

吸气式烟雾探测主机如图 6-18 所示。

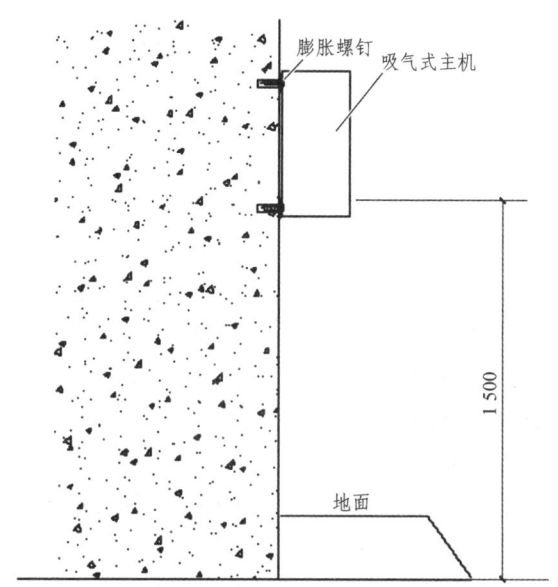

图 6-18　吸气式烟雾探测主机安装大样图（单位：mm）

吸气式烟雾探测主机的安装应符合下列规定：
（1）吸气式烟雾探测主机采用壁挂式安装，底边距地（楼）面的高度宜为 1.5 m。
（2）吸气式烟雾探测主机安装应牢固，且便于操作、维修。

2．采样管安装

采样管安装如图 6-19、图 6-20 所示。

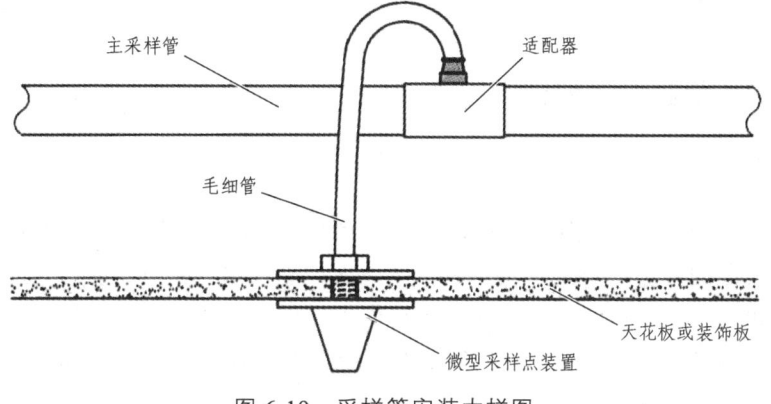

图 6-19　采样管安装大样图

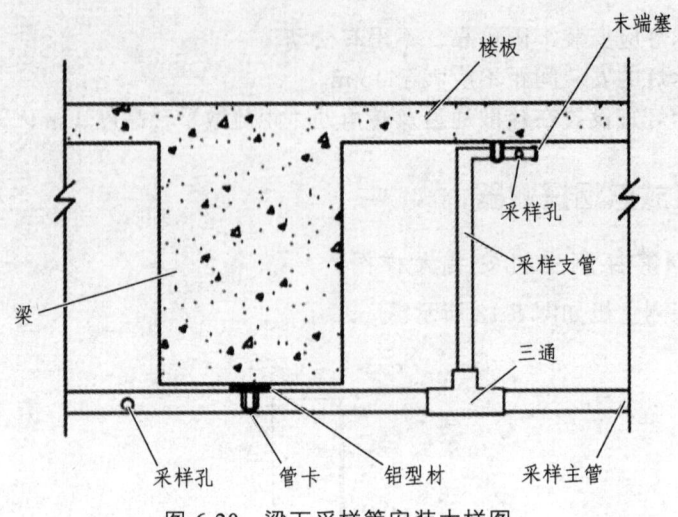

图 6-20　梁下采样管安装大样图

采样管的安装应符合下列规定：

（1）非高灵敏型探测器的采样管网安装高度不应超过 16 m；高灵敏型探测器的采样管网安装高度可超过 16 m；采样管网安装高度超过 16 m 时，灵敏度可调的探测器应设置为高灵敏度，且应减小采样管长度和采样孔数量。

（2）探测器的每个采样孔的保护面积、半径，应符合点型感烟火灾探测器的保护面积、保护半径的要求。

（3）一个探测单元的采样管总长不宜超过 200 m。单管长度不宜超过 100 m，同一根采样管不应穿越防火分区。采样孔总数不宜超过 100 个，单管上的采样孔数量不宜超过 25 个。

（4）当采样管道采用毛细管布置方式时，毛细管长度不宜超过 4 m。

（5）在设置过梁、空间支架的建筑中，采样管路应固定在过梁、空间支架上。

（6）采样管路布置形式为垂直采样时，每 2 ℃ 温差间隔或 3 m 间隔（取最小者）应设置一个采样孔，采样孔不应背对气流方向。

（7）采样管路应按确认的设计软件或方法进行设计。

6.2　消防系统配线图

6.2.1　FAS 专业电源配线图

1. 概　述

FAS 为一级消防负荷，动力照明专业在车控室内为 FAS 专业设置双电源箱，为 FAS 系统进行供电；在气瓶间内设置双电源箱，为气体灭火控制盘进行供电；在站台层楼梯下三角机房设置双电源箱，为站台层吸气式探测器主机供电。FAS 系统自行配备后备电池，保证火灾情况下备用时间不低于 180 min。车站控制室内 FAS 图文监控工作站由 UPS 供电，UPS 的后备时间不低于 180 min。

采用综合接地系统，接地电阻值要求不大于 1 Ω；车站控制室内设置弱电接地端子箱，接地端子箱为 FAS 和 ISCS 共用，由供电专业提供。接地端子箱设置 FAS 的接地端子。系统机柜、模块箱箱体及钢管、线槽要求可靠接地。

2. FAS 系统总电源配线图

如图 6-21 为车控室内 FAS 专业总电流配线图。其中 WP1～WP11 分别为 FAS 主机电源、FAS 联动电源、气灭主机、区间智能疏散、消防电源监视电源、感温光纤进行供电，WP12-WP13 为备用电源。

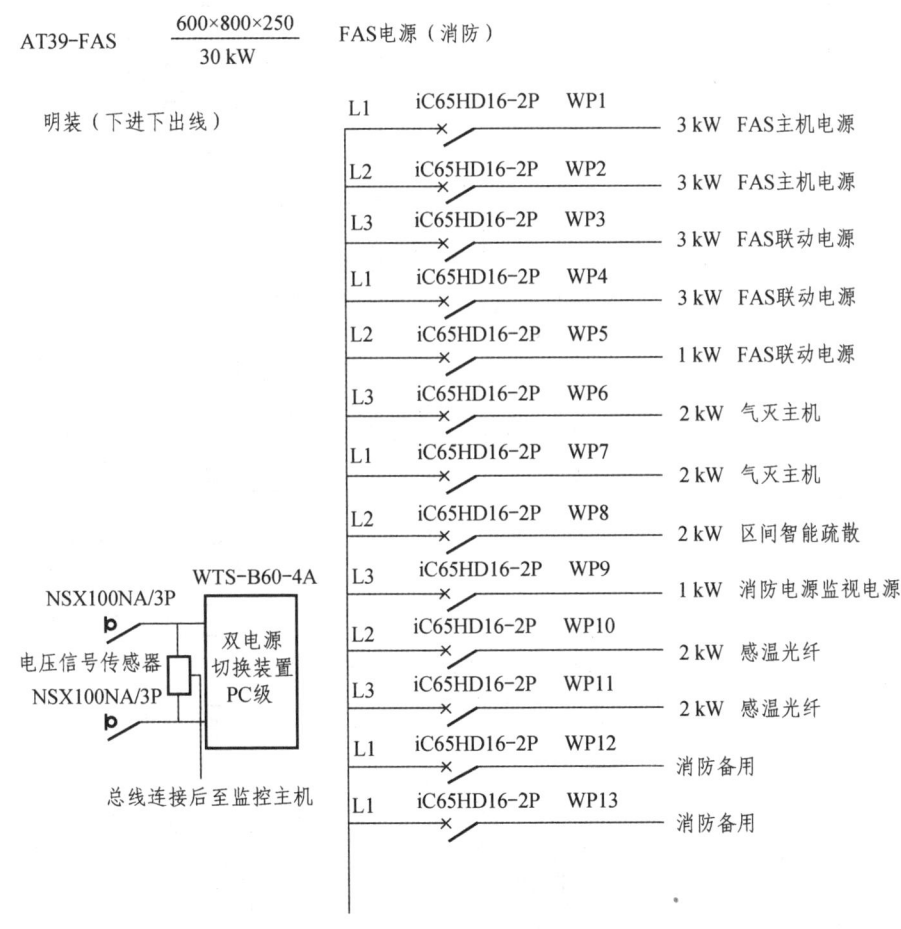

图 6-21　FAS 专业总电源配线图

3. FAS 模块箱电源配线图

模块箱电源由 DC 24 V 联动电源箱提供，DC 24 V 联动电源箱由车控室 FAS 双切箱提供电源。如图 6-22，DC 24 V 联动电源箱分为六路，给 WP1～WP6 所有模块箱进行供电。

模块箱内部接线如图 6-23，端子 1～4 接 FAS 主机回路线，从端子 1、2 进，3、4 出，中间把所有模块串起来；端子 5-6 接 24 V 电源线，为 DC 24 V 联动电源箱提供，给箱内所有模块供电；端子 7-24 接所用模块的信号线用于反馈或控制；端子 25-28 接备用模块。一般除了隔离模块箱，其他的都是只有一组回路线。

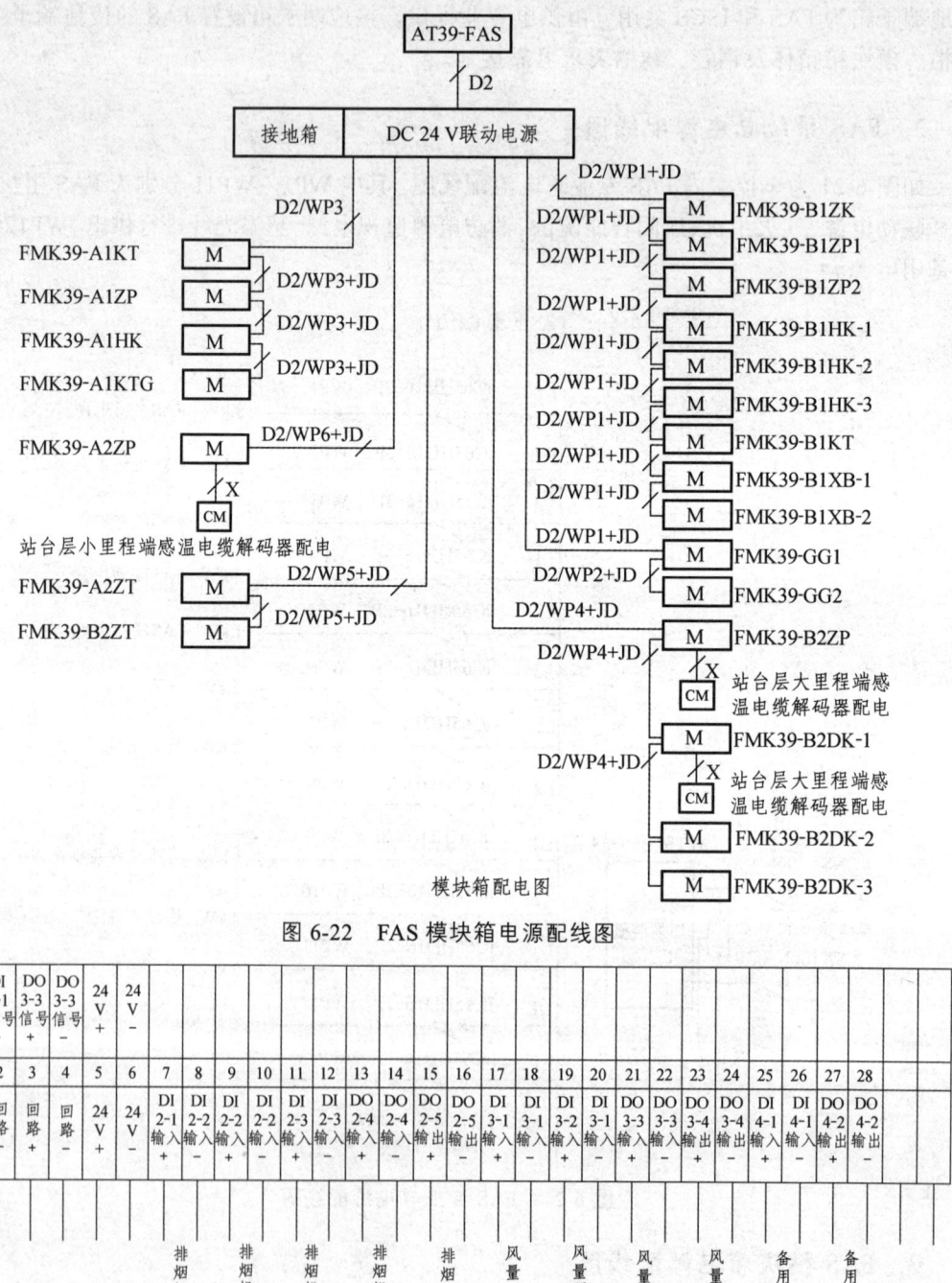

模块箱配电图

图 6-22　FAS 模块箱电源配线图

1	2	3	4	5	6	7	8	9	10	11	12	13	14	15	16	17	18	19	20	21	22	23	24	25	26	27	28
DI 1-1 信号+	DI 1-1 信号-	DO 3-3 信号+	DO 3-3 信号-	24V+	24V-																						
回路+	回路-	回路+	回路-	24V+	24V-	DI 2-1 输入+	DI 2-2 输入-	DI 2-2 输入+	DI 2-2 输入-	DI 2-3 输入+	DI 2-3 输入-	DI 2-4 输入+	DI 2-4 输入-	DO 2-5 输出+	DO 2-5 输出-	DI 3-1 输入+	DI 3-1 输入-	DI 3-2 输入+	DI 3-1 输入-	DO 3-3 输入+	DO 3-3 输入-	DO 3-4 输出+	DO 3-4 输出-	DI 4-1 输入+	DI 4-1 输入-	DO 4-2 输出+	DO 4-2 输出-
						排烟机运行状态		排烟机综合故障		排烟机远程/就地状态		排烟机开启控制		排烟机关闭控制		风量调节阀状态		风量调节阀远程/就地状态		风量调节阀开启控制		风量调节阀关闭控制		备用输入		备用输出	

图 6-23　FAS 模块箱内部接线图

6.2.2 气灭系统电源配线图

气灭系统电源配线图如图 6-24 所示。

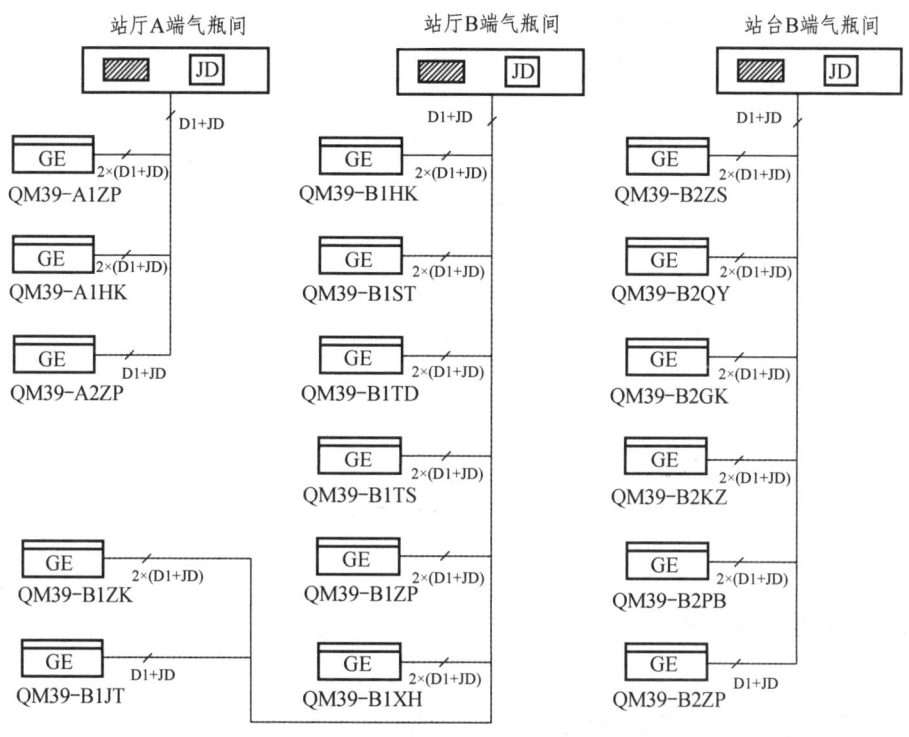

图 6-24 气灭系统电源配线图

气灭主机由车控室双切箱供电，气灭盘由气瓶间双切箱供电。如图 6-24 中站厅 A 端气瓶间双切箱给 3 个气灭盘供电，站厅 B 端气瓶间双切箱给 8 个气灭盘供电，站台 B 端气瓶间双切箱给 6 个气灭盘供电。

6.2.3 吸气式探测器电源配线图

图 6-25 为吸气式探测器电流配线图，气瓶间双切箱给吸气式探测器电源箱供电，电源箱再给吸气式探测器供电。AT39-QM12 给 ASD-B1、ASD-B2、ASD-B3 供电，AT39-QM11 给 ASD-A1、ASD-A2、ASD-A3 供电，AT39-QM21 给 ASD-A4、ASD-B4 供电。

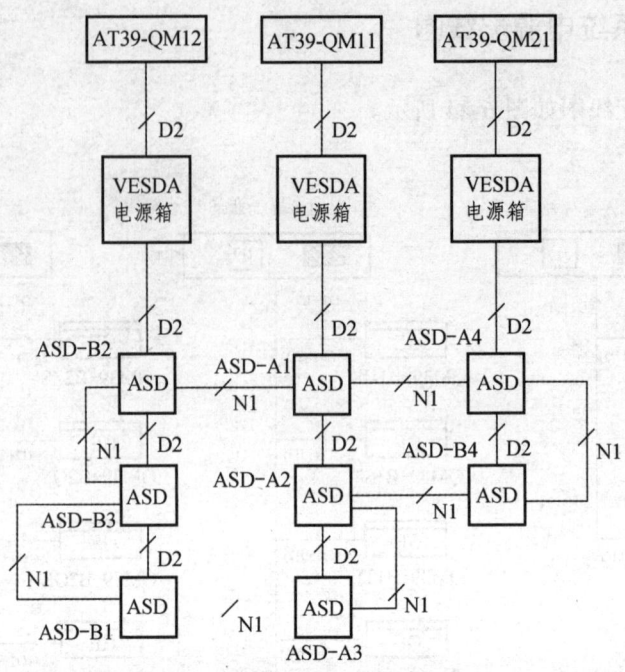

图 6-25 吸气式探测器电源配线图

6.3 消防设备接线图

6.3.1 光电感烟探测器和光电感温探测器

光电感烟探测器和光电感温探测器的设备接线图一样，图 6-26 和 6-27 为探测器底座接线示意图，门灯作为可选附件可以达到远程显示功能。图 6-28 为多个探测器的接线示意图。

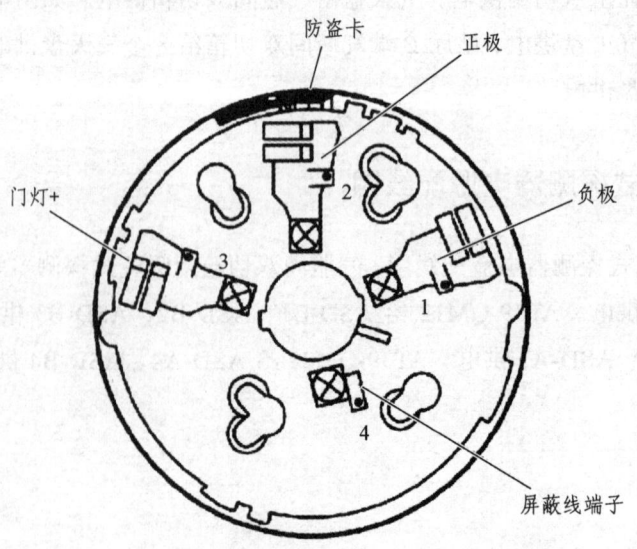

图 6-26 探测器底座接线示意图一

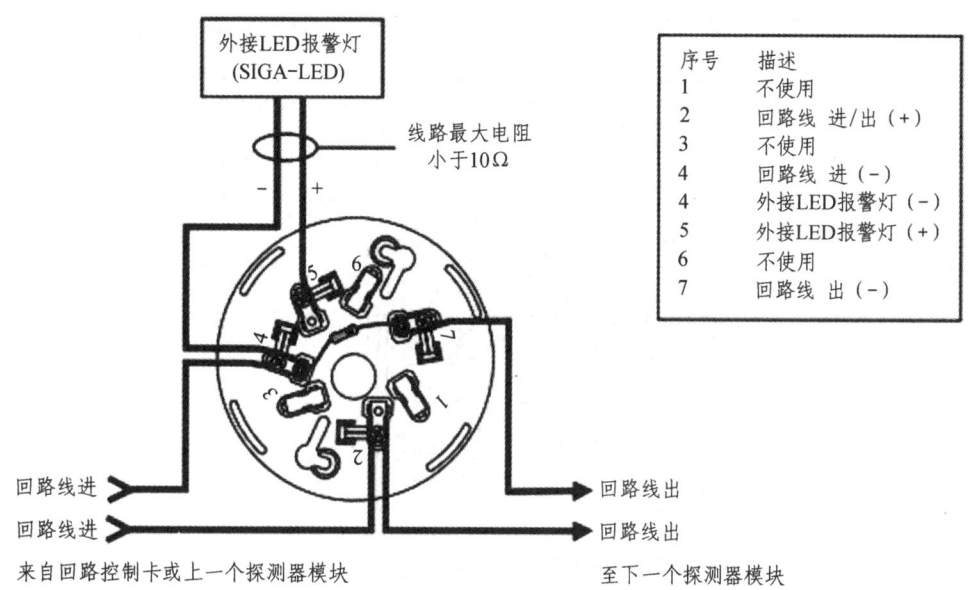

图 6-27 探测器底座接线示意图二

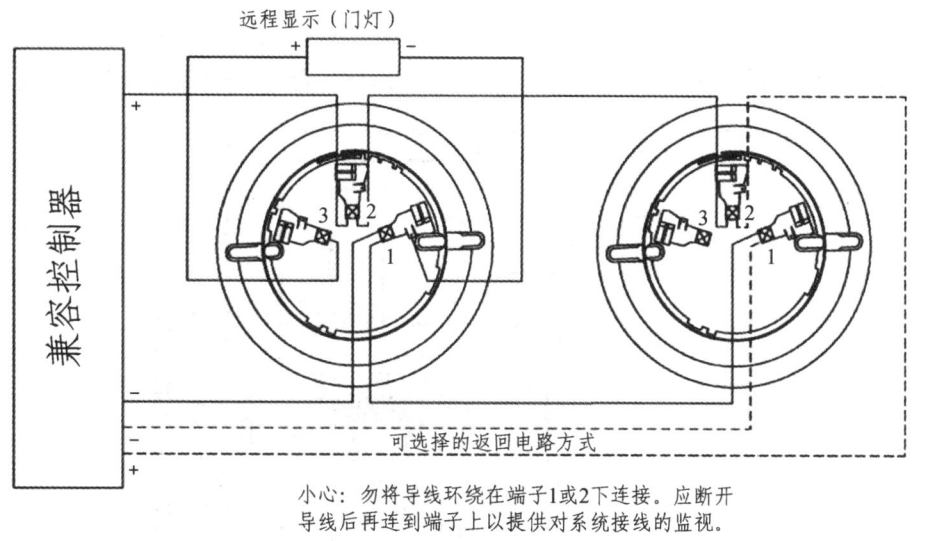

图 6-28 多个探测器接线示意图

6.3.2 手动火灾报警按钮

图 6-29 为手动火灾报警按钮接线示意图，手动火灾报警按钮有 6 个接线端子。T1、T2 为回路线，接相邻报警装置或控制器，T3、T4 接终端电阻，T5、T6 接电话线。

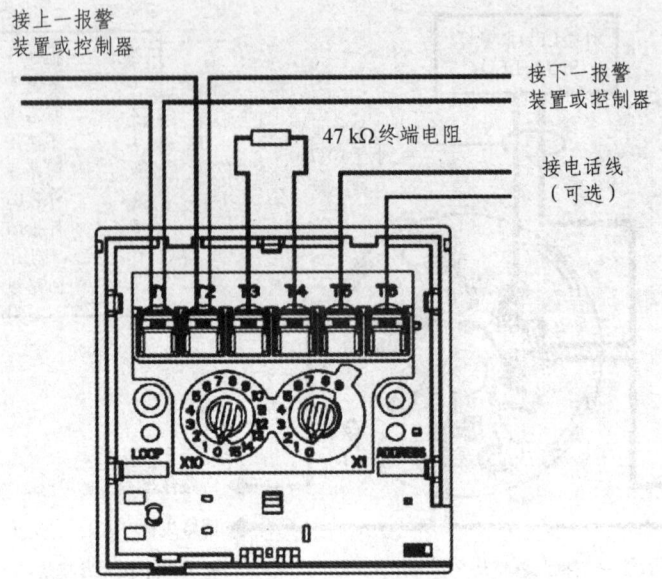

图 6-29 手动火灾报警按钮接线示意图

6.3.3 消火栓按钮

图 6-30 为消火栓按钮接线示意图，消火栓按钮有 6 个接线端子。T1、T2 为回路线，接相邻报警装置或控制器，T3、T4 接消防泵启动设备，T5、T6 接消防泵启动设备的常开触点。

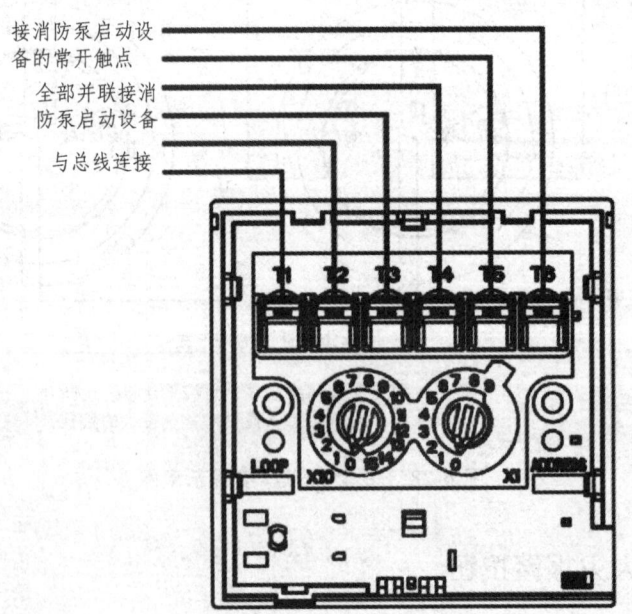

图 6-30 消火栓按钮接线示意图

6.3.4 输入模块

图 6-31 为输入模块接线示意图（一），输入模块的 T1、T2 为回路线，接相邻设备或控

制器，T7、T8接所监视设备的反馈线，线路末端需接终端电阻。

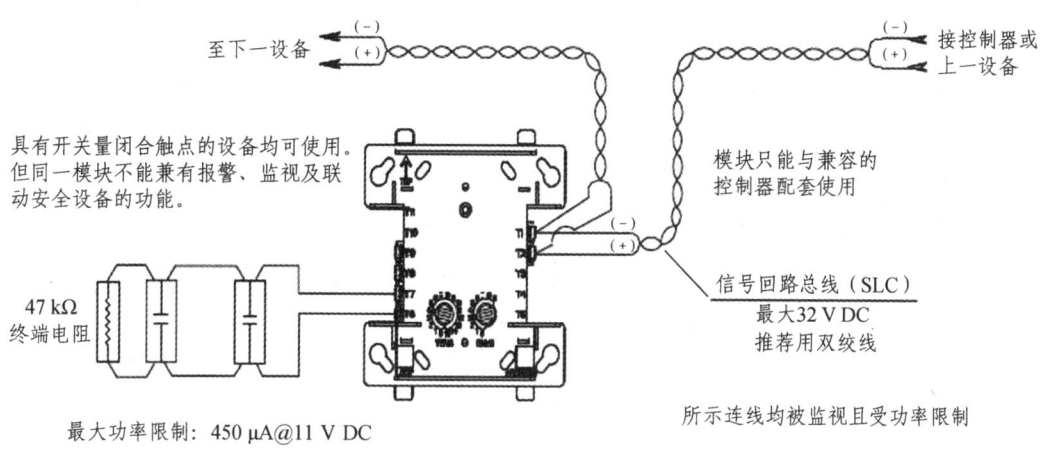

图 6-31　输入模块接线示意图一

图 6-32 为输入模块接线示意图（二），输入模块的 3、4 接回路进线；1、2 为回路线出，接下一个模块，7、8 接所监视设备的反馈线，线路末端需接终端电阻。

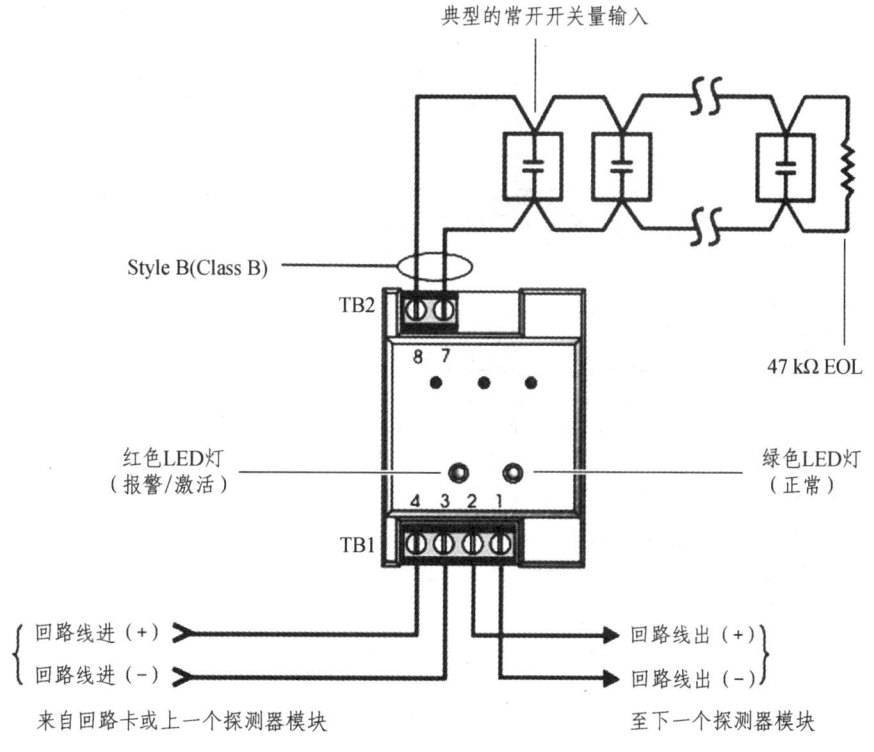

图 6-32　输入模块接线示意图二

6.3.5　输出模块

图 6-33、图 6-34 为输出模块的接线示意图。T6、T7 和 T9、T10 接所控制的设备，所控

设备内部需接二极管,若无,需在外部串接相应的整流二极管,线路末端需接终端电阻。

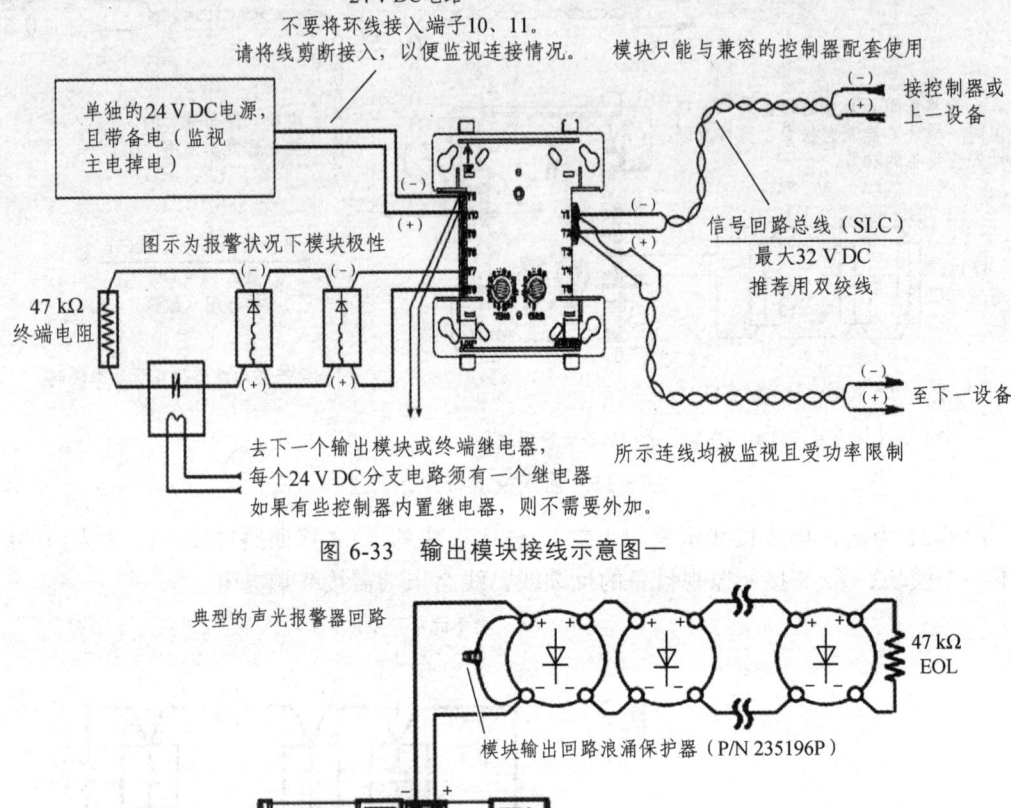

图 6-33 输出模块接线示意图一

图 6-34 输出模块接线示意图二

6.3.6 隔离模块

图 6-35、图 6-36 为隔离模块接线示意图,隔离模块的 4 个端子都接回路线,两根进线两根出线,接设备或者火灾报警控制器。每隔一定数量的设备必须接一个隔离模块,另外控制器两端必须接隔离模块,用于保护回路设备。

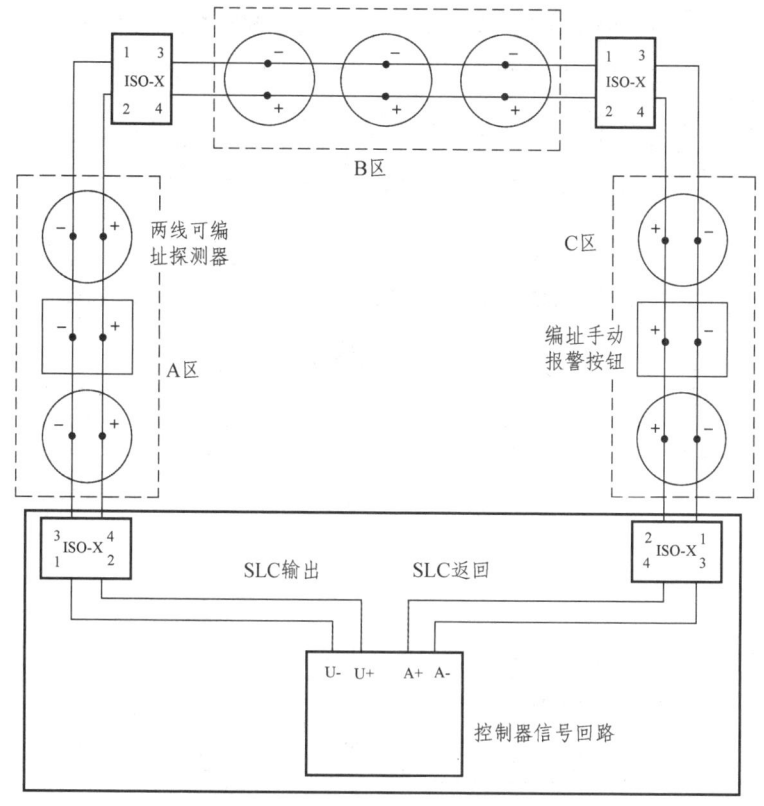

图 6-35 隔离模块接线示意图一

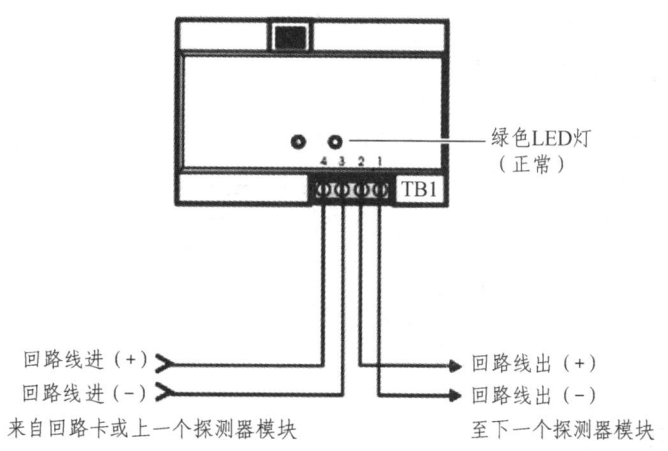

图 6-36 隔离模块接线示意图二

6.3.7 消防电话

图 6-37 为消防电话系统接线示意图，HBM1001 模块为消防电话系统提供 24 V 电源，其中有两块 12 V 的电池提供备电，HDM3210 为消防电话主机，HD312 为消防电话分机，HD322 为电话插孔，HD230 和 HD210 为外挂设备，总线上首先要接入 HD322 或 HD312 总线设备，才能在其"外挂"端子上接入 HD230 或 HD210，外挂部件的地址与被挂的 HD322 或 HD312

设备的地址相同。外挂 HD210 可以达到 4 部，但仅第一部有断路故障判断。

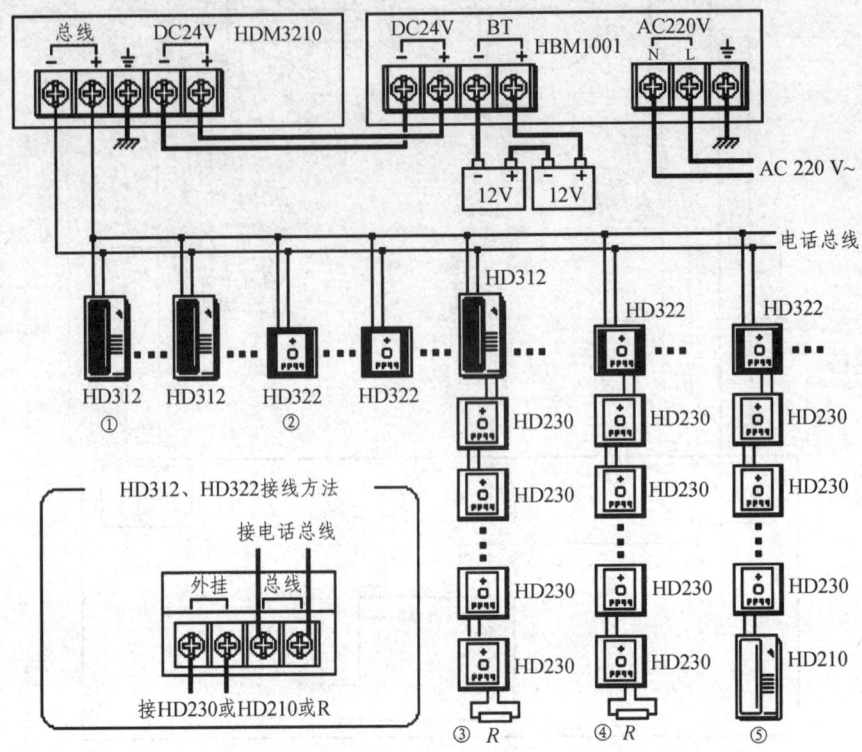

图 6-37 消防电话系统接线示意图

6.3.8 气灭盘内部接线图

图 6-38 为气体灭火控制器主电路板接线端子图，控制器提供六路带线路监视的有源输出，可用于气体灭火的警铃、声光报警器、选择阀、瓶头阀以及其他设备的控制；八路带线路监视的输入：A 区报警、B 区报警、启动信号、气体喷洒反馈、手动停止、手动启动、手动状态、自动状态；此外，控制器还提供主板上的六路继电器输出及扩展的七路继电器输出（可选配），将控制器的状态输出给其他联动控制设备。

1. 有源输出

本机六路有源输出线路接线图如图 6-39，各路输出的功能说明如下：
OUT1：警铃输出，带线路监视。
OUT2：声光输出，带线路监视。
OUT3：控制设备 1 输出，带线路监视。
OUT4：控制设备 2 输出，带线路监视。
OUT5：选择阀输出，带线路监视。
OUT6：瓶头阀输出，带线路监视。

警告：六路输出线路必须配接"ELT472"模块，且当六路有源输出动作后，严禁人为造成输出线路短路，否则就会损坏控制器。

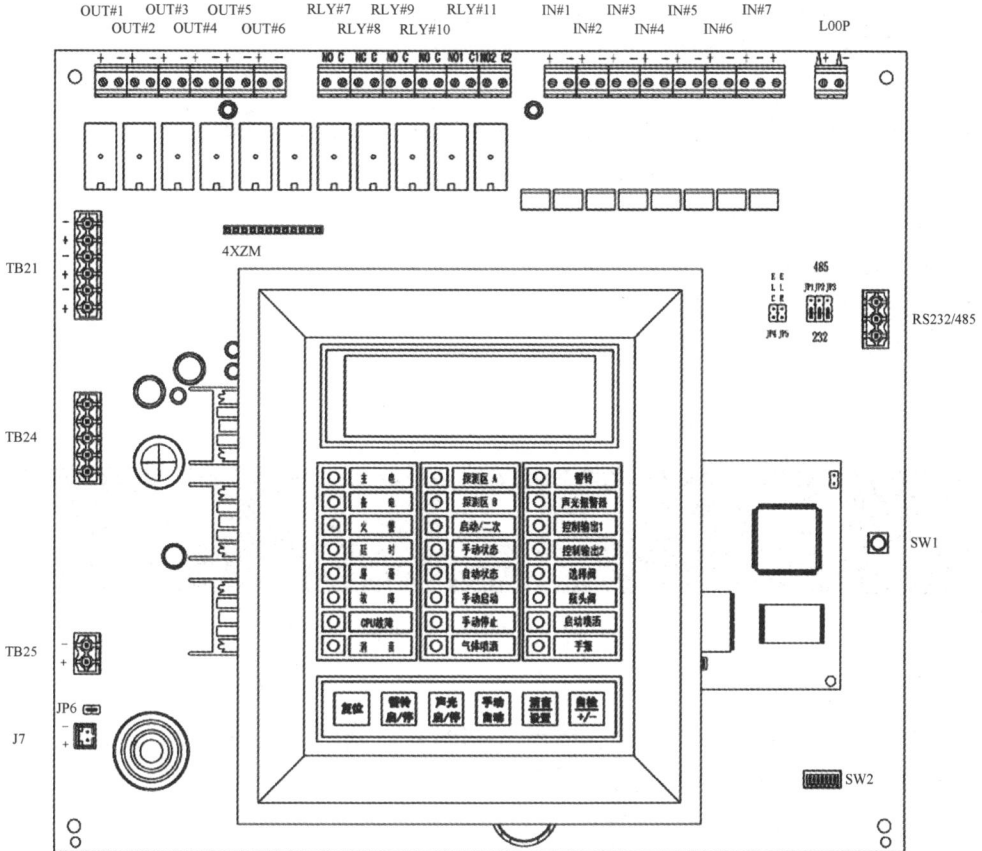

图 6-38 气体灭火控制器主电路板接线端子图

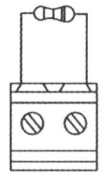

没有使用端子时,应接入随机提供的4.7 kΩ 1/2W电阻

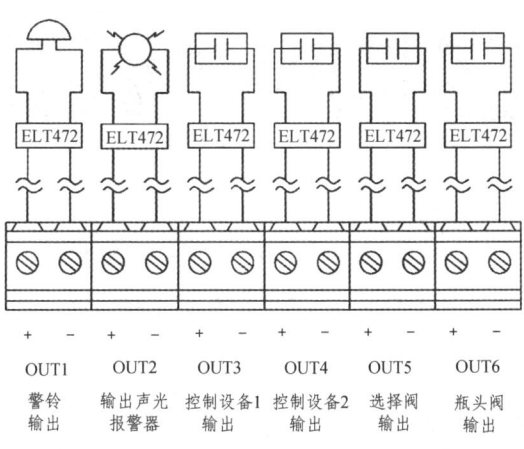

图 6-39 有源输出线路接线图

2. 继电器输出

1）本机继电器输出

控制器提供六路继电器常开触点输出，如图6-40，各路输出功能如下：

RLY7：系统火警信号。

RLY8：系统故障信号。

RLY9：延时信号。

RLY10：喷洒启动信号输出。

RLY11：手动状态信号、自动状态信号。

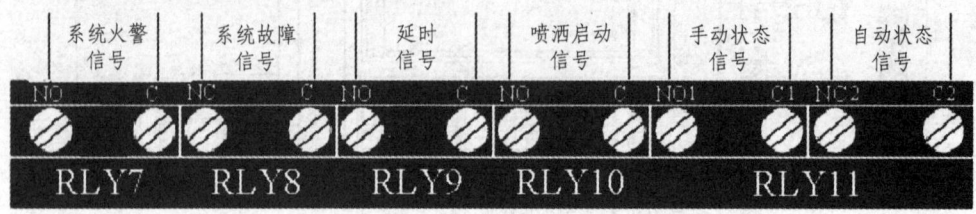

图 6-40　主板继电器输出线路接线图

2）扩展继电器输出

继电器扩展板上还提供七路继电器输出，如图6-41所示，各路输出功能如下：

RELAY1：控制设备1输出信号。

RELAY2：控制设备2输出信号。

RELAY3：选择阀输出信号。

RELAY4：瓶头阀输出信号。

RELAY5：气体喷洒信号。

RELAY6：启动信号。

RELAY7：二次火警信号。

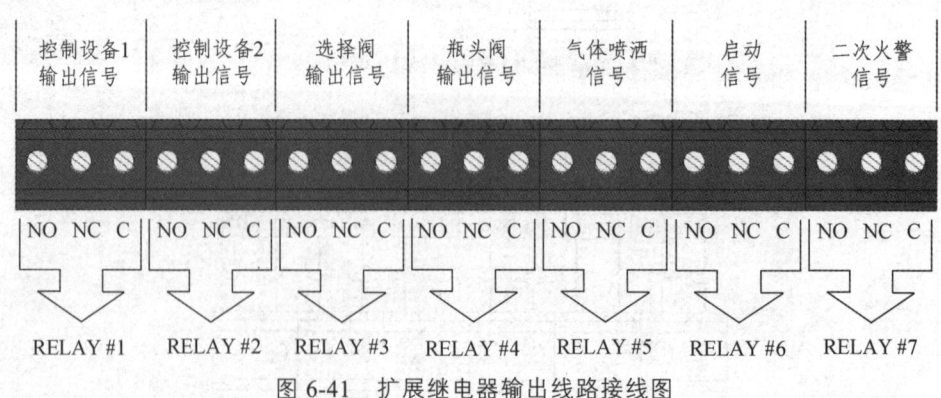

图 6-41　扩展继电器输出线路接线图

3. 监视输入

本机提供八路监视输入，如图6-42所示。

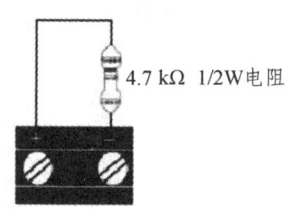
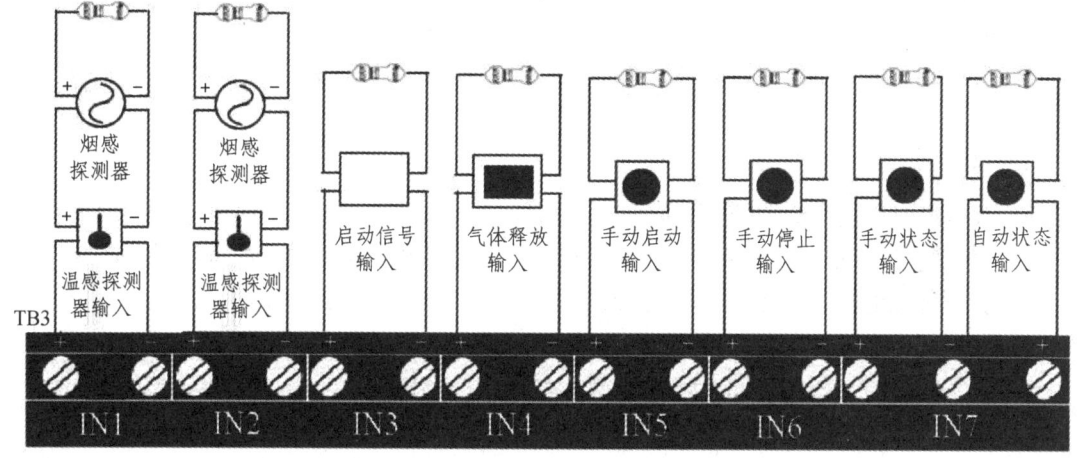

图 6-42 监视输入线路接线图

各路输入的功能说明如下：

IN1：探测区 A 输入，带线路监视。接兼容的传统型感烟或感温探测器。

IN2：探测区 B 输入，带线路监视。接兼容的传统型感烟或感温探测器。

IN3：启动信号输入，带线路监视。接外部消防联动控制系统的启动信号输出。

IN4：气体喷洒输入，带线路监视。接气体管路压力开关。

IN5：手动启动输入，带线路监视。接手动启动按钮。若有多个手动启动按钮，可并入该输入。

IN6：手动停止输入，带线路监视。接紧急停止按钮。若有多个紧急停止按钮，可并入该输入。

IN7：手动状态输入，带线路监视。接手动模式开关。若有多个手动模式开关，可并入该输入；自动状态输入，带线路监视。接自动模式开关。

课后练习题

一、单项选择题

1. 消防控制器的安装要求中，设备面盘的排列长度大于 4 m 时，其两端应设置宽度不小于（　　）的通道。

　　A. 0.5 m　　　　B. 1 m　　　　C. 1.5 m　　　　D. 2 m

2. 探测器至空调送风口最近边的水平距离，不应小于（　　）。
   A. 0.5 m　　B. 1 m　　C. 1.5 m　　D. 2 m
3. 感温光纤应每隔（　　）m 预留 1 m 余量，预留光纤固定成盘状，直径不应小于 150 mm。
   A. 50　　B. 100　　C. 150　　D. 200
4. 疏散指示灯的安装间距不应大于（　　）m。
   A. 10　　B. 15　　C. 20　　D. 25
5. 当采样管道采用毛细管布置方式时，毛细管长度不宜超过（　　）m。
   A. 2　　B. 4　　C. 4　　D. 8

二、判断题

1. 点型感温火灾探测器的安装间距，不应超过 10 m；点型感烟火灾探测器的安装间距，不应超过 15 m；探测器至端墙的距离，不应大于安装间距的一半。（　　）
2. 手动报警按钮安装在墙上时，其底边距地（楼）面的高度宜为 1.6~1.8 m。（　　）
3. 每个报警区域内应均匀设置声光报警器，间距不应大于 20 m。（　　）
4. 储气瓶、启动瓶操作面距墙面或两操作面之间的距离，不宜小于 1.0 m，且不应小于储存容器外径的 1.5 倍。（　　）
5. 泄压装置安装高度应大于室内总高度的 2/3，且气体泄压口宜设置在防护区的外墙上。（　　）

三、简答题

1. 施工图的定义是什么？
2. 喷头的保护高度和保护半径应符合哪些规定？
3. 隔离模块如何接线？

项目 7
消防系统维护管理及故障处理

7-视频/动画

 情景导入

为确保火灾自动报警系统正常运行,城市轨道交通根据国家消防法和有关消防规定制订了系统运行管理的有关规程和制度。根据行业标准规范及消防系统在城市轨道交通中应用的实际情况,对消防系统的维护维修及故障处理都制订了相关的规章制度。在维护保养过程中,火灾自动报警系统会出现哪些典型故障,如何进行故障原因分析及处理呢?本项目针对系统主机、火灾探测器、智能疏散系统、感温光纤及消防电话系统等常见故障现象、常见原因及处理方法进行了详细的归纳。

 任务引领

1. 了解消防系统维护原则、维护要求及流程。
2. 熟悉火灾自动报警系统维护、消防系统运行管理制度。
3. 掌握火灾自动报警系统故障的类型、现象、原因以及处理方法。

 项目实施

7.1 消防系统维护管理

7.1.1 消防系统维护原则

火灾自动报警系统的使用单位应有经过专门培训的人员负责进行系统的管理操作和维护。

火灾报警系统正式启用时，应具有下列文件资料：系统竣工图以及设备的技术资料；公安消防机构出具的有关法律文书；系统操作规程及维护保养管理制度；系统操作人员名册以及相应的工作职责；值班记录和使用图纸。

火灾自动报警系统的使用单位应建立技术档案，并有电子备份档案，系统的原始技术资料应长期保存。技术档案应包括基本情况和动态管理情况。基本情况包括火灾自动报警系统的验收文件和产品、系统使用说明书、系统调试记录等原始技术资料。动态管理情况应包括火灾自动报警系统值班记录、巡查记录、单项检查记录、联动检查记录、故障处理记录等。

《消防控制室值班记录》和《火灾报警系统巡查记录》的存档不少于 1 年；《火灾自动报警系统检验报告》《火灾自动报警系统联动检查记录》的存档不少于 3 年。

7.1.2 消防系统维护要求及流程

火灾自动报警系统中所有设备都应做好日常维护工作，注意防潮、防尘、防电磁干扰、防冲击、防碰撞等各项安全防护工作，保持设备经常处于正常运行状态。火灾报警系统维护保养作业流程，如图 7-1 所示。

气瓶检测工作要由有条件的专门检测单位进行，并出具对应的具有法律效力的检测报告，无检测资质的使用单位不得随意检测。除非经过公安消防监督机构批准认可。

探测器清洗要有相关专业资格证取证人员进行，并且清洗后，要对火灾探测器相应阈值和其他的必要功能进行实验，以保证其相应性能符合要求。发现不合格的，应予以报废，不得维修后重新安装使用。

7.1.3 火灾自动报警系统维护

根据行业标准规范以及系统在轨道交通中应用的实际情况，对消防报警系统的维护维修及故障处理都制订了相关的规章制度。主要有：火灾自动报警系统维修手册、火灾自动报警系统维修周期及工作内容、气体灭火系统维修周期与工作内容等。根据设备维修的规程建立以正常运行为导向的计划性检修作业，根据维修保养的程度以及维护的不同可以分为巡视、检修以及故障处理等。

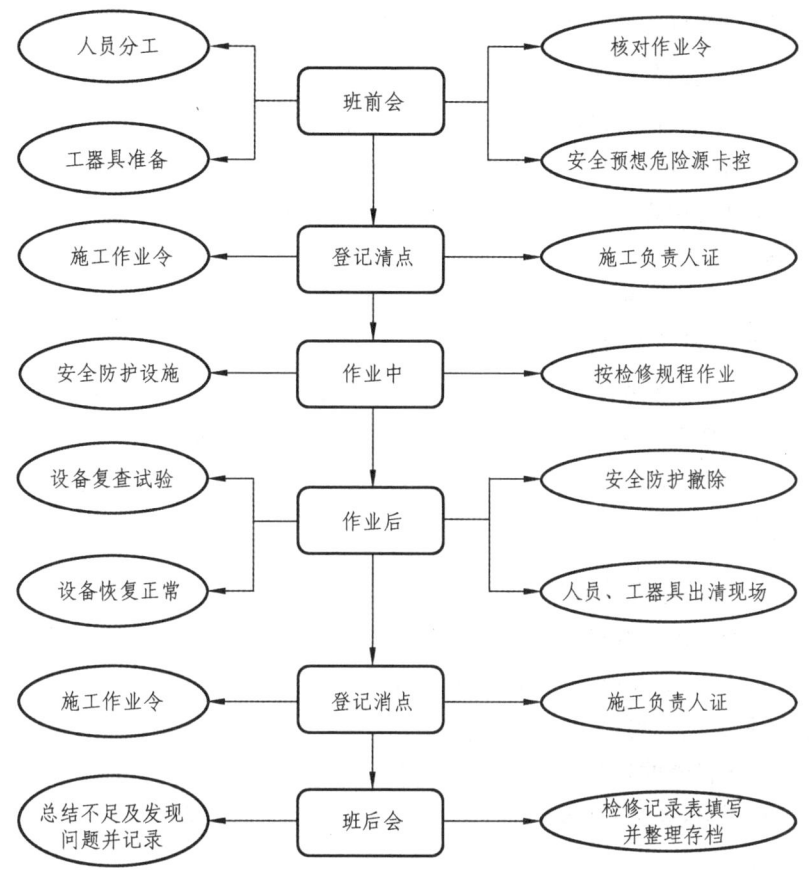

图 7-1 火灾报警系统维护保养作业流程图

设备定期巡视是确保系统正常运行的重要手段。通过定期巡视可以及时发现系统中存在的问题，及时发现及时处理，确保系统安全，正常运行。同时要求巡视人员认真、仔细、全面，要有高度的敏感性和责任感，及时发现问题所在。同时要求巡视人员每次巡视后都应进行详细的记录。

1. 火灾报警巡视内容

系统的巡视包括：系统主机及工作站的巡视；系统外围设备（包括烟感探测器、温感探测器、功能模块等）的巡视。

1）系统主机及工作站巡视

（1）系统主机运行情况包括：

① 系统主机电源是否正常。

② 系统主机显示是否正常。

③ 主机消防电话是否正常。

④ 系统主机火警报警情况。

⑤ 系统主机监视报警情况。

⑥ 系统主机故障报警情况。
⑦ 系统主机历史记录情况。
（2）系统工作站运行情况包括：
① 图形工作站运行是否正常（无火灾、无故障）。
② 图形工作站的键盘、鼠标、打印机、UPS 工作是否正常（键盘鼠标打印机均能正常使用、UPS 电源正常）。
③ 图形工作站的火灾报警实时软件运行是否正常（无火警、无故障）。
（3）系统网络运行情况包括：
① 通过图形工作站查看该工作站与本站的系统连接是否正常。
② 通过图形工作站查看系统网络节点连接是否正常（有些报警系统品牌为主机组网；如爱德华 EST3 主机组网系统）。

2）系统外围设备巡视
（1）点型感烟、感温探测器的巡检：
① 观察探测器外观是否良好、完整。
② 观察探测器状态指示灯是否处于正常状态（巡检灯闪）。
（2）手动报警器的巡视：
① 观察手动报警器的外观是否良好、完整。
② 观察手动报警器状态是否正常（巡检灯闪）。
（3）功能模块巡视：
① 观察模块箱或模块盒外观是否良好、完整。
② 观察各种功能模块外观是否良好、完整。
③ 观察各种功能模块状态指示灯是否处于正常状态（巡检灯闪）。
（4）消防电话巡视：
① 观察电话插孔、电话分机的外观是否良好、完整。
② 观察电话插孔、电话分机状态指示灯是否处于正常状态（巡检灯闪）。

2. 气体灭火系统巡视内容

1）气体灭火报警系统的巡视
（1）警示标志巡视。
① 观察防护区的警示标识牌是否良好、牢固并能阅读。
② 观察防护区的疏散指示灯是否良好、完整。
（2）控制盘及附属设备巡视。
① 检查控制盘电源是否正常（主电正常）。
② 检查控制盘是否正常工作。
③ 检查紧急启动开关、紧急停止开关、手/自动装换开关是否在原位并处于正常工作状态。

④ 观察保护区范围内的警铃、声光报警器、放气指示灯等设备是否良好。

（3）保护区内探测器巡视。

① 观察保护区内烟感探测器、温感探测器是否正常工作。

② 观察保护区内的消防管线是否良好。

2）气体灭火管网系统巡视

（1）观察保护区内的管道及喷嘴是否良好、畅通。

（2）观察气体管道是否良好、无凸凹或机械损伤。

（3）检查气瓶是否良好、气瓶上的压力指示器指针是否处于绿色区域。

（4）检查气瓶瓶头阀、高压软管、集流管、电磁阀、选择阀等设备是否良好。

（5）检查气瓶间的各种铭牌、指示标志是否在原位、并且完整。

7.1.4 消防系统运行管理制度

为确保火灾报警系统正常运行，城市轨道交通应根据国家消防法和有关消防规定，并结合消防设备安装的地理环境、气候条件、设备性能等，制订系统运行管理的有关规程和制度。

1. 系统操作管理规程和制度

（1）消防值班人员是火灾报警系统设备的使用者，有责任和义务对消防系统的所有设备进行监护和管理。严禁擅自切断FAS报警主机、气体灭火系统控制盘、消防联动控制盘、GCC电脑等消防设备的主电电源。

（2）车站值班员为发生火警并进行处理的第一责任人。

（3）在收到火灾报警时，值班人员在FAS主机或图形工作站电脑确认后，应立即携带对讲机、插孔电话等通信工具，迅速到达报警点确认，然后根据"FAS系统火灾报警处理流程"或"气体灭火系统火灾处理流程"进行处理。

（4）严禁授权人员操作或越权操作火灾报警系统设备；严禁利用火灾报警图形工作站做与FAS无关的事（如用GCC玩游戏、用打印机做FAS无关的打印等）。

（5）严禁任何人员在非紧急情况下，操作气体灭火系统的气灭控制盘、手拉启动器、气瓶上方的手动启动装置。

（6）火灾报警中消防电话系统是发生火警时的专用通信工具，平时不得挪作他用。

2. 消防控制室值班人员管理规定和制度

（1）消防控制室必须24 h昼夜设置专人值守，值班人员应坚守岗位，严禁脱岗，未经专业培训的无证人员不得上岗。

（2）值班人员要认真学习消防法律法规，学习消防专业知识，熟练掌握消防设备的性能及操作规程，提高消防技能。

（3）值班期间严禁睡觉、喝酒，不得聊天、打私人电话，不准在控制室内会客，严禁无关人员触动、使用室内设备。

（4）严密监视设备运行情况，每天对消防系统巡检 1~2 次，遇到报警要按规定程序迅速、准确处理，做好各种记录，遇到重大情况要及时上报。

（5）未经相关消防机构同意不得擅自关闭火灾自动报警、自动灭火系统等设备。

3. 火灾突发事件应急处理流程及规定

火灾报警系统及气体灭火系统在火灾发生时处理过程如下：

（1）接到报警信号后，应立即携带对讲机、插孔电话等通信工具，迅速到达报警现场确认。

（2）如未发生火情，应查明报警原因，采取相应措施，并认真做好记录。

（3）如确有火灾发生、应立即用通信工具向消防控制室反馈信息，利用现场灭火器材进行扑救。

（4）消防控制室值班人员根据火灾情况启动相关消防设备，通知有关人员到场灭火，报告单位值班领导，并应拨打 119 向消防队报警。

（5）情况处理完毕后，恢复各种消防设备正常运行状态。

7.2 火灾自动报警系统故障处理

7.2.1 FAS 主机单一回路故障与处理方法

FAS 主机单一回路故障与处理方法如表 7-1 所示。

表 7-1 FAS 主机单一回路故障与处理方法

故障现象	原因分析	处理方法
FAS 主机显示某一回路正或负故障（开路故障）	1. 回路线在回路中有断点； 2. 回路中所带设备处接线松动； 3. 回路卡故障	1. 首先断开回路卡的所有外接回路线，如故障仍存在，则为回路卡故障，可更换回路卡；如故障消失，则按第 2 项方法排查； 2. 断开回路卡的一对回路线，此时回路将从环形回路变成单边供电回路。然后采用排除法对设备进行拆除，拆除设备后，该设备后面的设备将会显示无效应答状态，如此时故障消失，则表明故障点在后面设备中，再次拆除后面设备看故障是否消失，以此类推，直到确定故障具体位置，然后对故障点进行修复，故障消除
FAS 主机显示某一回路短路故障	1. 回路线在回路中有正负极短接； 2. 回路中所带设备处正负极短接； 3. 回路卡故障	
FAS 主机显示某一回路接地故障	1. 回路线在回路中有接地； 2. 回路中所带设备的线缆接地； 3. 回路卡故障	

7.2.2 FAS 主机单体设备故障与处理方法

FAS 主机单体设备故障与处理方法如表 7-2 所示。

表 7-2 FAS 主机单体设备故障与处理方法

故障现象	原因分析	处理方法
FAS 主机显示单体设备开路故障	1. 设备终端电阻是否松动或损坏； 2. 此设备或者模块是否损坏	1. 重新紧固电阻或更换新的电阻； 2. 更换损坏的设备或模块
FAS 主机显示单体设备通信故障	1. 设备通信线是否松动或断开； 2. 设备是否损坏	1. 紧固或修复通信线； 2. 对受损设备进行修复或更换

7.2.3 探测器常见故障与处理方法

探测器常见故障与处理方法如表 7-3 所示。

表 7-3 探测器常见故障与处理方法

故障现象	原因分析	处理方法
地址重复故障	1. 设备地址码拨错； 2. 设备受潮或损坏	1. 把设备拨回正确的地址码； 2. 更换故障设备
无效应答故障	1. 设备没有正确连接在回路中； 2. 设备地址码错误； 3. 设备受潮或损坏	1. 安装正确接线方式连接设备； 2. 把设备拨回正确的地址码； 3. 更换故障设备
低阈值故障	探测器腔室内读数太低，探测器不能正常工作	更换新的探测器
维护请求故障	此故障是因为探测器过脏需要清洗	清洗探测器
紧急维护故障	此故障是因为探测器需要立即清洗，否则可能会引起误报	立即清洗探测器

7.2.4 内部卡件故障、电源故障处理方法

1. 火灾自动报警主机

火灾自动报警主机内部卡件、电源故障处理方法如表 7-4 所示。

表 7-4 火灾自动报警主机内部卡件、电源故障处理方法

故障卡件	故障现象	处理方法
CPU 故障	1. 主机报 CPU 故障； 2. 主机面板 CPU 故障灯亮黄； 3. CPU 降级，只能单回路联动	更换 CPU 卡，还原备份数据到新 CPU
回路卡故障	1. 主机报回路通信故障； 2. 主机报回路短路	更换回路卡，更新回路卡版本号和原版本一致，更新回路卡数据
网卡故障	主机报网卡通信失败	更换同型号网卡
电源故障	1. 主机报交流电源故障； 2. 主机报电池故障； 3. 主机报充电器故障	1. 主供电源掉电，联系送电； 2. 供电电池损坏，更换蓄电池； 3. 电源模块损坏，更换同型号电源模块

2. 智能疏散主机

智能疏散主机内部卡件、电源故障处理方法如表 7-5 所示。

表 7-5 智能疏散主机内部卡件、电源故障处理方法

故障卡件	故障现象	处理方法
回路卡故障	所带回路无法正常工作	更换同型号回路卡
电源故障	工控机及显示器无供电,无法正常工作	电源模块损坏,更换同型号电源模块

3. 感温光纤主机

感温光纤主机内部卡件、电源故障处理方法如表 7-6 所示。

表 7-6 感温光纤主机内部卡件、电源故障处理方法

故障卡件	故障现象	处理方法
光电转换模块故障	无法实现光电信号转换	更换同型号光电转换模块
电源故障	1. 主电故障; 2. 备电故障	1. 更换同型号电源模块; 2. 更换备电蓄电池

7.2.5 智能疏散系统故障与处理方法

智能疏散系统故障与处理方法如表 7-7 所示。

表 7-7 智能疏散系统故障与处理方法

故障现象	原因分析	排除方法
区间单个疏散指示灯不亮	1. 疏散指示灯损坏; 2. 疏散主机程序卡滞; 3. 疏散指示灯供电线路故障	1. 更换疏散指示灯; 2. 主机重新下载程序; 3. 查找供电线路是否短路、接地或断路
疏散主机总线模块故障	总线模块损坏	更换总线模块

7.2.6 感温光纤断点(非人为原因)处理方法

当感温光纤出现断点故障时,感温光纤主机报警分区会自动弹出"报警信息"窗口,提示故障报警种类、通道、报警地点等信息,同时报警铃声持续响起。处理光纤断点故障,首先要根据主机所报故障信息,屏蔽断点以后的光纤;然后再找到光纤断点处,利用光纤熔接机进行熔纤处理。

光纤断点查找可以使用红光笔或 OTDR 测试仪来查找。

1. 用红光笔查找光纤断点

用红光笔接在光纤一端打光,红光笔发射的是可见光,在光纤断裂处会有红光漏出,这

种方式可用肉眼直接发现断点。

2. 用 OTDR 测试仪测试查找光纤断点

测试仪接到要测试的光纤一端,通过测试仪打光,在仪表屏幕上可以看到光纤断裂处距测试点的距离,以及光纤各个接头和熔接点衰耗情况。

7.2.7 消防电话系统故障

1. 通信盘主机故障与处理方法

通信盘主机故障与处理方法如表 7-8 所示。

表 7-8 通信盘主机故障与处理方法

故障现象	原因分析	处理方法
主机声光报警(报警喇叭响、故障黄灯及告警指示灯亮)可显示故障分机号	检测系统识别此路分机线路已经开路,自动报出故障声光提示告警	可按[静音]键,对报警消音,光信号维持;针对显示的分机号对此分机线路进行查线排除故障,排除故障后故障信号自动消除
主机在输入密码后不能进入登记页面,无法登记	主机系统在主挂机时进行登记操作	查看主机手柄是否处于挂机态,没有主挂机不能登记。主挂机即可恢复登记操作
主机在分呼时,按[通]键或输入分机号或按[通话]键时无法接通,进行通话	主机手柄处于挂机时无法接通线路通话	取出主机手柄使处于主机摘机状态即可按键接通进行通话
分机接入线路手柄指示灯不亮,摘机无信号音	分机未接入电话线路	检查分机线路,如:分机接线水晶头、连接线的接插头,主机用户板接口等,是否接线正确、完好
多个分机并接,主机报分呼叫	分机检测电阻未屏蔽,多个并接后变小相当于分摘机	按规定并接:分机无拨码开关,并接数≤2 部;有拨码开关,并接数≤6 部
多个墙孔并接,电话手柄未插入但主机报分呼叫	接线出错或多个墙孔并接检测电阻未做合理设置	断开线路恢复正常,检查接线和墙孔拨码设置,单条线路并接的墙孔,只可由 1 个拨码开关处于 ON 位置

2. 电源故障与处理方法

电源故障与处理方法如表 7-9 所示。

表 7-9 电源故障与处理方法

故障现象	原因分析	处理方法
备电故障灯亮	1. 电池回路短路、开路; 2. 电池损坏即电池内阻升高	1. 排除电池的短路和开路故障即可; 2. 更换电池
电源输出电压低(表头指示),所有指示灯全灭	1. 输出电流超过额定电流; 2. 电源损坏带载能力差	1. 电源发出嘶嘶响声,表现为电源输出接线或所接设备有短路故障,断开电源输出线开机恢复正常。检修线路即可; 2. 返回厂家修理

7.2.8 吸气式烟雾探测器故障与处理方法

吸气式烟雾探测器故障与处理方法如表 7-10 所示。

表 7-10 吸气式烟雾探测器故障与处理方法

故障现象	原因分析	处理方法
吸气泵不工作	吸气泵不运转	更换吸气泵
电池失效	电池损坏或断开	修复主电源或更换电池
通信接口 A 故障	通信接口 A 有故障	可检查通信线路是否松动或断开
吸气泵转速失效	1. 设置的转速不在范围内； 2. 吸气泵或转速传感器损坏	1. 重新设置转速； 2. 更换吸气泵或传感器
过滤器堵塞	过滤器所吸附的灰尘颗粒数接近饱和	必须更换且重新设置过滤器
某一采样管高于紧急气流阈值	1. 吸气泵转速设置变化； 2. 采样管破裂	1. 重新进行气流标定； 2. 维修管道破损的地方
某一采样管低于紧急气流阈值	1. 吸气泵转速设置变化； 2. 采样管上部分采样孔堵塞	1. 重新进行气流标定； 2. 清洗采样孔

课后练习题

一、单项选择题

1. 根据消防系统维护原则，《消防控制室值班记录》和《火灾报警系统巡查记录》的存档应不少于（　　）。

  A. 0.5 年　　　B. 1 年　　　C. 2 年　　　D. 3 年

2. 当 FAS 主机显示某一回路开路故障，可能的原因有（　　）。

  A. 回路线在回路中有断点　　　B. 回路中所带设备处接线松动
  C. 回路卡故障　　　　　　　　D. 以上均有可能

3. 当探测器出现无效应答故障时，可能的原因有（　　）。

  A. 设备没有正确连接在回路中　　B. 设备地址码错误
  C. 设备受潮或损坏回路卡故障　　D. 以上均有可能

4. 处理光纤断点故障时，光纤断点查找可以使用（　　）来查找断点。

  A. OTDR 测试仪　B. 内阻测试仪　C. 数字万用表　D. 光纤熔接机

二、判断题

1. 气体灭火报警系统的巡视应包括警示标志巡视、控制盘及附属设备巡视、保护区内探测器巡视等工作。（　　）

2. 火灾报警中消防电话系统是发生火警时的专用通信工具，平时也可作普通通信工具使用。（　　）

3. 处理光纤断点故障，首先要根据主机所报故障信息屏蔽断点以后的光纤，然后再找到

光纤断点处利用光纤熔接机进行熔纤处理。（   ）
4. 火灾自动报警系统的使用单位应有经过专门培训的人员负责进行系统的管理操作和维护。（   ）
5. 《火灾自动报警系统检验报告》《火灾自动报警系统联动检查记录》的存档不少于1年。（   ）

三、简答题

1. FAS 主机显示某一回路短路故障的故障原因有哪些？
2. 探测器常见故障有哪些？
3. 简述吸气式烟雾探测器某一采样管高于紧急气流阈值的原因和处理方法。

项目 8
消防系统相关规范

8-视频/动画

情景导入

做好消防工作、确保公民的生命财产安全是消防行业义不容辞的责任。我国已经颁布施行消防法律、规章 20 余部，国家消防规范、国家和行业技术标准 200 余部，地方性消防法规 60 余部，初步形成了以《中华人民共和国消防法》为基本法律，消防法规和技术规范、标准及地方性消防法规相配套的消防法规体系。作为一名城市轨道交通车站 FAS 操作岗工作人员，应具备一定的消防法律意识，了解地铁设计规范并掌握火灾自动报警系统及气体灭火系统的设计规范、施工及验收规范等。

 任务引领

1. 掌握火灾自动报警系统设计规范。
2. 掌握气体灭火系统设计规范。
3. 能够正确运用火灾自动报警系统施工及验收规范。
4. 掌握气体灭火系统施工及验收规范。
5. 了解地铁设计规范及地铁设计防火标准。

 项目实施

8.1 火灾自动报警系统设计规范

8.1.1 基本规定

1. 系统设计规定

（1）任意一台火灾报警控制器所连接的火灾探测器、手动火灾报警按钮和模块等设备总数和地址总数，均不应超过 3 200 点，其中每一总线回路连接设备的总数不宜超过 200 点，且应留有不少于额定容量 10% 的余量；任一台消防联动控制器地址总数或火灾报警控制器（联动型）所控制的各类模块总数不应超过 1 600 点，每一联动总线回路连接设备的总数不宜超过 100 点，且应留有不少于额定容量 10% 的余量。

火灾报警控制器连接的地址总数量不超过 3 200 点，这样系统的稳定性及通信效果均能较好地满足系统设计的预计要求，并降低整体风险。对于每个回路所能连接的地址总数规定不宜超过 200 点，也是考虑了其回路工作稳定性。另外要求每一总线回路连接设备的地址总数宜留有不少于其额定容量的 10% 的余量，主要考虑火灾报警控制器从初步设计到最终投入使用，其建筑平面格局经常发生变化，需要增加相应的探测器或其他设备，同时留有一定的余量也有利于该回路的稳定与可靠运行。

消防联动控制器所连接的模块地址数量有限，总数量上不应超过 1 600 点。对于每一个总线回路，限制为不宜超过 100 点，每一回路留有不少于其额定容量的 10% 的余量，除考虑系统平时正常工作的稳定性，还考虑设备在动作的情况下，输出设备较多，会造成部分设备不能可靠动作。在设计工作中一般有 4 种方案供选择（见图 8-1～图 8-4），结合目前常见的设计方案，方案三和方案四使用较为广泛。

方案一中的火灾报警控制器只连接火灾探测器和手动报警按钮等报警设备。

方案二中的消防联动控制器只连接输入、输出和输入/输出模块等需要联动控制的设备。

需要注意的是当一个设备占有两个或者两个以上的地址时，按照设备的地址数量计数，严禁出现一个地址带多个设备的使用情况。

方案三与方案四既可以连接报警设备，又可以连接联动控制设备。方案三适用于报警与联动控制分回路设计的系统，方案四适用于报警与联动控制同回路设计的系统。

（2）系统总线上应设置总线短路隔离器，每只总线短路隔离器保护的火灾探测器、手动火灾报警按钮和模块等消防设备的总数不应超过 32 点；总线穿越防火分区时，应在穿越处设置总线短路隔离器。需要注意的是此处 32 点，仅考虑设备数量，不考虑设备地址。

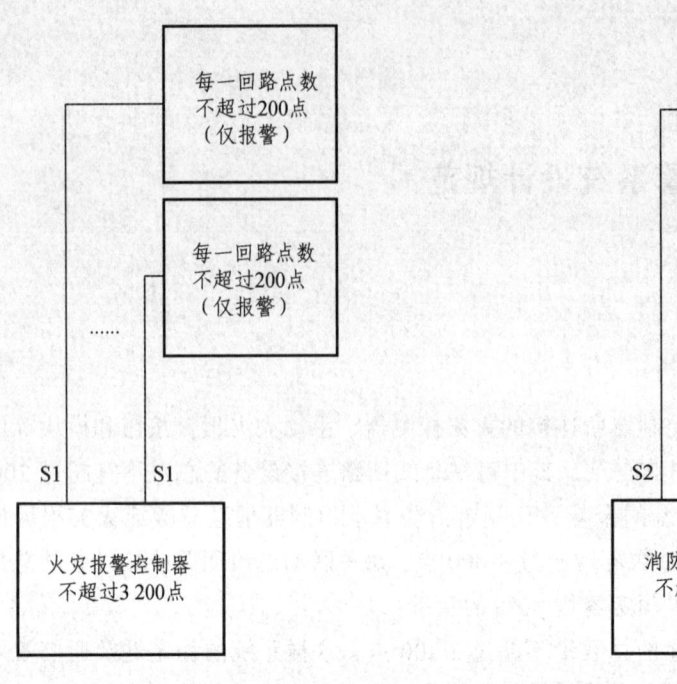
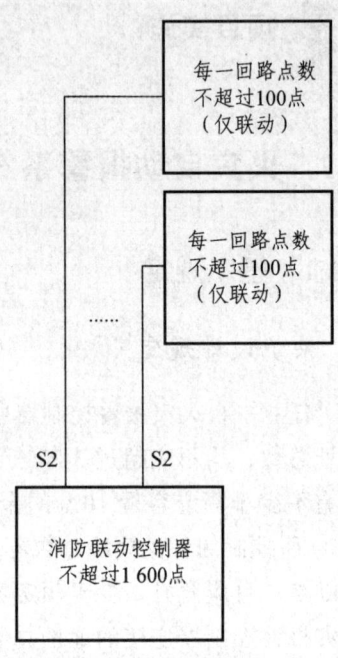

图 8-1 方案一   图 8-2 方案二

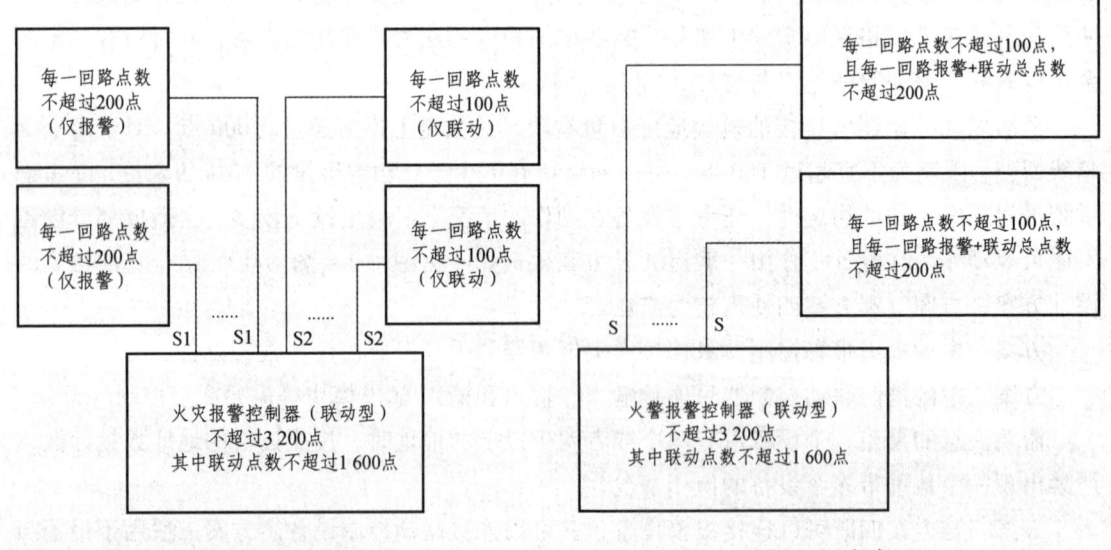

图 8-3 方案三   图 8-4 方案四

2. 消防控制室

（1）具有消防联动功能的火灾自动报警系统的保护对象中应设置消防控制室。

（2）消防控制室内严禁穿过与消防设施无关的电气线路及管路。

（3）消防控制室内设备的布置应符合下列规定，可参考图 8-5。

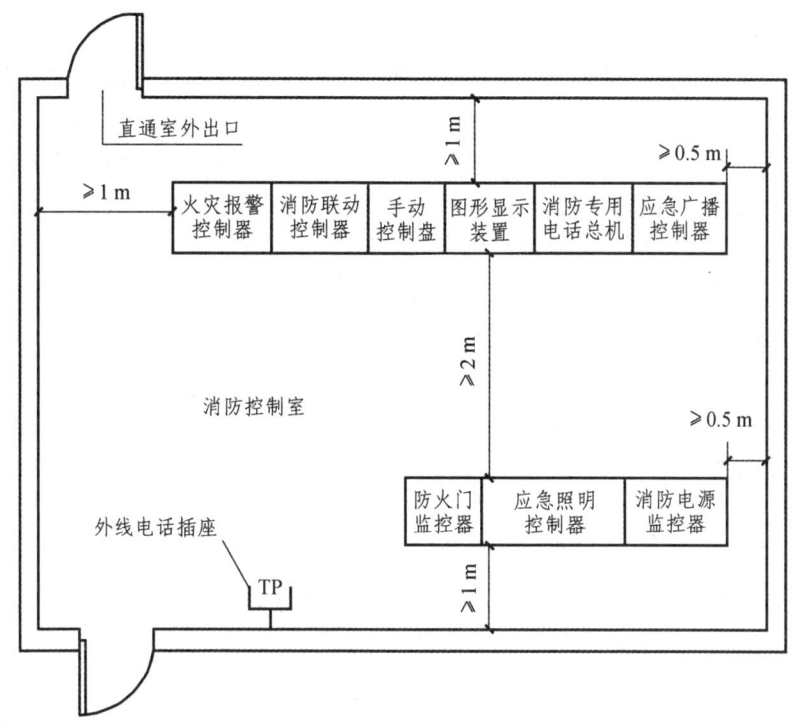

图 8-5 设备面盘双列布置示意图

① 设备面盘前的操作距离,单列布置时不应小于 1.5 m;双列布置时不应小于 2 m。
② 在值班人员经常工作的一面,设备面盘至墙的距离不应小于 3 m。
③ 设备面盘后的维修距离不宜小于 1 m。
④ 设备面盘的排列长度大于 4 m 时,其两端应设置宽度不小于 1 m 的通道。
⑤ 与其他弱电系统合用的消防控制室内,消防设备应集中设置,并应与其他设备间有明显间隔。

(4) 地铁列车上设置的火灾自动报警系统,应能通过无线网络等方式将列车上发生火灾的部位信息传输给消防控制室。

8.1.2 探测器选型

1. 一般规定

一般情况下,火灾发生往往伴随着大量的烟产生,因此会选择点型感烟火灾探测器,同时因为其物美价廉、性能稳定,也比较方便维护,是普通场所的首选。另外对于一些火灾发生初期没有烟雾产生但会造成物体本身温度升高,如物体阴燃、电缆过载等情况,往往需要选择感温探测器,此时报警信号的含义更多成分是预警,并不表示已发展到火灾阶段,只是提醒有引发火灾的可能。地铁中较常用的是点型感烟探测器、点型感温探测器、感温电缆、感温光纤。以下是火灾探测器的选型的一般规定:

(1) 对火灾初期有阴燃阶段,产生大量的烟和少量的热,很少或没有火焰辐射的场所,应选择感烟火灾探测器。

（2）对火灾发展迅速，可产生大量热、烟和火焰辐射的场所，可选择感温火灾探测器、感烟火灾探测器、火焰探测器或其组合。

（3）对火灾发展迅速，有强烈的火焰辐射和少量烟、热的场所，应选择火焰探测器。

（4）对火灾初期有阴燃阶段，且需要早期探测的场所，宜增设一氧化碳火灾探测器。

（5）对使用、生产可燃气体或可燃蒸气的场所，应选择可燃气体探测器。

（6）应根据保护场所可能发生火灾的部位和燃烧材料的分析，以及火灾探测器的类型、灵敏度和响应时间等选择相应的火灾探测器，对火灾形成特征不可预料的场所，可根据模拟试验的结果选择火灾探测器。

（7）同一探测区域内设置多个火灾探测器时，可选择具有复合判断火灾功能的火灾探测器和火灾报警控制器。

2. 点型火灾探测器的选择

（1）点型火灾探测器的选择，除了满足一般规定之外，还需要考虑房间的净高，对不同高度的房间，可按表 8-1 选择点型火灾探测器。

表 8-1 点型火灾探测器选择

房间高度 h /m	点型感烟火灾探测器	点型感烟火灾探测器			火焰探测器
		A1、A2	B	C、D、E、F、G	
$12<h\leqslant 20$	不适合	不适合	不适合	不适合	适合
$8<h\leqslant 12$	适合	不适合	不适合	不适合	适合
$6<h\leqslant 8$	适合	适合	不适合	不适合	适合
$4<h\leqslant 6$	适合	适合	适合	不适合	适合
$h\leqslant 4$	适合	适合	适合	适合	适合

注：表中 A1、A2、B、C、D、E、F、G 为点型感温探测器的不同类别。

（2）下列场所宜选择点型感烟火灾探测器：

① 饭店、旅馆、教学楼、办公楼的厅堂、卧室、办公室、商场、列车载客车。

② 计算机房、通信机房、电影或电视放映室等。

③ 楼梯、走道、电梯机房、车库等。

④ 书库、档案库等。

注：感烟探测器是普通场所探测器的首选。

（3）符合下列条件之一的场所，不宜选择点型光电感烟火灾探测器：

① 有大量粉尘、水雾滞留。

② 可能产生蒸气和油雾。

③ 高海拔地区。

④ 在正常情况下有烟滞留。

注：正常情况下有烟雾、水雾、粉尘的环境，一是对探测器有损坏，二是容易造成误报。

高海拔地区由于空气稀薄，烟粒子也稀薄，光电感烟探测器响应非常慢，因此不选择光电感烟探测器。

（4）符合下列条件之一的场所，宜选择点型感温火灾探测器：

① 相对湿度经常大于95%。

② 可能发生无烟火灾。

③ 有大量粉尘。

④ 吸烟室等在正常情况下有烟或蒸气滞留的场所。

⑤ 厨房、锅炉房、发电机房、烘干车间等不宜安装感烟火灾探测器的场所。

⑥ 需要联动熄灭"安全出口"标志灯的安全出口内侧。

⑦ 其他无人滞留且不适合安装感烟火灾探测器，但发生火灾时需要及时报警的场所。

注：一些火灾初期没有烟雾产生的场所和正常情况下房间有烟雾，需要选择感温探测器的应用，除此之外点型感温火灾探测器经常用于确认火灾并联动自动灭火系统，如地铁中设置的气体灭火系统。

（5）可能产生阴燃火或发生火灾不能及时报警会造成重大损失的场所，不宜选择点型感温火灾探测器；温度在0℃以下的场所，不宜选择定温探测器；温度变化较大的场所，不宜选择具有差温特性的探测器。

（6）下列场所宜选择可燃气体探测器：

① 使用可燃气体的场所。

② 燃气站和燃气表房以及存储液化石油气罐的场所。

③ 其他散发可燃气体和可燃蒸气的场所。

3. 线型光束感烟火灾探测器的选择

（1）无遮挡的大空间或有特殊要求的房间，宜选择线型光束感烟火灾探测器。

（2）符合下列条件之一的场所，不宜选择线型光束感烟火灾探测器。

① 有大量粉尘、水雾滞留。

② 可能产生蒸气和油雾。

③ 在正常情况下有烟滞留。

④ 固定探测器的建筑结构由于振动等原因会产生较大位移的场所。

（3）下列场所或部位，宜选择缆式线型感温火灾探测器：

① 电缆隧道、电缆竖井、电缆夹层、电缆桥架。

② 不易安装点型探测器的夹层、闷顶。

③ 各种皮带输送装置。

④ 其他环境恶劣不适合点型探测器安装的场所。

（4）下列场所或部位，宜选择线型光纤感温火灾探测器：

① 除液化石油气外的石油储罐。

② 需要设置线型感温火灾探测器的易燃易爆场所。

③ 需要监测环境温度的地下空间等场所宜设置具有实时温度监测功能的线型光纤感温火灾探测器。

④ 公路隧道、敷设动力电缆的铁路隧道和城市地铁隧道等。

（5）线型定温火灾探测器的选择，应保证其不动作时温度符合设置场所的最高环境温度的要求。

4. 吸气式感烟火灾探测器的选择

（1）下列场所宜选择吸气式感烟火灾探测器：
① 具有高速气流的场所。
② 点型感烟、感温火灾探测器不适宜的大空间、舞台上方、建筑高度超过 12 m 或有特殊要求的场所。
③ 低温场所。
④ 需要进行隐蔽探测的场所。
⑤ 需要进行火灾早期探测的重要场所。
⑥ 人员不宜进入的场所。

（2）灰尘比较大的场所，不应选择没有过滤网和管路自清洗功能的管路采样式吸气感烟火灾探测器。

（3）污物较多且必须安装感烟火灾探测器的场所，应选择间断吸气的点型采样吸气式感烟火灾探测器或具有过滤网和管路自清洗功能的管路采样吸气式感烟火灾探测器。

8.1.3 消防联动控制设计

1. 一般规定

（1）消防联动控制器应能按设定的控制逻辑向各相关的受控设备发出联动控制信号，并接受相关设备的联动反馈信号。

（2）消防水泵、防烟和排烟风机的控制设备，除应采用联动控制方式外，还应在消防控制室设置手动直接控制装置。

一般地铁车站在 IBP 盘上设置消防水泵、防烟和排烟风机的直接启动按钮，如图 8-6 所示。

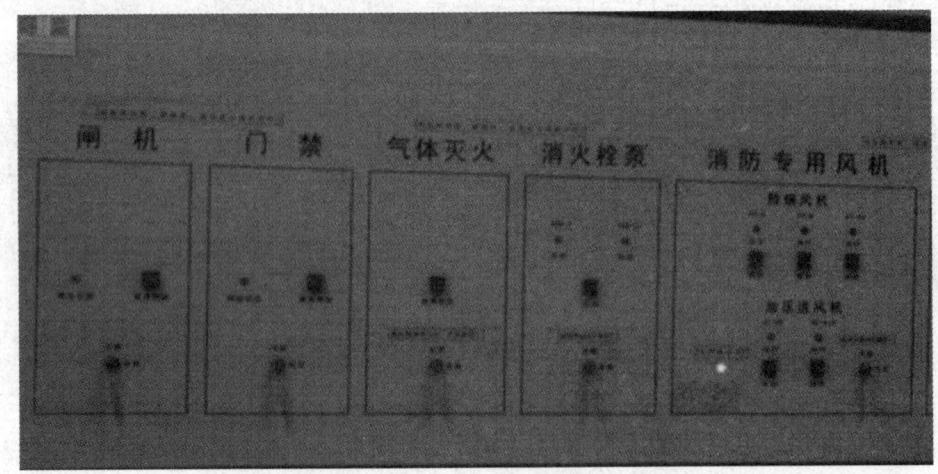

图 8-6 车站内 IBP 盘消防设备布置

（3）需要火灾自动报警系统联动控制的消防设备，其联动触发信号应采用两个独立的报警触发装置报警信号的"与"逻辑组合。

在消防设备编程语言中，用到最多的是"与""或""非"，即"and""or""not"，和数字逻辑电路运算法则相同。

2. 气体灭火系统的联动控制设计

（1）气体灭火系统应由专用的气体灭火控制器控制。

（2）气体灭火控制器直接连接火灾探测器时，气体灭火系统的自动控制方式应符合下列规定：

① 应由同一防护区域内两只独立的火灾探测器的报警信号、一只火灾探测器与一只手动火灾报警按钮的报警信号或防护区外的紧急启动信号，作为系统的联动触发信号，探测器的组合宜采用感烟火灾探测器和感温火灾探测器，各类探测器应按规定分别计算保护面积。

地铁车站内选择感烟火灾探测器和感温火灾探测器作为联动触发信号。

② 气体灭火控制器在接收到满足联动逻辑关系的首个联动触发信号后，应启动设置在该防护区内的火灾声光警报器，且联动触发信号应为任一防护区域内设置的感烟火灾探测器、其他类型火灾探测器或手动火灾报警按钮的首次报警信号；在接收到第二个联动触发信号后，应发出联动控制信号，且联动触发信号应为同一防护区域内与首次报警的火灾探测器或手动火灾报警按钮相邻的感温火灾探测器、火焰探测器或手动火灾报警按钮的报警信号。

③ 联动控制信号应包括下列内容：

a. 关闭防护区域的送（排）风机及送（排）风阀门；

b. 停止通风和空气调节系统及关闭设置在该防护区域的电动防火阀；

c. 联动控制防护区域开口封闭装置的启动，包括关闭防护区域的门、窗；

d. 启动气体灭火装置，气体灭火控制器可设定不大于 30 s 的延迟喷射时间。

④ 气体灭火防护区出口外上方应设置表示气体喷洒的火灾声光警报器，指示气体释放的声信号应与该保护对象中设置的火灾声警报器的声信号有明显区别。启动气体灭火装置的同时，应启动设置在防护区入口处表示气体喷洒的火灾声光警报器；组合分配系统应首先开启相应防护区域的选择阀，然后启动气体灭火装置。

（3）气体灭火控制器不直接连接火灾探测器时，气体灭火系统的自动控制方式应符合下列规定：

① 气体灭火系统的联动触发信号应由火灾报警控制器或消防联动控制器发出。

② 气体灭火系统的联动触发信号和联动控制均应符合规定。

（4）气体灭火装置启动及喷放各阶段的联动控制及系统的反馈信号，应反馈至消防联动控制器。系统的联动反馈信号应包括下列内容：

① 气体灭火控制器直接连接的火灾探测器的报警信号；

② 选择阀的动作信号；

③ 压力开关的动作信号。

（5）在防护区域内设有手动与自动控制转换装置的系统，其手动或自动控制方式的工作状态应在防护区内、外的手动和自动控制状态显示装置上显示，该状态信号应反馈至消防联动控制器。

3. 防火门及防火卷帘系统的联动控制设计

（1）疏散通道上各防火门的开启、关闭及故障状态信号应反馈至防火门监控器。

（2）防火卷帘的升降应由防火卷帘控制器控制。

（3）疏散通道上设置的防火卷帘的联动控制设计，应符合下列规定：

① 联动控制方式，防火分区内任两只独立的感烟火灾探测器或任一只专门用于联动防火卷帘的感烟火灾探测器的报警信号应联动控制防火卷帘下降至距楼板面 1.8 m 处；任一只专门用于联动防火卷帘的感温火灾探测器的报警信号应联动控制防火卷帘下降到楼板面；在卷帘的任一侧距卷帘纵深 0.5～5 m 内应设置不少于两只专门用于联动防火卷帘的感温火灾探测器。

② 手动控制方式，应由防火卷帘两侧设置的手动控制按钮控制防火卷帘的升降。

（4）非疏散通道上设置的防火卷帘的联动控制设计，应符合下列规定：

① 联动控制方式，应由防火卷帘所在防火分区内任两只独立的火灾探测器的报警信号，作为防火卷帘下降的联动触发信号，并应联动控制防火卷帘直接下降到楼板面。

② 手动控制方式，应由防火卷帘两侧设置的手动控制按钮控制防火卷帘的升降，并应能在消防控制室内的消防联动控制器上手动控制防火卷帘的降落。

4. 电梯的联动控制设计

（1）消防联动控制器应具有发出联动控制信号强制所有电梯停于首层或电梯转换层的功能。

（2）电梯运行状态信息和停于首层或转换层的反馈信号，应传送给消防控制室显示，轿厢内应设置能直接与消防控制室通话的专用电话。

5. 火灾警报和消防应急广播系统的联动控制设计

（1）火灾自动报警系统应设置火灾声光警报器，并应在确认火灾后启动建筑内的所有火灾声光警报器。

（2）火灾声光警报器设置带有语音提示功能时，应同时设置语音同步器。

（3）同一建筑内设置多个火灾声光警报器时，火灾自动报警系统应能同时启动和停止所有火灾声光警报器工作。

（4）火灾声光警报器单次发出火灾警报时间宜为 8～20 s，同时设有消防应急广播时，火灾声光警报器应与消防应急广播交替循环播放。

（5）集中报警系统和控制中心报警系统应设置消防应急广播。

8.1.4 系统供电

1. 一般规定

（1）火灾自动报警系统应设置交流电源和蓄电池备用电源。

（2）火灾自动报警系统的交流电源应采用消防电源，备用电源可采用火灾报警控制器和消防联动控制器自带的蓄电池电源或消防设备应急电源。当备用电源采用消防设备应急电源时，火灾报警控制器和消防联动控制器应采用单独的供电回路，并应保证在系统处于最大负载状态下不影响火灾报警控制器和消防联动控制器的正常工作。

（3）消防控制室图形显示装置、消防通信设备等的电源，宜由 UPS 电源装置或消防设备应急电源供电。

（4）火灾自动报警系统主电源不应设置剩余电流动作保护和过负荷保护装置。

（5）消防设备应急电源输出功率应大于火灾自动报警及联动控制系统全负荷功率的 120%，蓄电池组的容量应保证火灾自动报警及联动控制系统在火灾状态同时工作负荷条件下连续工作 3 h 以上。

（6）消防用电设备应采用专用的供电回路，其配电设备应设有明显标志。其配电线路和控制回路宜按防火分区划分。

2. 系统接地

（1）火灾自动报警系统接地装置的接地电阻值应符合下列规定：

① 采用共用接地装置时，接地电阻值不应大于 1 Ω。

② 采用专用接地装置时，接地电阻值不应大于 4 Ω。

（2）消防控制室内的电气和电子设备的金属外壳、机柜、机架和金属管、槽等，应采用等电位连接。

（3）由消防控制室接地板引至各消防电子设备的专用接地线应选用铜芯绝缘导线，其线芯截面面积不应小于 4 mm²。

（4）消防控制室接地板与建筑接地体之间，应采用线芯截面面积不小于 25 mm² 的铜芯绝缘导线连接。

8.1.5 布　线

1. 一般规定

（1）火灾自动报警系统的传输线路和 50 V 以下供电的控制线路，应采用电压等级不低于交流 300 V/500 V 的铜芯绝缘导线或铜芯电缆。采用交流 220 V/380 V 的供电和控制线路，应采用电压等级不低于交流 450 V/750 V 的铜芯绝缘导线或铜芯电缆。

（2）火灾自动报警系统传输线路的线芯截面选择，除应满足自动报警装置技术条件的要求外，还应满足机械强度的要求。

2. 室内布线

（1）火灾自动报警系统的供电线路、消防联动控制线路应采用耐火铜芯电线电缆，报警总线、消防应急广播和消防专用电话等传输线路应采用阻燃或阻燃耐火电线电缆。

（2）不同电压等级的线缆不应穿入同一根保护管内，当合用同一线槽时，线槽内应有隔板分隔。

8.2 火灾自动报警系统施工及验收规范

8.2.1 基本规定

1. 质量管理

（1）火灾自动报警系统的施工应按设计要求编写施工方案。施工现场应具有必要的施工技术标准、健全的施工质量管理体系和工程质量检验制度，建设单位应组织监理单位进行检查，并应按要求填写有关记录。

（2）火灾自动报警系统施工前应具备下列条件：

① 系统图、设备布置平面图、接线图、安装图、联动控制逻辑设计文件等经批准的消防设计文件，系统设备的现行国家标准、系统设备的使用说明书等技术资料应齐全。

② 设计单位应向建设、施工、监理单位进行技术交底，明确相应技术要求。

③ 系统设备、组（配）件以及材料应齐全，规格、型号应符合设计要求，应能够保证正常施工。

④ 与系统施工相关的预埋件、预留孔洞等应符合设计要求。

⑤ 施工现场及施工中使用的水、电、气应能够满足连续施工的要求。

（3）系统的施工应按照批准的工程设计文件和施工技术标准进行。

（4）系统施工结束后，建设单位应按设计文件，并应按规定组织施工单位、设备制造企业对系统进行调试、填写记录，系统调试前，应编制调试方案。

（5）系统调试结束后应编写调试报告，施工单位、设备制造企业应向建设单位提交系统竣工图、材料设备及配件进场检查记录、安装质量检查记录调试记录、合格证等相关材料。

2. 设备、材料进场检验

（1）设备、材料及配件进入施工现场应有清单、使用说明书、质量合格证明文件、国家法定质检机构的检验报告等文件。火灾自动报警系统中的强制认证产品还应有认证证书和认证标识。

（2）火灾自动报警系统中国家强制认证的产品名称、型号、规格应与认证证书和检验报告一致。

（3）火灾自动报警系统中非国家强制认证的产品名称、型号、规格应与检验报告一致，检验报告中未包括的配接产品接入系统时，应提供系统组件的兼容性检验报告。

（4）火灾自动报警系统设备及配件的规格、型号应符合设计要求。

（5）火灾自动报警系统设备及配件表面应无明显划痕、毛刺等机械损伤，紧固部位应无松动。

8.2.2 系统施工

1. 一般规定

（1）火灾自动报警系统施工前，应具备系统图、设备布置平面图、接线图、安装图以及消防设备联动逻辑说明等必要的技术文件。

（2）火灾自动报警系统施工过程中，施工单位应做好施工（包括隐蔽工程验收）、检验（包括绝缘电阻、接地电阻）、调试、设计变更等相关记录。

（3）火灾自动报警系统施工过程结束后，施工方应对系统的安装质量进行全数检查。

（4）火灾自动报警系统竣工时，施工单位应完成竣工图及竣工报告。

2. 布 线

（1）火灾自动报警系统的布线，应符合现行国家标准《建筑电气工程施工质量验收规范》GB 50303 的规定。

（2）火灾自动报警系统布线时，应根据现行国家标准《火灾自动报警系统设计规范》GB 50116 的规定，对导线的种类、电压等级进行检查。

（3）在管内或线槽内的布线，应在建筑抹灰及地面工程结束后进行，管内或线槽内不应有积水及杂物。

（4）火灾自动报警系统应单独布线，系统内不同电压等级、不同电流类别的线路，不应布在同一管内或线槽的同一槽孔内。

（5）导线在管内或线槽内，不应有接头或扭结。导线的接头，应在接线盒内焊接或用端子连接。

（6）从接线盒、线槽等处引到探测器底座、控制设备、扬声器的线路，当采用金属软管保护时，其长度不应大于 2 m。

（7）敷设在多尘或潮湿场所管路的管口和管子连接处，均应作密封处理。

（8）管路超过下列长度时，应在便于接线处装设接线盒：

① 管子长度每超过 30 m，无弯曲时。

② 管子长度每超过 20 m，有 1 个弯曲时。

③ 管子长度每超过 10 m，有 2 个弯曲时。

④ 管子长度每超过 8 m，有 3 个弯曲时。

（9）金属管路入盒外侧应套锁母，内侧应装护口；在吊顶内敷设时，盒的内、外侧均应套锁母。塑料管入盒应采取相应固定措施。

（10）线槽接口应平直、严密，槽盖应齐全、平整、无翘角。并列安装时，槽盖应便于开启。

（11）槽盒敷设时，应在下列部位设置吊点或支点，吊杆直径不应小于 6 mm：

① 槽盒始端、终端及接头处。

② 槽盒转角或分支处。

③ 直线段不大于 3 m 处。

（12）火灾自动报警系统导线敷设后，应用 500 V 兆欧表测量每个回路导线对地的绝缘电阻，该绝缘电阻值不应小于 20 MΩ。

（13）同一工程中的导线，应根据不同用途选不同颜色加以区分，相同用途的导线颜色应一致。电源线正极应为红色，负极应为蓝色或黑色。

3. 控制器类设备的安装

（1）火灾报警控制器、消防联动控制器、可燃气体报警控制器、区域显示器等控制器类设备（以下称控制器）在墙上安装时，其主显示屏高度宜为 1.5～1.8 m。

（2）控制器应安装牢固，不应倾斜；安装在轻质墙上时，应采取加固措施；落地安装时底边高出地面 100～200 mm。

（3）控制器的主电源应有明显的永久性标志，并应直接与消防电源、备用电源连接，严禁使用电源插头。

（4）控制器的接地应牢固，并有明显的永久性标志。

4. 火灾探测器安装

（1）点型感烟、感温火灾探测器的安装，应符合下列要求：

① 探测器至墙壁、梁边的水平距离，不应小于 0.5 m。

② 探测器周围水平距离 0.5 m 内，不应有遮挡物。

③ 探测器至空调送风口最近边的水平距离，不应小于 1.5 m；至多孔送风顶棚孔口的水平距离，不应小于 0.5 m。

④ 在宽度小于 3 m 的内走道顶棚上安装探测器时，宜居中安装。点型感温火灾探测器的安装间距，不应超过 10 m；点型感烟火灾探测器的安装间距，不应超过 15 m。探测器至端墙的距离，不应大于安装间距的一半。

⑤ 探测器宜水平安装，当确需倾斜安装时，倾斜角不应大于 45°。

⑥ 探测器在即将调试时方可安装，在调试前应妥善保管并采取防尘、防潮、防腐蚀措施。

（2）感烟火灾探测器在格栅吊顶场所的设置，应符合下列规定：

① 镂空面积与总面积的比例不大于 15% 时，探测器应设置在吊顶下方。

② 镂空面积与总面积的比例大于 30% 时，探测器应设置在吊顶上方。

③ 镂空面积与总面积的比例为 15%～30% 时，探测器的设置部位应根据实际试验结果确定。

④ 探测器设置在吊顶上方且火警确认灯无法观察时，应在吊顶下方设置火警确认灯。

⑤ 地铁站台等有活塞风影响的场所，镂空面积与总面积的比例为 30%～70% 时，探测器宜同时设置在吊顶上方和下方。

感烟火灾探测器在格栅吊顶场所的设置如图 8-7 所示。

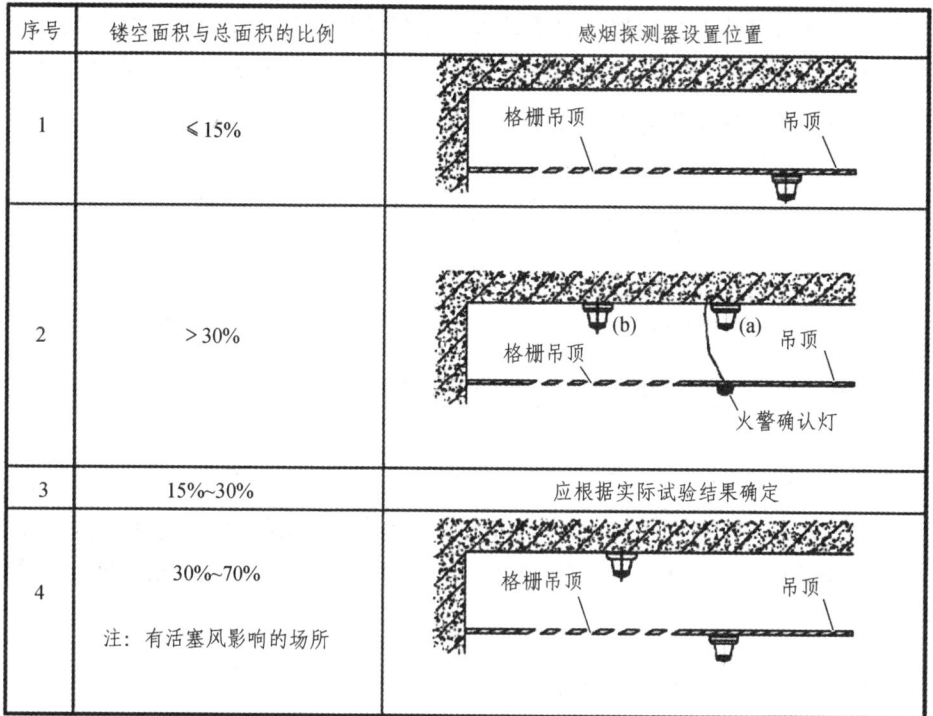

图 8-7 感烟火灾探测器在格栅吊顶场所的设置
注：总面积指的是吊顶的全面积，镂空面积指的是格栅吊顶镂空面积。

（3）线型红外光束感烟火灾探测器的安装，应符合下列要求：

① 当探测区域的高度不大于 20 m 时，光束轴线至顶棚的垂直距离宜为 0.3～1.0 m；当探测区域的高度大于 20 m 时，光束轴线距探测区域的地（楼）面高度不宜超过 20 m。

② 发射器和接收器之间的探测区域长度不宜超过 100 m。

③ 相邻两组探测器光束轴线的水平距离不应大于 14 m。探测器光束轴线至侧墙水平距离不应大于 7 m，且不应小于 0.5 m。

④ 发射器和接收器之间的光路上应无遮挡物或干扰源。

⑤ 发射器和接收器应安装牢固，并不应产生位移。

（4）缆式线型感温火灾探测器在电缆桥架、变压器等设备上安装时，宜采用接触式布置；在各种皮带输送装置上敷设时，宜敷设在装置的过热点附近。

（5）通过管路采样的吸气式感烟火灾探测器的安装应符合下列要求：

① 采样管应固定牢固。

② 采样管（含支管）的长度和采样孔应符合产品说明书的要求。

③ 非高灵敏度的吸气式感烟火灾探测器不宜安装在天棚高度大于 16 m 的场所。

④ 高灵敏度吸气式感烟火灾探测器在设为高灵敏度时可安装在天棚高度大于 16 m 的场所，并保证至少有 2 个采样孔低于 16 m。

⑤ 安装在大空间时，每个采样孔的保护面积应符合点型感烟火灾探测器的保护面积要求。

5. 手动火灾报警按钮安装

（1）每个防火分区应至少设置一只手动火灾报警按钮。从一个防火分区内的任何位置到最邻近的手动火灾报警按钮步行距离不应大于 30 m。手动火灾报警按钮应安装在明显和便于操作的部位。当安装在墙上时，其底边距地（楼）面高度宜为 1.3~1.5 m。

（2）手动火灾报警按钮应安装牢固，不应倾斜。

（3）手动火灾报警按钮的连接导线应留有不小于 150 mm 的余量，且在其端部应有明显标志。

6. 模块及模块箱的安装

（1）同一报警区域内的模块宜集中安装在金属箱内，不应安装在配电柜、箱或控制柜、箱内。

（2）应独立安装在不燃材料或墙体上，安装牢固，并应采取防潮、防腐蚀等措施。

（3）模块的连接导线应留有不小于 150 mm 的余量，其端部应有明显的永久性标识。

（4）隐蔽安装时在安装处附近成设置检修孔和尺寸不小于 100 mm×100 mm 的永久性标识。

7. 消防电话分机和电话插孔的安装

（1）宜安装在明显、便于操作的位置，采用壁挂方式安装时，其底边距地（楼）面的高度宜为 1.3~1.5 m。

（2）应设置明显的永久性标识。

（3）电话插孔不应设置在消火栓箱内。

8. 警报设备

警报设备包括消防应急广播扬声器、火灾警报器等。

（1）扬声器和火灾声警报装置宜在报警区域内均匀安装，扬声器在走道内安装时，距走道末端的距离不应大于 12.5 m。

（2）火灾光警报装置应安装在楼梯口、消防电梯前室、建筑内部拐角等处的明显部位，且不宜与消防应急疏散指示标志灯具安装在同一面墙上，确需安装在同一面墙上时，距离不应小于 1 m。

（3）采用壁挂方式安装时，底边距地面高度应大于 2.2 m。

9. 系统接地

（1）交流供电和 36 V 以上直流供电的消防用电设备的金属外壳应有接地保护，其接地线应与电气保护接地干线（PE）相连接。

（2）系统接地及专用接地线的安装应满足设计要求。

8.2.3 系统调试

1. 一般规定

系统调试应包括系统部件功能调试和分系统的联动控制功能调试，并应符合下列规定：

（1）应对系统部件的主要功能、性能进行全数检查，系统设备的主要功能、性能应符合现行国家标准的规定。

（2）应逐一对每个报警区域、防护区域或防烟区域设置的消防系统进行联动控制功能检查。系统的联动控制功能应符合设计文件和现行国家标准《火灾自动报警系统设计规范》GB 50116 的规定。

（3）不符合规定的项目应进行整改，并应重新进行调试。

2. 调试准备

（1）应对系统部件进行地址设置及地址注释。应对现场部件进行地址编码设置，确保一个独立的识别地址只能对应一个现场部件。与模块连接的火灾警报器、压力开关、报警阀、排烟口、排烟阀等现场部件的地址编号应与连接模块的地址编号一致。

（2）应按照系统联动控制逻辑设计文件对控制类设备进行联动编程，对控制类设备手动控制单元控制按钮或按键进行编码设置。

（3）对系统中的控制与显示类设备应分别进行单机通电检查。

3. 火灾报警控制器调试

调试前应切断火灾报警控制器的所有外部控制连线，并将任意一个总线回路的火灾探测器、手动火灾报警按钮等部件相连接后接通电源，使控制器处于正常监视状态。

对火灾报警控制器下列主要功能进行检查并记录：

（1）自检功能。

（2）操作级别。

（3）屏蔽功能。

（4）主、备电源的自动转换功能。

（5）故障报警功能。

（6）短路隔离保护功能。

（7）火警优先功能。

（8）消音功能。

（9）二次报警功能。

（10）负载功能。

依次对其他回路进行上述功能测试，同时在备电工作状态下，对功能进行检查记录。

4. 火灾探测器调试

（1）点型探测器的调试。点型探测器包括点型感烟探测器、点型感温探测器、点型一氧

化碳火灾探测器。调试方式如下:

① 应采用专用的检测仪器或模拟火灾的方法,使探测器监测区域的烟雾浓度、温度、气体浓度达到探测器的报警设定阈值,能正常报警。

② 恢复探测器监测区域的环境恢复正常,手动操作控制器的复位键后,控制器应处于正常监视状态,探测器的火警确认灯应熄灭。

(2) 线型光束探测器的调试。

① 调整探测器的光路调节装置,使探测器处于正常监视状态。

② 采用减光率为 0.9 dB 的减光片或等效设备遮挡光路,探测器不应发出火灾报警信号。

③ 应采用产品生产企业设定的减光率为 10.0 dB 的减光片或等效设备遮挡光路,探测器的火警确认灯应点亮并保持。

④ 应采用减光率为 11.5 dB 的减光片或等效设备遮挡光路,探测器的火警或故障确认灯。

5. 手动火灾报警按钮调试

(1) 对可恢复的手动火灾报警按钮,施加适当的推力使报警按钮动作,报警按钮应发出火灾报警信号。

(2) 对不可恢复的手动火灾报警按钮应采用模拟动作的方法使报警按钮发出火灾报警信号(当有备用启动零件时,可抽样进行动作试验),报警按钮应发出火灾报警信号。

8.2.4 系统的验收

1. 一般规定

(1) 系统竣工后,建设单位应组织施工、设计、监理等单位进行系统验收,验收不合格不得投入使用。

(2) 系统检测、验收时,应对施工单位提供的下列资料进行齐全性和符合性检查,并填写记录:

① 竣工验收申请报告、设计变更通知书、竣工图。

② 工程质量事故处理报告。

③ 施工现场质量管理检查记录。

④ 系统安装过程质量检查记录。

⑤ 系统部件的现场设置情况记录。

⑥ 系统联动编程设计记录。

⑦ 系统调试记录。

⑧ 系统设备的检验报告、合格证及相关材料。

(3) 根据各项目对系统工程质量影响严重程度的不同,应将检测、验收的项目划分为 A、

B、C 3 个类别：

A 类项目应符合下列规定：

① 消防控制室设计符合现行国家标准《火灾自动报警系统设计规范 GB 50116》的规定。

② 消防控制室内消防设备的基本配置与设计文件和现行国家标准《火灾自动报警系统设计规范》GB 50116 的符合性。

③ 系统部件的选型与设计文件的符合性。

④ 系统部件消防产品准入制度的符合性。

⑤ 系统内的任一火灾报警控制器和火灾探测器的火灾报警功能。

⑥ 系统内的任一消防联动控制器、输出模块和消火栓按钮的启动功能。

⑦ 参与联动编程的输入模块的动作信号反馈功能。

⑧ 系统内的任一火灾警报器的火灾警报功能。

⑨ 系统内的任一消防应急广播控制设备和广播扬声器的应急广播功能。

⑩ 消防设备应急电源的转换功能。

⑪ 防火卷帘控制器的控制功能。

⑫ 防火门监控器的启动功能。

⑬ 气体灭火控制器的启动控制功能。

⑭ 自动喷水灭火系统的联动控制功能，消防水泵、预作用阀组、雨淋阀组的消防控制室直接手动控制功能。

⑮ 加压送风系统、排烟系统、电动挡烟垂壁的联动控制功能，送风机、排烟风机的消防控制室直接手动控制功能。

⑯ 消防应急照明及疏散指示系统的联动控制功能。

⑰ 电梯、非消防电源等相关系统的联动控制功能。

⑱ 系统整体联动控制功能。

B 类项目应符合下列规定：

① 消防控制室存档文件资料的符合性。

② 规定资料的齐全性、符合性。

③ 系统内的任一消防电话总机和电话分机的呼叫功能。

④ 系统内的任一可燃气体报警控制器和可燃气体探测器的可燃气体报警功能。

⑤ 系统内的任一电气火灾监控设备（器）和探测器的监控报警功能。

⑥ 消防设备电源监控器和传感器的监控报警功能。

其余项目均应为 C 类项目。

2. 验收标准

（1）系统检测、验收结果判定准则应符合下列规定：

① A 类项目不合格数量为 0，B 类项目不合格数量小于或等于 2，B 类项目不合格数量

与 C 类项目不合格数量之和小于或等于检查项目数量 5% 的，系统检测、验收结果应为合格。

② 不符合本条第 1 款合格判定准则的，系统检测、验收结果应为不合格。

（2）各项检测、验收项目中有不合格的，应修复或更换，并应进行复验。复验时，对有抽验比例要求的，应加倍检验。

8.2.5 系统的使用和维护

1. 使用前准备

系统投入使用前，消防控制室应具有下列文件资料：

（1）检测、验收合格资料。

（2）建（构）筑物竣工后的总平面图、建筑消防系统平面布置图、建筑消防设施系统图及安全出口布置图、重点部位位置图、危化品位置图。

（3）消防安全管理规章制度、灭火预案、应急疏散预案。

（4）消防安全组织机构图，包括消防安全责任人、管理人，专职、义务消防人员。

（5）消防安全培训记录、灭火和应急疏散预案的演练记录。

（6）值班情况、消防安全检查情况及巡查情况的记录。

（7）火灾自动报警系统设备现场设置情况记录。

（8）消防系统联动控制逻辑关系说明、联动编程记录、消防联动控制器手动控制单元编码设置记录。

（9）系统设备使用说明书、系统操作规程、系统和设备维护保养制度。

2. 使用和维护

（1）系统应保持连续正常运行，不得随意中断。

（2）系统应对火灾报警控制器、现场设备、可燃气体探测器控制器、消防电源控制器、电气火灾控制器等项目的设备外观、设备运行状态进行日常巡查，并按照规定填写记录。巡查过程中发现设备外观破损、设备运行异常时应立即报修。

（3）每年应对火灾报警控制器、现场设备、可燃气体探测器控制器、消防电源控制器、电气火灾控制器等设备的功能、各分系统的联动控制功能进行检查，并应符合下列规定：

① 系统的年度检查可根据检查计划，按月度、季度逐步进行。

② 月度、季度的检查数量应确保覆盖到每一台现场设备、每一个报警区域。

③ 系统设备的功能、各分系统的控制功能应满足设计要求。

（4）不同类型的探测器、手报、模块等现场部件应有不少于设备总数 1% 的备品。

（5）系统设备的维修、保养及系统产品的寿命应符合现行国家报废标准，达到寿命极限的产品应及时更换。

8.3 气体灭火系统设计规范

8.3.1 设计要求

1. 一般规定

（1）采用气体灭火系统保护的防护区，其灭火剂设计用量，应根据防护区内可燃物相应的灭火设计浓度或惰化设计浓度经计算确定。

（2）有爆炸危险的气体、液体类火灾的防护区，应采用惰化设计浓度；无爆炸危险的气体、液体类火灾和固体类火灾的防护区，应采用灭火设计浓度。

（3）几种可燃物共存或混合时，灭火设计浓度或惰化设计浓度，应按其中最大的灭火设计浓度或惰化设计浓度确定。

（4）两个或两个以上的防护区采用组合分配系统时，一个组合分配系统所保护的防护区不应超过 8 个。

（5）组合分配系统的灭火剂储存量，应按储存量最大的防护区确定。

（6）灭火系统的灭火剂储存量，应为防护区设计用量与储存容器的剩余量和管网内的剩余量之和。

（7）灭火系统的储存装置 72 h 内不能重新充装恢复工作的，应按系统原储存量的 100% 设置备用量。

（8）灭火系统的设计温度，应采用 20 ℃。

（9）同一集流管上的储存容器，其规格、充压压力和充装量应相同。

（10）同一防护区，当设计两套或三套管网时，集流管可分别设置，系统启动装置必须共用。各管网上喷头流量均应按同一灭火设计浓度、同一喷放时间进行设计。

（11）管网上不应采用四通管件进行分流。

（12）喷头的保护高度和保护半径，应符合下列规定：

① 最大保护高度不宜大于 6.5 m。

② 最小保护高度不应小于 0.3 m。

③ 喷头安装高度小于 1.5 m 时，保护半径不宜大于 4.5 m。

④ 喷头安装高度不小于 1.5 m 时，保护半径不应大于 7.5 m。

（13）喷头宜贴近防护区顶面安装，距顶面的最大距离不宜大于 0.5 m。

（14）一个防护区设置的预制灭火系统，其装置数量不宜超过 10 台。

（15）同一防护区内的预制灭火系统装置多于一台时，必须能同时启动，其动作响应时差不得大于 2 s。

2. 系统设置

（1）气体灭火系统适用于扑救下列火灾：

① 电气火灾。

② 固体表面火灾。

③ 液体火灾。

④ 灭火前能切断气源的气体火灾。

（2）气体灭火系统不适用于扑救下列火灾：

① 硝化纤维、硝酸钠等氧化剂或含氧化剂的化学制品火灾。

② 钾、镁、钠、钛、锆、铀等活泼金属火灾。

③ 氢化钾、氢化钠等金属氢化物火灾。

④ 过氧化氢等能自行分解的化学物质火灾。

⑤ 可燃固体物质的深位火灾。

（3）防护区划分应符合下列规定：

① 防护区宜以单个封闭空间划分；同一区间的吊顶层和地板下需同时保护时，可合为一个防护区。

② 采用管网灭火系统时，一个防护区的面积不宜大于 800 m^2，且容积不宜大于 3 600 m^3。

③ 采用预制灭火系统时，一个防护区的面积不宜大于 500 m^2，且容积不宜大于 1 600 m^3。

④ 防护区围护结构及门窗的耐火极限均不宜低于 0.5 h；吊顶的耐火极限不宜低于 0.25 h。

⑤ 防护区围护结构承受内压的允许压强，不宜低于 1 200 Pa。

（4）防护区设置的泄压口，宜设在外墙上。泄压口面积按相应气体灭火系统设计规定计算。

（5）喷放灭火剂前，防护区内除泄压口外的开口应能自行关闭。

（6）防护区的最低环境温度不应低于 -10 ℃。

3. IG541 混合气体灭火系统

（1）IG541 混合气体灭火系统的灭火设计浓度不应小于灭火浓度的 1.3 倍，惰化设计浓度不应小于灭火浓度的 1.1 倍。

（2）固体表面火灾的灭火浓度为 28.1%。

（3）当 IG541 混合气体灭火剂喷放至设计用量的 95% 时，喷放时间不应大于 60 s 且不应小于 48 s。

（4）灭火浸渍时间应符合下列规定：

① 木材、纸张、织物等固体表面火灾，宜采用 20 min。

② 通信机房、电子计算机房内的电气设备火灾，宜采用 10 min。

③ 其他固体表面火灾，宜采用 10 min。

8.3.2 系统组件

1. 一般规定

（1）储存装置应符合下列规定：

① 管网系统的储存装置应由储存容器、容器阀和集流管等组成；七氟丙烷和 IG541 预

制灭火系统的储存装置,应由储存容器、容器阀等组成。

② 容器阀和集流管之间应采用挠性连接。储存容器和集流管应采用支架固定。

③ 储存装置上应设耐久的固定铭牌,并应标明每个容器的编号、容积、皮重、灭火剂名称、充装量、充装日期和充压压力等。

④ 管网灭火系统的储存装置宜设在专用储瓶间内。储瓶间宜靠近防护区,并应符合建筑物耐火等级不低于二级的有关规定及有关压力容器存放的规定,且应有直接通向室外或疏散走道的出口。储瓶间和设置预制灭火系统的防护区的环境温度应为 -10~50 ℃。

⑤ 储存装置的布置,应便于操作、维修及避免阳光照射。操作面距墙面或两操作面之间的距离,不宜小于 1.0 m,且不应小于储存容器外径的 1.5 倍。

(2)储存容器、驱动气体储瓶的设计与使用应符合国家现行《气瓶安全监察规程》及《压力容器安全技术监察规程》的规定。

(3)储存装置的储存容器与其他组件的公称工作压力,不应小于在最高环境温度下所承受的工作压力。

(4)在储存容器或容器阀上,应设安全泄压装置和压力表。组合分配系统的集流管,应设安全泄压装置。安全泄压装置的动作压力,应符合相应气体灭火系统的设计规定。

(5)在通向每个防护区的灭火系统主管道上,应设压力信号器或流量讯号器。

(6)组合分配系统中的每个防护区应设置控制灭火剂流向的选择阀,其公称直径应与该防护区灭火系统的主管道公称直径相等。

(7)选择阀的位置应靠近储存容器且便于操作。选择阀应设有标明其工作防护区的永久性铭牌。

(8)喷头应有型号、规格的永久性标识。设置在有粉尘、油雾等防护区的喷头,应有防护装置。

(9)喷头的布置应满足喷放后气体灭火剂在防护区内均匀分布的要求。当保护对象属可燃液体时,喷头射流方向不应朝向液体表面。

(10)管道及管道附件应符合下列规定:

① 输送气体灭火剂的管道应采用无缝钢管。其质量应符合现行国家标准《输送流体用无缝钢管》GB/T 8163、《高压锅炉用无缝钢管》GB 5310 等的规定。无缝钢管内外应进行防腐处理,防腐处理宜采用符合环保要求的方式。

② 输送气体灭火剂的管道安装在腐蚀性较大的环境里,宜采用不锈钢管。其质量应符合现行国家标准《流体输送用不锈钢无缝钢管》GB/T 14976 的规定。

③ 输送启动气体的管道,宜采用铜管,其质量应符合现行国家标准《拉制铜管》GB 1527 的规定。

④ 管道的连接,当公称直径小于或等于 80 mm 时,宜采用螺纹连接;大于 80 mm 时,宜采用法兰连接。钢制管道附件应内外防腐处理,防腐处理宜采用符合环保要求的方式。使用在腐蚀性较大的环境里,应采用不锈钢的管道附件。

(11)系统组件与管道的公称工作压力,不应小于在最高环境温度下所承受的工作压力。

(12)系统组件的特性参数应由国家法定检测机构验证或测定。

2. IG541 混合气体灭火系统组件专用要求

（1）储存容器或容器阀以及组合分配系统集流管上的安全泄压装置的动作压力，应符合下列规定：

① 一级充压（15.0 MPa）系统，应为 20.7±1.0 MPa（表压）。

② 二级充压（20.0 MPa）系统，应为 27.6±1.4 MPa（表压）。

（2）储存容器应采用无缝容器。

8.3.3 操作与控制

（1）采用气体灭火系统的防护区，应设置火灾自动报警系统，其设计应符合现行国家标准《火灾自动报警系统设计规范》GB 50116 的规定，并应选用灵敏度级别高的火灾探测器。

（2）管网灭火系统应设自动控制、手动控制和机械应急操作 3 种启动方式。预制灭火系统应设自动控制和手动控制两种启动方式。

（3）采用自动控制启动方式时，根据人员安全撤离防护区的需要，应有不大于 30 s 的可控延迟喷射；对于平时无人工作的防护区，可设置为无延迟的喷射。

（4）灭火设计浓度或实际使用浓度大于无毒性反应浓度（NOAEL 浓度）的防护区，应设手动与自动控制的转换装置。当人员进入防护区时，应能将灭火系统转换为手动控制方式；当人员离开时，应能恢复为自动控制方式。防护区内外应设手动、自动控制状态的显示装置。

（5）自动控制装置应在接到两个独立的火灾信号后才能启动。手动控制装置和手动与自动转换装置应设在防护区疏散出口的门外便于操作的地方，安装高度为中心点距地面 1.5 m。机械应急操作装置应设在储瓶间内或防护区疏散出口门外便于操作的地方。

（6）气体灭火系统的操作与控制，应包括对开口封闭装置、通风机械和防火阀等设备的联动操作与控制。

（7）设有消防控制室的场所，各防护区灭火控制系统的有关信息，应传送给消防控制室。

（8）气体灭火系统的电源，应符合现行国家有关消防技术标准的规定；采用气动力源时，应保证系统操作和控制需要的压力和气量。

（9）组合分配系统启动时，选择阀应在容器阀开启前或同时打开。

8.3.4 安全要求

（1）防护区应有保证人员在 30 s 内疏散完毕的通道和出口。

（2）防护区内的疏散通道及出口，应设应急照明与疏散指示标志。防护区内应设火灾声报警器，必要时可增设闪光报警器。防护区的入口处应设火灾声、光报警器和灭火剂喷放指示灯，以及防护区采用的相应气体灭火系统的永久性标志牌。灭火剂喷放指示灯信号，应保持到防护区通风换气后，以手动方式解除。

（3）防护区的门应向疏散方向开启，并能自行关闭；用于疏散的门必须能从防护区内打开。

（4）灭火后的防护区应通风换气，地下防护区和无窗或设固定窗扇的地上防护区，应设置机械排风装置，排风口宜设在防护区的下部并应直通室外。

（5）储瓶间的门应向外开启，储瓶间内应设应急照明；储瓶间应有良好的通风条件，地下储瓶间应设机械排风装置，排风口应设在下部，可通过排风管排出室外。

（6）经过有爆炸危险及变电、配电室等场所的管网、壳体等金属件应设防静电接地。

（7）有人工作防护区的灭火设计浓度或实际使用浓度，不应大于有毒性反应浓度（LOAEL浓度）。

（8）防护区内设置的预制灭火系统的充压压力不应大于 2.5 MPa。

（9）灭火系统的手动控制与应急操作应有防止误操作的警示显示与措施。

（10）设有气体灭火系统的场所，宜配置空气呼吸器。

8.4 气体灭火系统施工及验收规范

8.4.1 基本规定

1. 气体灭火系统工程的施工单位应符合下列规定

（1）承担气体灭火系统工程的施工单位必须具有相应等级的资质。

（2）施工现场管理应有相应的施工技术标准、工艺规程及实施方案、健全的质量管理体系、施工质量控制及检验制度。施工现场质量管理应按要求进行检查记录。

2. 气体灭火系统工程施工前应具备下列条件

（1）经批准的施工图、设计说明书及其设计变更通知单等设计文件应齐全。

（2）成套装置与灭火剂储存容器及容器阀、单向阀、连接管、集流管、安全泄放装置、选择阀、阀驱动装置、喷嘴、信号反馈装置、检漏装置、减压装置等系统组件，灭火剂输送管道及管道连接件的产品出厂合格证和市场准入制度要求的有效证明文件应符合规定。

（3）系统中采用的不能复验的产品，应具有生产厂出具的同批产品检验报告与合格证。

（4）系统及其主要组件的使用、维护说明书应齐全。

（5）给水供电供气等条件满足连续施工作业要求。

（6）设计单位已向施工单位进行了技术交底。

（7）系统组件与主要材料齐全，其品种、规格、型号符合设计要求。

（8）防护区、保护对象及灭火剂储存容器间的设置条件与设计相符。

（9）系统所需的预埋件及预留孔洞等工程建设条件符合设计要求。

3. 气体灭火系统工程应按下列规定进行施工过程质量控制

（1）采用的材料及组件应进行进场检验，并应经监理工程师签证；进场检验合格后方可安装使用；涉及抽样复验时，应由监理工程师抽样，送市场准入制度要求的法定机构复验。

（2）施工应按批准的施工图、设计说明书及其设计变更通知单等设计文件的要求进行。

（3）各工序应按施工技术标准进行质量控制，每道工序完成后，应进行检查；检查合格后方可进行下道工序。

（4）相关各专业工种之间，应进行交接认可，并经监理工程师签证后方可进行下道工序。

（5）施工过程检查应由监理工程师组织施工单位人员进行。

（6）施工过程检查记录应按要求填写。

（7）安装工程完工后，施工单位应进行调试，并应合格。

4. 气体灭火系统工程验收一般规定

（1）系统工程验收应在施工单位自行检查评定合格的基础上，由建设单位组织施工、设计、监理等单位人员共同进行。

（2）验收检测采用的计量器具应精度适宜，经法定机构计量检定、校准合格并在有效期内。

（3）工程外观质量应由验收人员通过现场检查，并应共同确认。

（4）隐蔽工程在隐蔽前应由施工单位通知有关单位进行验收，并按要求进行验收记录。

（5）资料核查记录和工程质量验收记录应按要求填写。

（6）系统工程验收合格后，建设单位应在规定时间内将系统工程验收报告和有关文件，报有关行政管理部门备案。

5. 检查、验收合格应符合下列规定

（1）施工现场质量管理检查结果应全部合格。

（2）施工过程检查结果应全部合格。

（3）隐蔽工程验收结果应全部合格。

（4）资料核查结果应全部合格。

（5）工程质量验收结果应全部合格。

6. 系统工程验收合格后，应提供下列文件、资料

（1）施工现场质量管理检查记录。

（2）气体灭火系统工程施工过程检查记录。

（3）隐蔽工程验收记录。

（4）气体灭火系统工程质量控制资料核查记录。

（5）气体灭火系统工程质量验收记录。

（6）相关文件、记录、资料清单等。

7. 气体灭火系统工程施工质量不符合要求时，应按下列规定处理

（1）返工或更换设备，并应重新进行验收。

（2）经返修处理改变了组件外形但能满足相关标准规定和使用要求，可按经批准的处理

技术方案和协议文件进行验收。

（3）经返工或更换系统组件、成套装置的工程，仍不符合要求时，严禁验收。

8. 未经验收或验收不合格的气体灭火系统工程不得投入使用，投入使用的气体灭火系统应进行维护管理

8.4.2 进场检验

1. 一般规定

（1）进场检验应按要求填写施工过程检查记录。
（2）进场检验抽样检查有一处不合格时，应加倍抽样；加倍抽样仍有一处不合格，判定该批为不合格。

2. 材　料

（1）管材、管道连接件的品种、规格、性能等应符合相应产品标准和设计要求。
（2）管材、管道连接件的外观质量除应符合设计规定外，尚应符合下列规定：
① 镀锌层不得有脱落、破损等缺陷。
② 螺纹连接管道连接件不得有缺纹、断纹等现象。
③ 法兰盘密封面不得有缺损、裂痕。
④ 密封垫片应完好无划痕。
（3）管材、管道连接件的规格尺寸、厚度及允许偏差应符合其产品标准和设计要求。
（4）对属于下列情况之一的灭火剂、管材及管道连接件，应抽样复验，其复验结果应符合国家现行产品标准和设计要求：
① 设计有复验要求的。
② 对质量有疑义的。

3. 系统组件

（1）灭火剂储存容器及容器阀、单向阀、连接管、集流管、安全泄放装置、选择阀、阀驱动装置、喷嘴、信号反馈装置、检漏装置、减压装置等系统组件的外观质量应符合下列规定：
① 系统组件无碰撞变形及其他机械性损伤。
② 组件外露非机械加工表面保护涂层完好。
③ 组件所有外露接口均设有防护堵、盖，且封闭良好，接口螺纹和法兰密封面无损伤。
④ 铭牌清晰、牢固、方向正确。
⑤ 同一规格的灭火剂储存容器，其高度差不宜超过 20 mm。
⑥ 同一规格的驱动气体储存容器，其高度差不宜超过 10 mm。
（2）灭火剂储存容器及容器阀、单向阀、连接管、集流管、安全泄放装置、选择阀、阀

驱动装置、喷嘴、信号反馈装置、检漏装置、减压装置等系统组件应符合下列规定：

① 品种、规格、性能等应符合国家现行产品标准和设计要求。

② 设计有复验要求或对质量有疑义时，应抽样复验，复验结果应符合国家现行产品标准和设计要求。

（3）灭火剂储存容器内的充装量、充装压力及充装系数、装量系数，应符合下列规定：

① 灭火剂储存容器的充装量、充装压力应符合设计要求，充装系数或装量系数应符合设计规范规定。

② 不同温度下灭火剂的储存压力应按相应标准确定。

（4）阀驱动装置应符合下列规定：

① 电磁驱动器的电源电压应符合系统设计要求。通电检查电磁铁心，其行程应能满足系统启动要求，且动作灵活，无卡阻现象。

② 气动驱动装置储存容器内气体压力不应低于设计压力，且不得超过设计压力的 5%，气体驱动管道上的单向阀应启闭灵活，无卡阻现象。

③ 机械驱动装置应传动灵活，无卡阻现象。

8.4.3 系统安装

1. 一般规定

（1）气体灭火系统的安装应按要求填写施工过程检查记录。防护区地板下、吊顶上或其他隐蔽区域内管网应按要求填写隐蔽工程验收记录。

（2）阀门、管道及支、吊架的安装除应符合本规范的规定外，尚应符合现行国家标准《工业金属管道工程施工及验收规范》GB 50235 中有关的规定。

2. 灭火剂储存装置的安装

（1）储存装置的安装位置应符合设计文件的要求。

（2）灭火剂储存装置安装后，泄压装置的泄压方向不应朝向操作面。

（3）储存装置上压力计、液位计、称重显示装置的安装位置应便于人员观察和操作。

（4）储存容器的支、框架应固定牢靠，并应做防腐处理。

（5）储存容器宜涂红色油漆，正面应标明设计规定的灭火剂名称和储存容器的编号。

（6）安装集流管前应检查内腔，确保清洁。

（7）集流管上的泄压装置的泄压方向不应朝向操作面。

（8）连接储存容器与集流管间的单向阀的流向指示箭头应指向介质流动方向。

（9）集流管应固定在支、框架上。支、框架应固定牢靠，并做防腐处理。

（10）集流管外表面宜涂红色油漆。

3. 选择阀及信号反馈装置的安装

（1）选择阀操作手柄应安装在操作面一侧，当安装高度超过 1.7 m 时应采取便于操作的措施。

（2）采用螺纹连接的选择阀，其与管网连接处宜采用活接。
（3）选择阀的流向指示箭头应指向介质流动方向。
（4）选择阀上应设置标明防护区或保护对象名称或编号的永久性标志牌，并应便于观察。
（5）信号反馈装置的安装应符合设计要求。

4. 阀驱动装置的安装

（1）电磁驱动装置驱动器的电气连接线应沿固定灭火剂储存容器的支、框架或墙面固定。
（2）气动驱动装置的安装应符合下列规定：
① 驱动气瓶的支、框架或箱体应固定牢靠，并做防腐处理。
② 驱动气瓶上应有标明驱动介质名称、对应防护区或保护对象名称或编号的永久性标志，并应便于观察。
（3）气动驱动装置的管道安装应符合下列规定：
① 管道布置应符合设计要求。
② 竖直管道应在其始端和终端设防晃支架或采用管卡固定。
③ 水平管道应采用管卡固定，管卡的间距不宜大于 0.6 m，转弯处应增设 1 个管卡。
（4）气动驱动装置的管道安装后应做气压严密性试验，并合格。

5. 灭火剂输送管道的安装

（1）灭火剂输送管道连接应符合下列规定：
① 采用螺纹连接时，管材宜采用机械切割；螺纹不得有缺纹、断纹等现象；螺纹连接的密封材料应均匀附着在管道的螺纹部分，拧紧螺纹时，不得将填料挤入管道内；安装后的螺纹根部应有 2~3 条外露螺纹；连接后，应将连接处外部清理干净并做防腐处理。
② 采用法兰连接时，衬垫不得凸入管内，其外边缘宜接近螺栓，不得放双垫或偏垫。连接法兰的螺栓，直径和长度应符合标准，拧紧后，凸出螺母的长度不应大于螺杆直径的 1/2 且保证有不少于 2 条外露螺纹。
③ 已经防腐处理的无缝钢管不宜采用焊接连接，与选择阀等个别连接部位需采用法兰焊接连接时，应对被焊接损坏的防腐层进行二次防腐处理。
（2）管道穿过墙壁、楼板处应安装套管。套管公称直径比管道公称直径至少应大 2 级，穿墙套管长度应与墙厚相等，穿楼板套管长度应高出地板 50 mm。管道与套管间的空隙应采用防火封堵材料填塞密实。当管道穿越建筑物的变形缝时，应设置柔性管段。
（3）灭火剂输送管道安装完毕后，应进行强度试验和气压严密性试验，并应合格。
（4）灭火剂输送管道的外表面宜涂红色油漆。

6. 喷嘴的安装

（1）安装喷嘴时，应按设计要求逐个核对其型号、规格及喷孔方向。
（2）安装在吊顶下的不带装饰罩的喷嘴，其连接管管端螺纹不应露出吊顶；安装在吊顶下的带装饰罩的喷嘴，其装饰罩应紧贴吊顶。

7. 控制组件的安装

(1)灭火控制装置的安装应符合设计要求,防护区内火灾探测器的安装应符合现行国家标准《火灾自动报警系统施工及验收标准》GB 50166 的规定。

(2)设置在防护区处的手动、自动转换开关应安装在防护区入口便于操作的部位,安装高度为中心点距地(楼)面 1.5 m。

(3)手动启动、停止按钮应安装在防护区入口便于操作的部位,安装高度为中心点距地(楼)面 1.5 m;防护区的声光报警装置安装应符合设计要求,并应安装牢固,不得倾斜。

(4)气体喷放指示灯宜安装在防护区入口的正上方。

8.4.4 系统调试

1. 一般规定

(1)气体灭火系统的调试应在系统安装完毕,并宜在相关的火灾报警系统和开口自动关闭装置、通风机械和防火阀等联动设备的调试完成后进行。

(2)气体灭火系统调试前应具备完整的技术资料,并应符合规定。

(3)调试前应按规定检查系统组件和材料的型号、规格、数量以及系统安装质量,并应及时处理所发现的问题。

(4)进行调试试验时,应采取可靠措施,确保人员和财产安全。

(5)调试项目应包括模拟启动试验、模拟喷气试验和模拟切换操作试验,并应按要求填写施工过程检查记录。

(6)调试完成后应将系统各部件及联动设备恢复正常状态。

2. 调 试

(1)调试时,应对所有防护区或保护对象按规定进行系统手动、自动模拟启动试验,并应合格。

(2)调试时,应对所有防护区或保护对象按规定进行模拟喷气试验,并应合格。

(3)设有灭火剂备用量且储存容器连接在同一集流管上的系统应按规定进行模拟切换操作试验,并应合格。

8.4.5 系统验收

1. 一般规定

(1)系统验收时,应具备下列文件:
① 系统验收申请报告。
② 施工现场质量管理检查记录。
③ 技术资料。

④ 竣工文件。
⑤ 施工过程检查记录。
⑥ 隐蔽工程验收记录。

（2）系统工程验收应按要求进行资料核查；并按要求进行工程质量验收，验收项目有 1 项为不合格时判定系统为不合格。

（3）系统验收合格后，应将系统恢复到正常工作状态。

（4）验收合格后，应向建设单位移交相关资料。

2. 设备和灭火剂输送管道验收

（1）灭火剂储存容器的数量、型号和规格，位置与固定方式，油漆和标志，以及灭火剂储存容器的安装质量应符合设计要求。

（2）储存容器内的灭火剂充装量和储存压力应符合设计要求。

（3）集流管的材料、规格、连接方式、布置及其泄压装置的泄压方向应符合设计要求和有关规定。

（4）选择阀及信号反馈装置的数量、型号、规格、位置、标志及其安装质量，应符合设计要求和有关规定。

（5）阀驱动装置的数量、型号、规格和标志，安装位置，气动驱动装置中驱动气瓶的介质名称和充装压力，以及气动驱动装置管道的规格、布置和连接方式，应符合设计要求和有关规定。

（6）驱动气瓶和选择阀的机械应急手动操作处，均应有标明对应防护区或保护对象名称的永久标志。驱动气瓶的机械应急操作装置均应设安全销并加铅封，现场手动启动按钮应有防护罩。

（7）灭火剂输送管道的布置与连接方式、支架和吊架的位置及间距、穿过建筑构件及其变形缝的处理、各管段和附件的型号规格以及防腐处理和涂刷油漆颜色，应符合设计要求和有关规定。

（8）喷嘴的数量、型号、规格、安装位置和方向，应符合设计要求和有关规定。

3. 系统功能验收

（1）系统功能验收时，应进行模拟启动试验，并合格。
（2）系统功能验收时，应进行模拟喷气试验，并合格。
（3）系统功能验收时，应对设有灭火剂备用量的系统进行模拟切换操作试验，并合格。
（4）系统功能验收时，应对主用、备用电源进行切换试验，并合格。

8.4.6 维护管理

（1）气体灭火系统投入使用时，应具备下列文件，并应有电子备份档案，永久储存。
① 系统及其主要组件的使用、维护说明书。

② 系统工作流程图和操作规程。

③ 系统维护检查记录表。

④ 值班员守则和运行日志。

（2）气体灭火系统应由经过专门培训，并经考试合格的专职人员负责定期检查和维护。

（3）应按检查类别规定对气体灭火系统进行检查，并按要求做好检查记录。检查中发现的问题应及时处理。

（4）与气体灭火系统配套的火灾自动报警系统的维护管理应按现行国家标准《火灾自动报警系统施工及验收标准》GB 50166 执行。

（5）每季度应对气体灭火系统进行一次全面检查，并应符合下列规定：

① 可燃物的种类、分布情况，防护区的开口情况，应符合设计规定。

② 储存装置间的设备，灭火剂输送管道和支、吊架的固定，应无松动。

③ 连接管应无变形、裂纹及老化。必要时，送法定质量检验机构进行检测或更换。

④ 各喷嘴孔口应无堵塞。

⑤ 灭火剂输送管道有损伤与堵塞现象时，应按规定进行严密性试验和吹扫。

（6）每年应按规定，对每个防护区进行一次模拟启动试验，并应按规定进行一次模拟喷气试验。

8.5 地铁设计防火标准

8.5.1 基本规定

一条线路、一座换乘车站及其相邻区间的防火设计可按同一时间发生一处火灾考虑。

8.5.2 火灾自动报警系统

1. 一般要求

（1）车站、地下区间、区间变电所及系统设备用房、主变电所、控制中心、车辆基地应设置火灾自动报警系统。

（2）正常运行工况需控制的设备，应由环境与设备监控系统直接监控；火灾工况专用的设备，应由火灾自动报警系统直接监控。

（3）正常运行与火灾工况均需控制的设备，平时可由环境与设备监控系统直接监控，火灾时应能接收火灾自动报警系统指令，并应优先执行火灾自动报警系统确定的火灾工况。

（4）换乘车站的火灾自动报警系统宜集中设置，按线路设置的火灾自动报警系统之间应能相互传输并显示状态信息。

（5）车辆基地上部设置其他功能的建筑时，两者的控制中心应能实现信息互通。

（6）地铁工程的火灾自动报警系统应由中央级、车站级或车辆基地级、现场级火灾自动报警系统及相关通信网络组成。

2．监控管理

（1）中央级火灾自动报警系统，应具备显示全线火灾报警信息和对全线消防设备实行集中控制、故障报警、信息显示、查询打印等功能，并应靠近行车调度设置在控制中心的中央控制室内。中央控制室内的综合显示屏上应能显示全线的火灾信息。

（2）车站级火灾自动报警系统，应具备对其所管辖范围内车站和相邻区间的消防设备实行监控管理、故障报警、信息显示、查询打印及信息上传控制中心等功能，并应设置在车站控制室内。主变电所宜设置区域报警控制盘，并应纳入邻近车站统一管理。

（3）车辆基地级火灾自动报警系统应具备对其所辖范围独立执行消防监控管理，显示整个车辆基地火灾报警信息和对本辖区进行消防控制、故障报警、信息显示、查询打印及信息上传控制中心等功能，并应设置消防控制室。

（4）车辆基地的消防控制室宜设置在综合楼或停车列检库等的办公区域内。消防控制室内应设置火灾报警控制器、图形显示终端、打印机等设备，在重要库房或办公区域内应设置区域火灾报警控制器，其他建筑的火灾报警设备和消防联动设备均应纳入邻近的区域火灾报警控制器中。

（5）控制中心建筑内的火灾自动报警系统应设置消防控制室。消防控制室宜与控制中心建筑的监控室合设，但应能对其所辖范围独立执行消防监控管理。

（6）现场级火灾自动报警系统网络应独立设置，并应在总线回路中设置短路隔离器，回路中每只总线短路隔离器隔离的火灾探测器、手动火灾报警按钮和模块等消防设备的总数不宜大于32个。

（7）设置在控制中心、车站、车辆基地的火灾报警控制器，应通过骨干信息传输网络连通。骨干信息传输网络宜采用独立的光纤网络或公共传输网络专用通道。

3．火灾探测器

（1）下列场所应设置火灾探测器，并宜选用感烟火灾探测器：

① 车站公共区。

② 车站的设备管理区内的房间、电梯井道上部。

③ 地下车站设备管理区内长度大于 20 m 的走道、长度大于 60 m 的地下连通道和出入口通道。

④ 主变电所的设备间。

⑤ 车辆基地的综合楼、信号楼、变电所和其他设备间、办公室。

（2）防火卷帘两侧应设置感烟火灾探测器。

（3）茶水间应设置火灾探测器，并宜采用感温火灾探测器。

（4）站台下的电缆通道、变电所电缆夹层的电缆桥架上应设置火灾探测器，并宜采用线型感温火灾探测器。

（5）车辆基地的停车库、列检库、停车列检库、运用库、联合检修库及物资库等库房应设置火灾探测器，其中的大空间场所宜采用吸气式空气采样探测器、红外光束感烟火灾探测器及可视烟雾图像探测器等。

4. 报警及警报装置

（1）下列部位应设置带地址的手动报警按钮：
① 车站公共区、设备管理区、车辆基地内的设备区和办公区、主变电所。
② 地下区间纵向疏散平台的侧壁上。
③ 其他长度大于 30 m 的封闭疏散通道。

（2）车站内的消火栓箱旁应设置带地址的手动报警按钮。

（3）车站公共区和设备管理区内应设置火灾报警警铃。

（4）火灾报警警铃应设置在走道靠近楼梯出口处和经常有人工作的部位。

5. 消防联动控制

（1）消防控制设备宜采用集中控制方式，其动作状态信号应能在消防控制室显示、记录。消防水泵、专用防烟和排烟风机的控制设备应具有自动控制和手动控制方式。

（2）防烟和排烟系统的控制应能在火灾确认后实现下列功能：
① 控制防烟和排烟风机、排烟阀、防火阀，并接收其状态反馈信息。
② 直接向环境与设备监控系统发出报警信息及模式指令，由环境与设备监控系统自动启动防烟和排烟与正常通风合用的设备转入火灾控制模式，并接收模式控制反馈信息。
③ 根据控制中心确定的地下区间乘客疏散方向，直接向环境与设备监控系统发出报警信息及模式指令，由环境与设备监控系统自动控制区间两端的事故风机及其风阀转入火灾控制模式，并接收模式控制反馈信息。

（3）站台门的联动开启应由车站控制室值班人员确认后人工控制。自动检票机的联动控制应能联动控制自动检票机的释放，并应能接收自动检票机的状态反馈信息。

（4）门禁的联动控制应符合下列规定：
① 火灾自动报警系统应能将火灾信息发送至门禁系统，由门禁系统控制门解禁。
② 门禁系统应能在车站控制室或消防控制室内手动控制。
③ 当供电中断时，门禁系统应能自动解禁。

（5）电梯应能在火灾时通过火灾自动报警系统或环境与设备监控系统联动控制返至疏散层，火灾自动报警系统或环境与设备监控系统应能接收电梯的状态反馈信息，不应直接控制站厅内自动扶梯的启停。

8.6 地铁设计规范

8.6.1 相关术语

1. 地　铁

地铁是在城市中修建的快速、大运量、用电力牵引的轨道交通。列车在全封闭的线路上运行，位于中心城区的线路基本设在地下隧道内，中心城区以外的线路一般设在高架桥或地面上。

2. 车辆段

车辆段是停放车辆以及承担车辆的运用管理、整备保养、检查工作和承担定修或架修车辆检修任务的基本生产单位。

3. 停车场

停车场是停放配属车辆以及承担车辆的运营管理、整备保养、检查工作的基本生产单位。

4. 联络通道

联络通道是连接同一线路区间上下行的两个行车隧道的通道或门洞，在列车于区间遇火灾等灾害、事故停运时，供乘客由事故隧道向无事故隧道安全疏散使用。

5. 车辆基地

车辆基地是地铁系统的车辆停修和后勤保障基地，通常包括车辆段、综合维修中心、物资总库、培训中心等部分，以及相关的生活设施。

6. 运营控制中心

运营控制中心是调度人员通过使用通信、信号、综合监控（电力监控、环境与设备监控、火灾自动报警）、自动售检票等中央级系统操作终端设备，对地铁全线（多线或全线网）列车、车站、区间、车辆基地及其他设备的运行情况进行集中监视、控制、协调、指挥、调度和管理的工作场所，简称控制中心。

8.6.2 消防相关规定

1. 一般规定

地铁车站、区间隧道、区间变电所及系统设备用房、主变电所、集中冷站、控制中心、车辆基地应设置火灾自动报警系统（FAS）。

2. 系统组成及功能

（1）火灾自动报警系统应具备火灾的自动报警、手动报警、通信和网络信息报警，并应实现火灾救灾设备的控制及与相关系统的联动控制。

（2）火灾自动报警系统由设置在控制中心的中央级监控管理系统、车站和车辆基地的车站级监控管理系统、现场级监控设备及相关通信网络等组成。

（3）火灾自动报警系统的中央级监控管理系统宜由操作员工作站、打印机、通信网络、不间断电源和显示屏等设备组成，并应具备下列功能：

① 接收全线火灾灾情信息，对线路消防系统、设施监控管理。
② 发布火灾涉及有关车站消防设备的控制命令。
③ 接收并储存全线消防报警设备主要的运行状态。
④ 与各车站及车辆基地等火灾自动报警系统进行通信联络。
⑤ 火灾事件历史资料存档管理。

（4）火灾自动报警系统的车站级应由火灾报警控制器、消防控制室图形显示装置、打印机、不间断电源和消防联动控制器手动控制盘等组成，并应具备下列功能：

① 与火灾自动报警系统中央级管理系统以及本车站现场级监控系统间进行通信联络。
② 管辖范围内实时火灾的报警，监视车站管辖内火灾灾情。
③ 采集、记录火灾信息，并报送火灾自动报警系统中央监控管理级。
④ 显示火灾报警点，防、救灾设施运行状态及所在位置画面。
⑤ 控制地铁消防救灾设备的启、停，并显示运行状态。
⑥ 接受控制中央级火灾自动报警系统指令或独立组织、管理、指挥管辖范围内的救灾。
⑦ 发布火灾联动控制指令。

（5）火灾自动报警系统现场控制级应由输入输出模块、火灾探测器、手动报警按钮、消防电话及现场网络等组成，并应具备下列功能：

① 监视车站管辖范围内灾情，采集火灾信息。
② 消防泵的低频巡检信号、运行状态、设备故障、管压力信号。
③ 监视消防电源的运行状态。
④ 监视车站所有消防救灾设备的工作状态。

（6）地铁全线火灾自动报警与联动控制的信息传输网络宜利用地铁公共通信网络，但火灾自动报警系统现场级网络应独立配置。

3. 消防联动控制

（1）消防联动控制系统应实现消火栓系统、自动灭火系统、防烟排烟系统，以及消防电源及应急照明、疏散指示、防火卷帘、电动挡烟垂帘、消防广播、售检票机、屏蔽门（安全门）、门禁、自动扶梯等系统在火灾情况下的消防联动控制。

（2）消火栓系统的控制应满足下列要求：

① 控制消防泵的启、停。
② 车站控制室（消防控制室）应能显示消防泵的工作、故障和手/自动开关状态、消火

栓按钮工作位置，并应能实现消火栓泵的直接手动启动、停止。

③ 车站级火灾自动报警系统应控制消防给水干管电动阀门的开关，并显示其工作状态。

④ 设消防泵的消火栓处应设消火栓启泵按钮，并可向消防控制室发送启动消防泵的信号。

（3）车站火灾自动报警系统应显示自动灭火系统保护区的报警、喷气、风阀状态、手/自动转换开关所处状态。

（4）防烟、排烟系统的控制应符合下列规定：

① 由火灾自动报警系统确认火灾，发布预定防烟、排烟模式指令。

② 由火灾自动报警系统直接联动控制，也可由 BAS 或 ISCS 接收指令对参与防、排烟的非消防专用设备执行联动控制。

③ BAS 或 ISCS 接受火灾控制指令后，应优先进行模式转换，并反馈指令执行信号。

④ 火灾自动报警系统直接联动的设备应在火灾报警显示器上显示运行模式状态。

（5）车站火灾自动报警系统对消防泵和专用防烟、排烟风机除设自动控制外，尚应设手动控制；对防烟、排烟设备还应设手动和自动的模式转换装置。

（6）消防电源、应急照明及疏散指示的控制应符合以下规定：

① 火灾自动报警系统确认火灾，消防控制设备应按消防分区在配电室或变电所切断相关区域的非消防电源。

② 火灾自动报警系统确认火灾，应接通应急照明灯和疏散标志灯电源，监视工作状态的功能。

（7）消防联动对其他系统的控制应符合下列要求：

① 自动或手动将广播转换为火灾应急广播状态。

② 闭路电视系统自动或手动切换至相关画面。

③ 自动或手动打开检票机，并显示其工作状态。

④ 根据火灾运行模式或工况自动或手动控制车站屏蔽门（安全门）开启或关闭，并显示工作状态。

⑤ 自动解禁火灾区域门禁，手动解禁全部门禁。

⑥ 防火卷帘门、电动挡烟垂壁的自动降落，并显示工作状态。

⑦ 电梯迫降至首层，接收电梯的状态反馈信息；在人员监视的状态下控制站内自动扶梯的停运或反向运行。

（8）消防联动控制器控制应通过多路总线回路连接带地址的各类模块，每一总线回路连接带地址模块的数量应留有一定的余量。

（9）换乘车站分线路设置的各线路 FAS 系统之间应通过互设信息模块、信息复示屏和消防电话分机（或插孔）的形式实现信息互通及消防联动。

4. 火灾探测器与报警装置的设置

（1）火灾自动报警系统应设有自动和手动两种触发装置。

（2）报警区域应根据防火分区和设备配置划分。

（3）火灾探测器的设置部位应与保护对象的等级相适应。

（4）探测区域的划分应符合下列原则：

① 地铁站厅、站台等大空间部位每个防烟分区必须划分为独立的火灾探测区域。一个探测区域的面积不宜超过 1 000 m²。

② 其他部位探测区域的划分，应符合现行国家标准《火灾自动报警系统设计规范》GB 50116 的规定。

（5）地下车站的站厅层公共区、站台层公共区、换乘公共区、各种设备机房、库房、值班室、办公室、走廊、配电室、电缆隧道或夹层以及长度超过 60 m 的出入口通道应设火灾探测器。

（6）地面及高架车站封闭式的站厅、站台、各类设备用房、管理用房、配电室、电缆隧道或夹层应设置火灾探测器。

（7）控制中心和车辆基地的车辆停放车间、维修车间、重要设备用房、可燃物品仓库、变配电室，以及火灾危险性较大的场所应设火灾探测器。

（8）设置气体自动灭火的房间应设两种火灾自动报警探测器。

（9）设置火灾探测器的场所应设置手动报警装置。

（10）地下区间隧道、长度超过 30 m 的出入口通道应设置手动报警按钮。区间手动报警按钮设置位置宜与区间消火栓的位置结合设置。

（11）乘客活动的公共区域不宜设置警报音响，办公区走廊应设置铃。

5. 消防控制室

（1）火灾自动报警系统中央级监控管理系统应设置在地铁控制中心调度大厅内，并靠近行车调度。

（2）车站消防控制室应与车站综合控制室结合设置。消防控制室应设火灾报警控制器、消防联动控制器、消防控制室图形显示装置。

（3）换乘车站的消防控制室宜集中设置。按线路设置消防控制室之间应能相互传输、显示状态信息，但不宜相互控制。

（4）消防控制室应能监控保护区域内的火灾探测报警及联动控制系统、消火栓系统、自动灭火系统、防烟排烟系统、防火门与卷帘系统、消防电源、消防应急照明与疏散指示系统、消防通信等各类消防系统和系统中的各类消防设施，并应显示各类消防设施的动态信息和消防管理信息。

（5）消防控制室应能控制火灾声或光警报器的工作状态。

6. 供电、防雷与接地

（1）火灾自动报警系统应设有主电源和直流备用电源；主电源的负荷等级为一级。

（2）火灾自动报警系统直流备用电源宜采用专用蓄电池或集中设置的蓄电池组供电，其容量应保证主电源断电后连续供电 1 h。采用集中设置蓄电池时，火灾报警控制器供电回路应单独设置。

（3）火灾自动报警系统图形显示装置、消防通信设备等的电源，宜由 UPS 电源装置或蓄电池型应急控制电源系统供电。

（4）消防用电设备应采用专用的供电回路，其配电线路和控制回路宜按防火分区划分。

（5）火灾自动报警系统应设等电位连接网络。电气和电子设备的金属外壳、机柜、机架、金属管、槽、浪涌保护器（SPD）接地端等均应以最短的距离与电位连接网络的接地端子连接。

7. 布　线

（1）火灾自动报警系统传输线路的线芯截面选择，除应满足自动报警装置技术条件的要求外，尚应满足机械强度的要求。铜芯绝缘导线、铜芯电缆线芯的最小截面面积不应小于表 8-2 的规定。

表 8-2　铜芯绝缘导线和铜芯电缆的线芯最小截面面积/mm²

序　号	类　　别	线芯的最小截面面积
1	穿管敷设的绝缘导线	1.00
2	线槽内敷设的绝缘导线	0.75
3	多芯电缆	0.50

（2）火灾自动报警系统的传输线路应采用穿金属管或封闭式线槽保护方式布线。

（3）水平敷设的火灾自动报警系统的传输线路当采用穿管布线时，不同防火分区的线路不应穿入同一根管内。

（4）火灾自动报警系统应采用无卤、阻燃、低烟电缆。

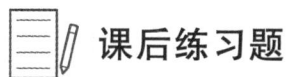

课后练习题

一、单项选择题

1. 根据《火灾自动报警系统设计规范》（GB 50116—2013），下列场所中不宜选择点型感烟火灾探测器的是（　　）。

　　A. 办公室　　　　B. 电梯机房　　　　C. 车库　　　　D. 吸烟室

2. 下列场所中不宜选择点型感温火灾探测器的是（　　）。

　　A. 通信机房　　　B. 档案库　　　　　C. 电梯机房　　D. 锅炉房

3. 下列说法不正确的是（　　）。

　　A. 一个组合分配系统所保护的防护区不应超过 10 个。

　　B. 组合分配系统的灭火剂储存量，应按储存量最大的防护区确定。

　　C. 灭火系统的灭火剂储存量，应为防护区设计用量与储存容器的剩余量和管网内的剩余量之和。

　　D. 灭火系统的储存装置 72 h 内不能重新充装恢复工作的，应按系统原储存量的

100%设置备用量。

4. 从一个防火分区内的任何位置到相邻近的手动火灾报警按钮的步行距离不应大于（　　）。
  A. 20 m B. 25 m C. 30 m D. 35 m

5. 火灾自动报警系统应设置（　　）电源和（　　）备用电源。
  A. 交流，交流 B. 交流，蓄电池 C. 直流，蓄电池 D. 蓄电池，蓄电池

6. 火灾初期有阴燃阶段，产生大量的烟和少量的热，很少或没有火焰辐射的场所，应选择（　　）。
  A. 感烟探测器 B. 感温探测器 C. 火焰探测器 D. 气体探测器

7. 每个防火分区内，至少设置（　　）只手动报警按钮。
  A. 1 B. 2 C. 3 D. 4

8. 消防电话分机和消防电话插孔安装在墙上时，底边可距地（　　）m。
  A. 0.8 B. 1 C. 1.2 D. 1.5

9. 火灾自动报警系统采用专用接地装置时，接地电阻值应小于（　　）Ω。
  A. 10 B. 8 C. 6 D. 4

10. 每只总线短路隔离器保护的火灾探测器、手动火灾报警按钮和模块等消防设备的总数不应超过（　　）点。
  A. 8 B. 16 C. 24 D. 32

11. 通常安装在疏散通道上的防火卷帘门应分（　　）次降到底。
  A. 1 B. 2 C. 3 D. 4

12. 声光报警器工作电压为（　　）。
  A. AC 12 V B. AC 24 V C. DC 12 V D. DC 24 V

二、判断题

1. 防火分区是指采用具有较高耐火极限的墙和楼板等构件作为一个区域的边界构件划分出的，能在一定时间内阻止火势向同一建筑的其他区域蔓延的防火单元。（　　）
2. 火灾探测器至墙壁、梁边的水平距离不应小于0.5 m。（　　）
3. 火灾自动报警系统主电源的保护开关应设置漏电保护装置。（　　）
4. 火灾自动报警系统中的消防控制室图形显示装置、消防通信设备等电源，宜由UPS电源装置或消防设备应急电源供电。（　　）
5. 消防控制设备的控制电源及信号回路电压宜采用直流24 V。（　　）
6. 消防控制室的控制设备应能对消防水泵、防烟和排烟风机进行启、停控制，除自动控制外，还应能手动直接控制。（　　）
7. 点型感烟火灾探测器投入运行2年后，应每隔3年至少全部清洗一遍。（　　）
8. 气体防护区的门应向内开启。（　　）
9. IG541混合气体灭火系统的灭火设计浓度不应小于灭火浓度的1.2倍。（　　）
10. 防护区宜以单个封闭空间划分，同一区间的吊顶层和地板下需同时保护时，可合为一个防护区。（　　）

11. 每季度应对气体灭火系统进行一次全面检查，每月应按规定对每个防护区进行一次模拟启动试验。（　　）
12. 启动气体灭火装置时，气体灭火控制器可设定不大于 30 s 的延迟喷射时间。（　　）

二、简答题

1. 简述火灾自动报警系统中模块及模块箱的安装要求。
2. 简述线型火灾探测器的设置要求。
3. 火灾自动报警系统供电要求有哪些？
4. 火灾报警控制器的调试工作包括哪些？

项目 9

常用工器具的使用

9-视频/动画

📺 情景导入

在城市轨道交通 FAS 操作岗作业标准流程中第 1 项就是准备好工器具及材料并确保该项检修所带工器具及材料齐全。常用工器具的正确使用是各检修岗位的基本技能,作为 FAS 检修岗工作人员,专用工器具也要熟悉并正确使用,这样才能保证各项工作的正常、安全进行。比如数字万用表是大家非常熟悉的测量工具,那么 SIGA-PRO 记录读写器你是否认识呢?希望本项目的学习能让大家认识常用工器具并学会正确使用。

 任务引领

1. 掌握数字万用表、钳形表、兆欧表、内阻测试仪、网线钳及网线测试仪等通用工器具的使用方法。
2. 掌握光纤导通测试笔、SIGA-PRO 记录读写器、光纤熔接机、光功率计等专用工器具的使用方法。

 项目实施

9.1 数字万用表

9.1.1 概 述

数字万用表是一种多用途电子测量仪器,一般包含安培计、电压表、欧姆计等功能,有时也称为万用计、多用计、多用电表或三用电表。

数字万用表有用于基本故障诊断的便携式装置,也有放置在工作台上的装置,有的分辨率可以达到七八位。数字万用表可以有很多特殊功能,但主要功能就是对电压、电阻和电流进行测量。数字万用表作为现代化的多用途电子测量仪器,主要用于物理、电气、电子等测量领域。

常用的数字万用表如图 9-1 所示。

图 9-1 数字万用表

9.1.2 使用方法

1. 电压的测量

测量电压时,万用表调整为电压挡及适当量程,万用表并联在电路中("V –"表示直流电压挡,"V~"表示交流电压挡)。数值可以直接从显示屏上读取,如图 9-2 所示。

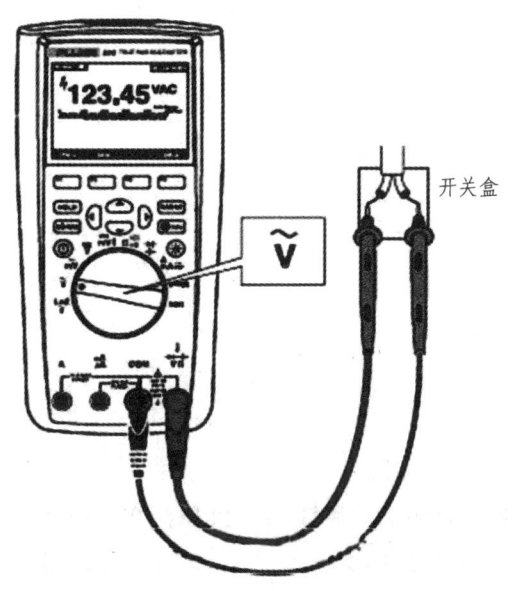

图 9-2 数字万用表电压的测量

2. 电流的测量

测量电流时，万用表调整为电流挡及适当量程，万用表串联在电路中（"A－"表示直流电流挡，"A～"表示交流电流挡）。数值可以直接从显示屏上读取，如图 9-3 所示。

需要特别指出的是，如果误用数字万用表的电流挡测量电压，很容易将万用表烧坏。因此，在先测电流后，再测电压时要格外小心，注意要改变转盘和表笔的位置。

3. 电阻的测量

测量电阻时，万用表调到欧姆挡"Ω"及选择适当量程，万用表与被测电阻并联，待接触良好时读取数值，如图 9-4 所示。

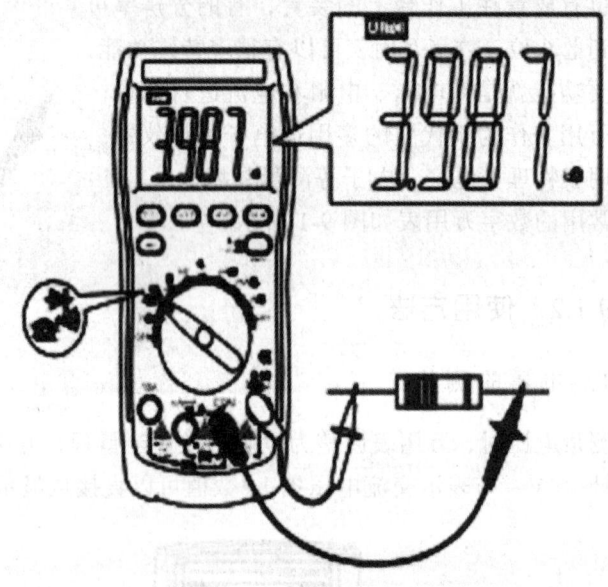

图 9-3　数字万用表交流电流的测量　　　图 9-4　数字万用表电阻的测量

4. 二极管的测量

测量二极管时，将万用表调到二极管挡，用红表笔接二极管的正极，黑表笔接负极，两表笔与被测二极管并联，这时会显示二极管的正向压降。利用二极管挡测试对地阻值判断电路是否开路、短路，如图 9-5 所示。

5. 通　断

通断就是通过快速电阻测量来区分开路或短路。

带有通断蜂鸣器的数字万用表，通断测量更加简单、快捷。当测到一个短路电路时，万用表会发出蜂鸣，所以在测试时无须看表。不同型号的数字万用表有不同的触发电阻值。

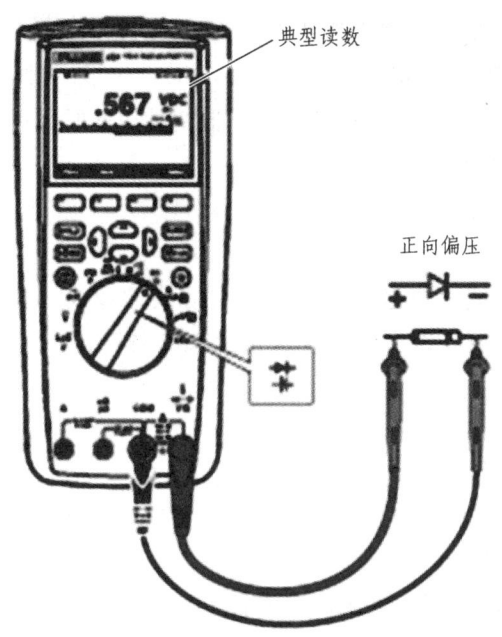

图 9-5 数字万用表二极管的测量

9.1.3 使用注意事项

（1）当无法预先估计待测电压或电流大小的时候，请将旋钮调至最高量程，简单测量一下，然后根据测量结果调至合适量程。

（2）在测量时，不能旋转功能开关，特别是高压大电流时，严禁带电转换量程，以防烧毁开关触点。

（3）数字万用表严禁受潮进水。

（4）在测量时，不能用手触摸表笔的金属部分。因为人体也是导体，它会分走一部分电信号，导致测量数据失真，同时对人体也不安全。

9.2 钳形表

9.2.1 概 述

电工常用的钳形电流表，简称钳形表，可在不断电的情况下测量电流，如图 9-6 所示。

9.2.2 使用方法

1. 测量电阻

（1）测量电阻时，将钳形表的表笔分别插入表笔插

图 9-6 钳形表

孔中，红表笔插入"VΩ"端口，黑表笔插入公共端"COM"端口。

（2）将钳形表的量程调整至测量电阻挡。

（3）将钳形表的红、黑表笔分别连接在电阻器两端，此时即可检测该电阻器的电阻值，根据液晶显示屏的显示数值读数，得出电阻值。

2．测量电流

使用钳形表检测电源线上流过的电流时，电源线的地线、零线和火线不能同时测量，只能将电源线中的火线（或零线）单独放在钳形表的钳口内，方可检测出电源线上流过的电流。

3．测量交流电压

（1）测量交流电压时，将钳形表的表笔分别插入表笔插孔中，红表笔插入"VΩ"端口，黑表笔插入公共端"COM"端口。

（2）使用钳形表检测电压时，其方法与数字万用表相同，将钳形表并联接入被测电路中，并且在检测交流电压时，不用区分电压的正负极。

4．测量直流电压

在使用钳形表测量直流电压时，将钳形表的量程调整至直流电压挡，并且在检测时需要考虑电压的正负极，即红表笔（正极）连接电路中的正极端，黑表笔（负极）连接负极端。

9.2.3 使用注意事项

（1）被测线路的电压要低于钳形表的额定电压。

（2）测高压线路的电流时，要戴绝缘手套，穿绝缘鞋，站在绝缘垫上。

（3）钳口要闭合紧密，不能带电换量程。

（4）当电缆有一相接地时，严禁测量，防止出现因电缆头的绝缘水平低发生对地击穿爆炸，危及人身安全。

9.3 兆欧表

9.3.1 概 述

兆欧表是检测电气设备、供电线路绝缘电阻的一种专用便携式仪表。电气设备绝缘性能的好坏，关系到电气设备的正常运行和操作人员的人身安全。为了防止绝缘材料由于发热、受潮、污染、老化等原因所造成的损坏，为便于检查修复后的设备绝缘性能是否达到规定的要求，都需要经常测量其绝缘电阻。兆欧表如图9-7所示。

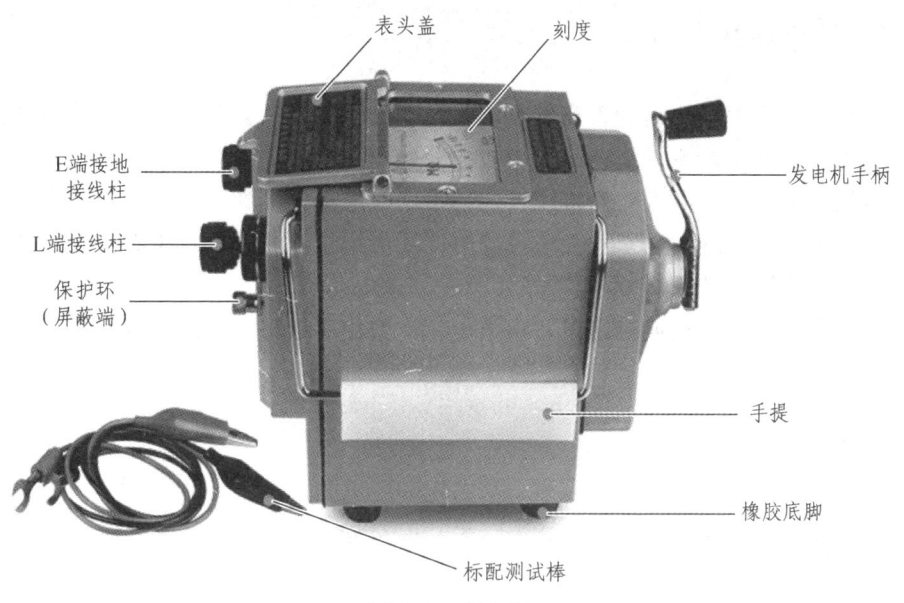

图 9-7 兆欧表

9.3.2 使用方法

1. 兆欧表的接线

（1）兆欧表有 3 个接线端钮，分别标有 L（线路）、E（接地）和 G（屏蔽）。

（2）当测量电力设备对地的绝缘电阻时，应将 L 端接到被测设备上，E 端可靠接地。

2. 兆欧表的检测

（1）开路试验。在兆欧表未接通被测电阻之前，摇动手柄使发电机达到 120 r/min 的额定转速，观察指针是否指在标度尺 "∞" 的位置，如图 9-8 所示。

（2）短路试验。将兆欧表端钮 L 和 E 短接，摇动手柄使发电机达到 120 r/min 的额定转速，观察指针是否指在标度尺的 "0" 位置，如图 9-9 所示。

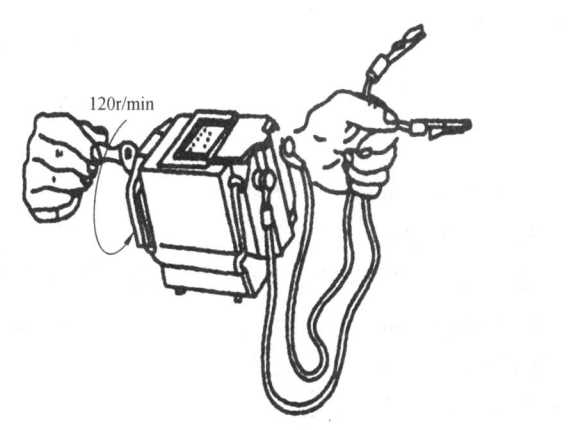

图 9-8 兆欧表开路试验

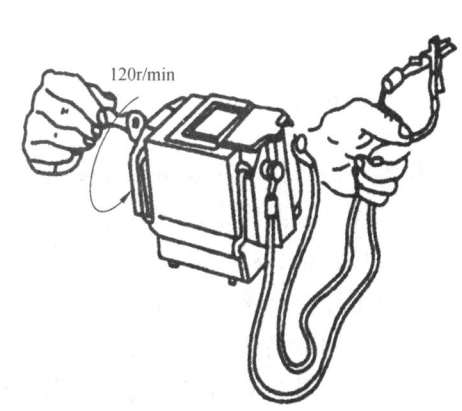

图 9-9 兆欧表短路试验

9.3.3 使用注意事项

(1) 确认被测设备和线路是否在停电的状态下进行测量,并且兆欧表与被测设备间的连接导线不能用双股绝缘线或绞线,应用单股线分开单独连接。

(2) 将被测设备与兆欧表正确接线,摇动手柄时应由慢渐快至额定转速 120 r/min。

(3) 正确读取被测绝缘电阻值大小。同时,还应记录测量时的温度、湿度、被测设备的状况等,以便分析测量结果。

(4) 兆欧表未停止转动或被测设备未放电,严禁用手触碰,防止人身触电。

9.4 网线钳

9.4.1 概 述

网线钳是用来压接网线和电话线水晶头的工具,如图 9-10 所示。

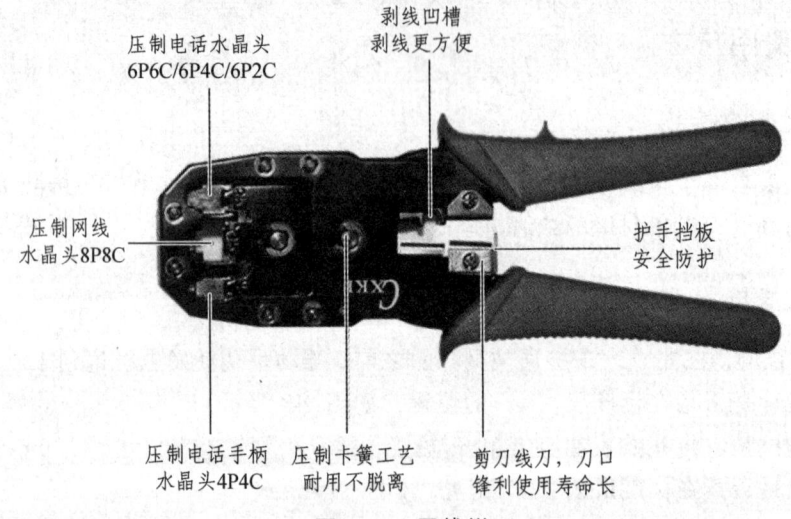

图 9-10 网线钳

9.4.2 使用方法

使用网线钳制作网线水晶头可按照以下 6 个步骤,如图 9-11 所示。

(1) 把线放在网线钳缺口地方转一周,把外壳去掉。

(2) 按照白橙、橙、白绿、蓝、白蓝、绿、白棕、棕的顺序排好线,剪剩下 1 cm 长度。

(3) 排好线后,拿着水晶头正面向上(没有扣的一面)。

(4) 顺着水晶头线槽,用力把排好的线插到位、压实。

(5) 再将水晶头放到网线钳内,用力压下去,便完成制作。

(6) 制作完成后需用测线仪进行测试,灯全亮表示连通、接触良好,制作完成。

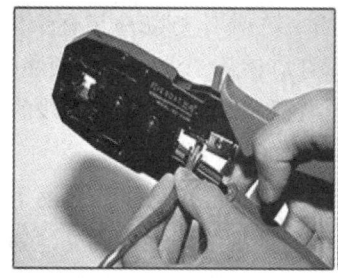
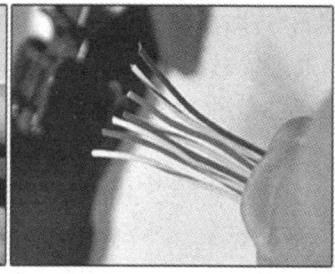
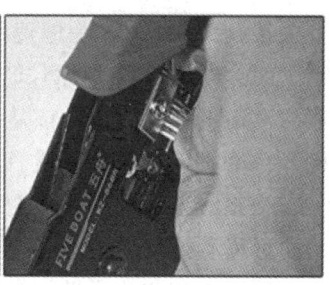

1. 将线头放入专用剪口处，稍微用力一剪　　2. 取出线头，线背剥开，清理线序　　3. 将网线剪齐

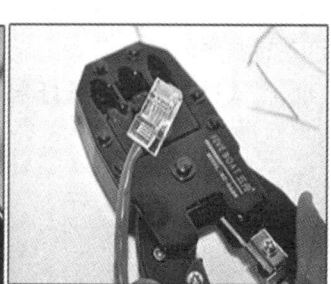

4. 将网线插入水晶头，并且检查网线　　5. 将水晶头放入相应钳口　　6. 压制水晶头完成

图 9-11　网线钳制作水晶头

9.4.3　使用注意事项

（1）网线剥去外皮时，注意不要把里面的线芯切断。
（2）要正确排列线的顺序，注意不要把线序弄错。
（3）网线插入到水晶头里时，要让每条线的线头都能接触到金属脚上。
（4）压好后用手轻拉，如果能拉出来就是没压好，中力拉不出就算接好了。
（5）线芯的长度要合适，以水晶头能压住外皮为准，一般留 1 cm 就够了。
（6）网线做好后一定要用网线测试仪进行测试，以确保网线连通、接触良好，线序正确。

9.5　网线测试仪

9.5.1　概　述

网线测试仪，可以对双绞线进行逐根（对）测试，可区分判定错线、短路和开路。网线测试仪包括主测试仪和远程测试端，如图 9-12 所示。

9.5.2　使用方法

关闭电源开关，将网线两端的水晶头分别插入主测试仪和远程测试端的 RJ45 端口，然后将开关拨到"ON"（S 为慢速挡），这时主测试仪和远程测试端的指示灯就应该逐个闪亮。

（1）直通连线的测试。测试直通连线时，主测试仪的指示灯应该从 1 到 8 逐个顺序闪亮，而远程测试端的指示灯也应该从 1 到 8 逐个顺序闪亮。如果是这种现象，说明直通线的连通性没问题，否则就得重做网线。

（2）交错线连线的测试。测试交错连线时，主测试仪的指示灯也应该从 1 到 8 逐个顺序闪亮，而远程测试端的指示灯应该是按着 3、6、1、4、5、2、7、8 的顺序逐个闪亮。如果是这样，说明交错连线连通性没问题，否则就得重做网线。

（3）若网线两端的线序不正确时，主测试仪的指示灯仍然从 1 到 8 逐个闪亮，只是远程测试端的指示灯将按着与主测试连通的线号的顺序逐个闪亮。也就是说，远程测试端不能按着 1 和 2 的顺序闪亮，需要重做网线。

（4）测试过程中，当有灯未亮起，说明有连线不通，需要重做网线。

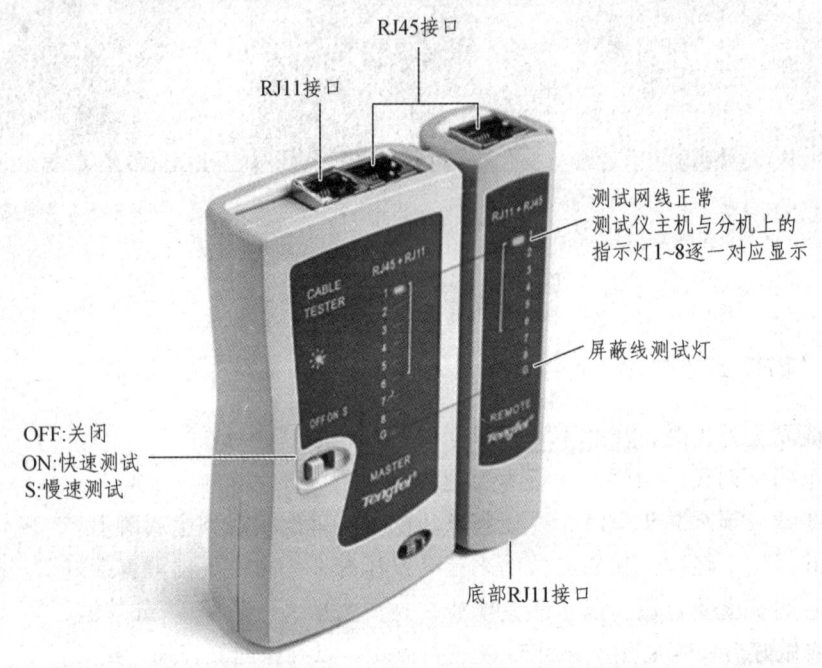

图 9-12　网线测试仪

9.5.3　使用注意事项

网线插入检测仪时，要先将水晶头金属触点上的污物、锈渍处理干净，再将其插入端口内。

9.6　光纤导通测试笔

9.6.1　概　述

光纤导通测试笔也被称为红光笔、光纤断点检测笔、可见光故障定位器等。光纤导通测试笔是以 650 nm（±20 nm）半导体激光器作为发光器件，通过恒流源驱动发射出稳定的红光，与光接口连接进入光纤，从而实现光纤故障检测功能，其中包含检测光纤连通性及光纤断裂、弯曲等故障点定位。光纤导通测试笔如图 9-13 所示。

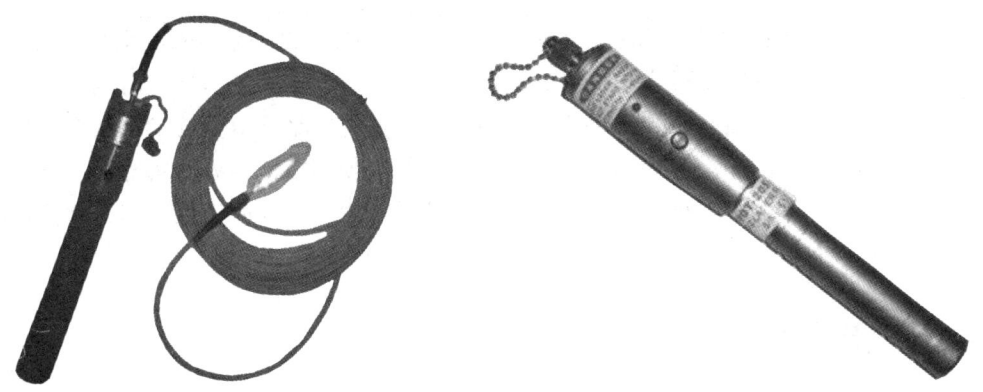

图 9-13　光纤导通测试笔

9.6.2　使用方法

（1）把笔尾从笔身上旋下，将准备好的两节 5 号电池装入笔尾（注意电池正负极）。

（2）将笔尾与笔身连接装好，打开防尘帽，按控制开关一次，观察光接口有红光出来，同时指示发光管点亮（注意眼睛不要正对光接口，以免损伤眼睛）。

（3）再按控制开关一次，观察出光变为脉冲模式，指示发光管与出光同步脉冲（脉冲频率在 0.5～2 Hz）。

（4）再按控制开关一次，光源关闭，无光输出，同时指示发光管熄灭（开关模式为：连续—脉冲—关闭—连续的循环模式）。

（5）检测时将被测光纤插入光接口，同时按控制开关，选择输出光源工作模式（连续或脉冲）。

（6）使用完毕，将防尘帽盖起，长时间不使用，请将电池取出，以免电池腐烂，损坏光源。

9.6.3　使用注意事项

（1）激光有害，尤其需要注意保护眼睛，激光器工作时，严禁眼睛直视红光。
（2）一般情况下温度越高，激光器寿命越短，使用时尽量避免高温环境。
（3）使用一段时间后，请用专用光纤清洁棉签清洁接口。
（4）使用完毕，请将防尘盖盖起防止灰尘落入。
（5）长时间不使用请将电池取出，以免电池漏液发生意外。

9.7 SIGA-PRO 记录读写器

9.7.1 概述

SIGA-PRO（烟感保养工具）又称 SIGA-PRO 记录读写器，是一款 SIGA 系列产品，它是 SIGA 系列探测器和模块的读写器及维修的工具，可用于设置探测器和模块的电子地址，可清除环境补偿参数，可读取探测器和模块的故障码。目前主要是针对爱德华系列火灾自动报警系统，使用 SIGA-PRO（烟感保养工具）方便平时的维护和维修。平时用途最广泛的是在 3 年检的时候读取探测器的脏度值，当正确清洗烟感后，用于重置脏度值，同时检测探测器是否可正常使用。

9.7.2 使用方法

SIGA-PRO（烟感保养工具）的使用人员需具有自动化专业上岗证或为委外单位合同人员，且进行过相关培训，严禁无关人员随意操作 SIGA-PRO 造成设备损坏。

（1）将清洗过后的烟感（见图 9-14）正确地安装在 SIGA-PRO（见图 9-15）底座上。
（2）看到英文界面后，按确认键，再输入密码：3333。
（3）按键顺序是：1-2-1-2-2-2-1 然后查看清洁度。

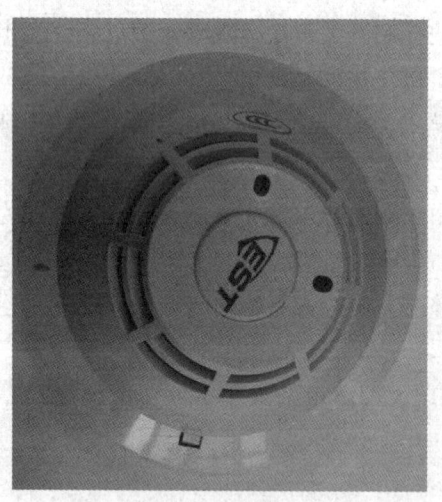

图 9-14 烟感

图 9-15 SIGA-PRO 图

9.8 光纤熔接机

9.8.1 概述

光纤熔接机用于光通信中光缆的施工和维护，依靠电弧将光纤两头熔化，达到熔接的目的。光纤通信本身优点众多，但与电线连接不同，光纤需要使用光纤熔接机进行连接。

9.8.2 使用方法

1. 工 具

主机、切割刀、光纤、剥线钳、酒精（99%工业酒精最好，也可用75%的医用酒精）、棉花（也可用面巾纸）、热缩套管。

2. 放电实验

为了更好地适应环境，需要充分放电，熔接效果才能满足要求，因此，在熔接光纤之前需先进行放电试验。

放电试验步骤：

（1）加入光纤，选择"放电实验"功能，按"SET"键即可，屏幕显示出放电强度，直到出现"放电 OK"为止。

（2）空放电。

① 海拔变化时（一般超过 1 000 m）；

② 在更换电极后一定要做放电实验；

③ 纬度变化时。

3. 确认光纤类型和需要加热的热缩套管类型

光纤类型：在熔接模式中选择 SMF、MF、DSF、NZDF（对应的熔接模式）等。

热缩套管类型：在加热模式中选择，一般热缩套管分 40 mm、60 mm 两种，当然也有生产厂家按照自己生产的光纤熔接机来定做热缩套管，不要让其出现不匹配现象。

4. 制备光纤

光纤分为纤芯、涂覆层、包层，我们要熔接的是纤芯。用光纤剥线钳剥出一段裸纤，使用酒精棉将裸纤清洁干净，然后用光纤切割刀进行切割，切割长度按照切割刀上面的参数来确定，切割刀上面有尺寸刻度，注意保持切割的断面光滑。垂直状态误差一般是 1° 以内，注意先清洁后切割，在切割前放置热缩套管。

5. 熔 接

光纤切好后，把光纤放入光纤熔接机 V 形槽端面内的位置，放好光纤压板，放下压脚（另一侧同），盖上防风盖，按 SET 键，开始熔接。整个过程需要 15 s 左右的时间，屏幕上出现两个光纤的放大图像，经过调焦、对准一系列的位置、焦距调整动作后开始放电熔接。熔接完成后，把热缩套管放在需要固定的部位，把光纤的熔接部位放在热缩套管的正中央，施加一定的张力，注意不要让光纤弯曲，拉紧，盖上盖，按键 HEAT，下面指示灯会亮起，持续90 s 左右，机器会发出警告，加热过程完成，同时指示灯也会不停地闪烁，拿出光纤冷却，这样一个完整的熔接过程就算完成了。

6. 整 理

整理工具，放到指定的位置，收拾垃圾，收拾时候注意拾起碎小的光纤。

9.9 光功率计

9.9.1 概 述

光功率计（Optical Power Meter）是指用于测量绝对光功率或测量通过一段光纤的光功率相对损耗的仪器，如图 9-16 所示。在光纤系统中，测量光功率是最基本的，非常像电子学中的万用表。通过测量发射端机或光网络的绝对功率，一台光功率计就能够评价光端设备的性能。用光功率计与稳定光源组合使用，则能够测量连接损耗、检验连续性，并帮助评估光纤链路传输质量。

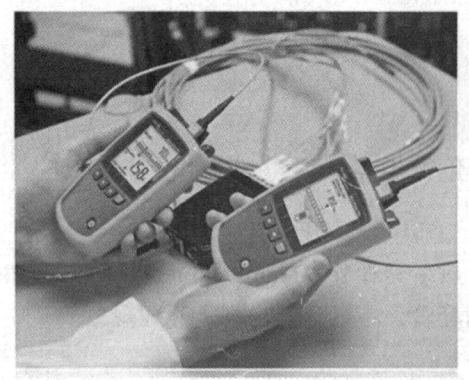 

图 9-16　光功率计

1. 性能指标

光波长范围：850～1 550 nm；
光功率测量范围：－70～＋10 dBm；
显示分辨率：0.01 dB；
准确度：±5%（－70～＋3 dBm）；
环境条件：工作温度 0～55 ℃；工作湿度≤85%。

2. 基本功能

显示方式：线性（mW/μW/nW），对数（dBm）、相对测量（dB）；
自动功能：自动量程、自动调零、量程保持、平均处理、相对测量处理、波长校准。

3. 面板说明

DET 删除数据键：删除测量过的数据；

dBm/W REL 键：测量结果的单位转换，使用此键，使显示方式在"W"和"dBm"之间切换；

λLD 键：作为光源模式时，1 310 nm 和 1 550 nm 波长转换，常用 1 310 nm；

λ/+键：6 个基准校准点切换，有 6 个基本波长校准点：850 nm、1 300 nm、1 310 nm、1 490 nm、1 550 nm、1 625 nm；

SAVE/ – 键：储存测量数据；

LD 键：光功率计与光源模式转换；

POWER 键：电源开关。

9.9.2　使用方法

光功率计的 IN 口代表输入口，在光功率计的接收模式下使用此口；光功率计的 OUT 口代表输出口，在光源模式下使用此口。

1. 开　　机

先将电源开关置"ON"，仪器开始自检，点亮所有的发光器件，然后进入初始状态。仪器的初始状态如下：

测量方式：dBm；

测量波长：1 310 nm；

量程（RH）：自动方式；

调零（ZERO）：关；

平均（AVG）：关。

2. 设 定 波 长

开机后，仪器自动设定为 1 310 nm 波长。要改变测量波长，按"λ SET"键，其上方指示器发光，此时，"数码显示窗"显示其对应的波长数（nm），每按一次该键，改变一个选定波长，同时在"数码显示窗"显示出来，其值可以在 850、980、1 300、1 310、1 480 和 1 550（nm）之间循环，按"MEAS"键后便选定了最后显示的波长，同时转入测量状态。

3. 一般测量

仪器在测量状态下，可以根据使用者的习惯和测试特点选择测量数据的显示方式为"dBm"或"W"，通过按"dBm/W"键来完成，每按一次键，显示方式按"dBm"或"W"交换一次。这两种方式都是显示数据的绝对值，"dBm"是以 1 mW 为基准的对数表示值。

4. 相对测量"dB（REL）"

如果希望得到相对测量数据，如损耗测量等，可通过按"dB（REL）"键来实现。先按一般测量方式（dBm）测量（得到初始值），接着按一次"dB（REL）"键（就以按键时的当前测量值为参考点），再去测量变化了的光功率数据，则显示数据是以上一次测量的初始值为参考点的相对"dB"数。

5．量程选择及保持

在"RH"键上方指示器不发光时为自动量程状态，即仪器根据被测光功率的大小自动切换适合的量程。按一次"RH"键，其上方的指示器发光，表明仪器处于量程保持状态，并保持在按此键时的量程，在超量程和欠量程时，"OR"或"UR"指示器将相应地发光，而且"数码显示窗"的显示数字不断闪烁，提醒使用者应当改变适当的量程。在自动量程状态下，输入光功率超过最大量程时也出现这种现象。

9.9.3 使用注意事项

（1）任何情况下避免眼睛直视光功率计的激光输出口，对端接入光传输设备时，同样避免用眼睛直视光源，否则会造成永久性视觉烧伤。

（2）装电池的光功率计长期不用需取出电池，可充电的光功率计每个月需充放电1次。

（3）光源光功率计使用时，保护好仪表输入和输出口，每3个月用酒精棉清洁1次。

（4）仪表使用完毕后，请及时切断电源，盖上光纤接头防尘帽，保护端面，防止附着灰尘而产生测量误差。

（5）小心拔插光适配器接头，不要插入非标准适配器接头及抛光面差的端面，否则会损坏传感器端面。

（6）每年校准1次，以确保测量精度。

9.10 内阻测试仪

9.10.1 概　述

目前，内阻的测试已被广泛应用于电池的日常维护，取代过去的电压检查法。因为内阻是反映电池内部的参数，电池的内阻已被公认是准确而快速地判断电池"健康"状况的重要参数。

蓄电池内阻测试仪是快速准确测量电池运行状态参数的多功能便携式数字存储测试仪器。该仪表通过在线测试，能显示并记录多组电池电压、内阻、连接条电阻等电池重要参数，精确有效地判别电池优良状况，并可与计算机及专用电池数据分析软件一起构成智能测试设备，进一步跟踪电池的衰变趋势，并提前报警，以利于工程技术及管理人员酌情处理。内阻测试仪如图9-17所示。

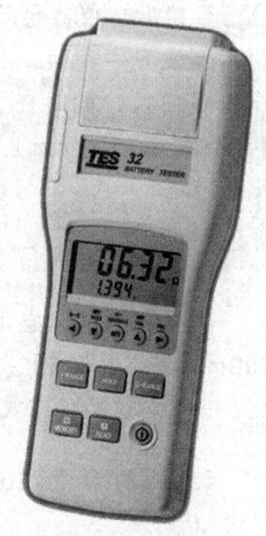

图9-17　内阻测试仪

9.10.2　使用方法

测量单节电池的状态，包括电压、内阻、电池容量。测量数据顺序存储，可查询。
（1）按电源开关打开测试仪。
（2）将电池夹连接到电池上，注意极性。
（3）按确认键进入主菜单。
（4）按数字键，选择单节测量。
（5）输入存储序号，如不输入，用[确认]键使序号较前一次自动增加。
（6）按[←] [→]键选择电池类型后（按[↑]和[↓]键可以根据电压等级来挑选电池类型），按[确认]键进行测试。

说明：如果连接错误，电压将显示负值。出现紧急情况时，立即拆除电池引线停止测试；非紧急情况下可按电源开关关闭主机。
（7）测试仪显示测试结果。
（8）按[确认]键，测试仪保存测量数据，并开始下一个测量。或者按[返回]键，不保存测试结果。

9.10.3　使用注意事项

（1）内阻测试仪是精密电子仪器，不要随便改动内部电路，以免损坏仪器。
（2）测试笔不要接到电压高于 50 V 直流电压上，不可接到交流电压上或电源上。
（3）仪器后盖未完全盖好时切勿使用。
（4）更换电池须在拔出表笔及关闭电源后进行，轻轻地稍微按下并后推电池盖即可取下电池盖，按说明的规格要求换电池。
（5）请用户严格按照本说明书操作，严禁违规或野蛮操作。
（6）产品贮存中应注意防潮、防火。

项目 10
实训操作

10-视频/动画

📺 情景导入

具备火灾自动报警系统类型及工作原理、消防联动系统设计要求等基本知识之后,你是否想动手操作来体验模拟火灾探测及联动控制呢?本项目针对防火卷帘系统、气体灭火系统及分布式光纤测温系统等实训设备详细介绍了各个实训项目的硬件设备、工作原理及操作步骤,理论实践相结合将为你的专业能力提升奠定坚实的基础。

任务引领

1. 防火卷帘系统联动控制设计:熟悉防火卷帘联动控制过程,掌握烟/温感测试仪的使用方法,编写逻辑程序并模拟防火卷帘的联动控制。
2. 气体灭火系统联动控制设计:认识七氟丙烷气体灭火系统实训装置的结构组成,熟悉气体灭火系统的工作原理,编写逻辑程序并模拟气体灭火系统的联动控制过程。
3. 分布式光纤测温系统实训:了解感温光纤测温的工作原理,读懂感温光纤温度变化曲线,根据要求完成感温光纤系统的参数设置。

 项目实施

10.1 防火卷帘系统联动控制设计

防火卷帘门是一种适用于建筑物较大洞口处的防火、隔热设施,广泛应用于工业与民用建筑的防火隔断区,能有效地阻止火势蔓延,保障人民群众生命财产安全,是现代建筑中不可缺少的防火设施。防火卷帘门是在钢质卷帘的基础上,将传动部件加以改造,配以防火电器等设备,从而实现防火作用。防火电机由防火电控箱控制,通过变速装置驱动卷轴使卷帘门开启和闭合。防火卷帘的升降应由防火卷帘控制器控制,控制方式分为手动控制与自动控制两种。在发生火灾时,感烟探测器报警,火灾信号送到卷帘门控制器,控制器发出启动信号,卷帘门自动降到 1.8 m 的位置(特殊部位的卷帘门也可一步到底),如果感温探测器再报警,卷帘门才降到底。

10.1.1 实训目的

(1)了解防火卷帘联动控制过程。
(2)掌握烟/温感测试仪的使用方法。
(3)能够编写逻辑程序,模拟防火卷帘的联动控制。

10.1.2 实训器件

实训器件详见表 10-1。

表 10-1 实训器件

序 号	元器件名称	数 量	单 位
1	防火卷帘控制系统	1	套
2	烟/温感测试仪	1	套

10.1.3 实训系统简介

1. 防火卷帘联动系统硬件组成

该系统主要由 JB-QBZL-GK603 火灾报警控制器(联动型)、GY601 感烟探测器、GW601 感温探测器、GM633W 声光警报器、GM613 输入输出模块和 GK721Z 火灾显示盘组成,实训系统实物图和原理图分别如图 10-1、图 10-2 所示。

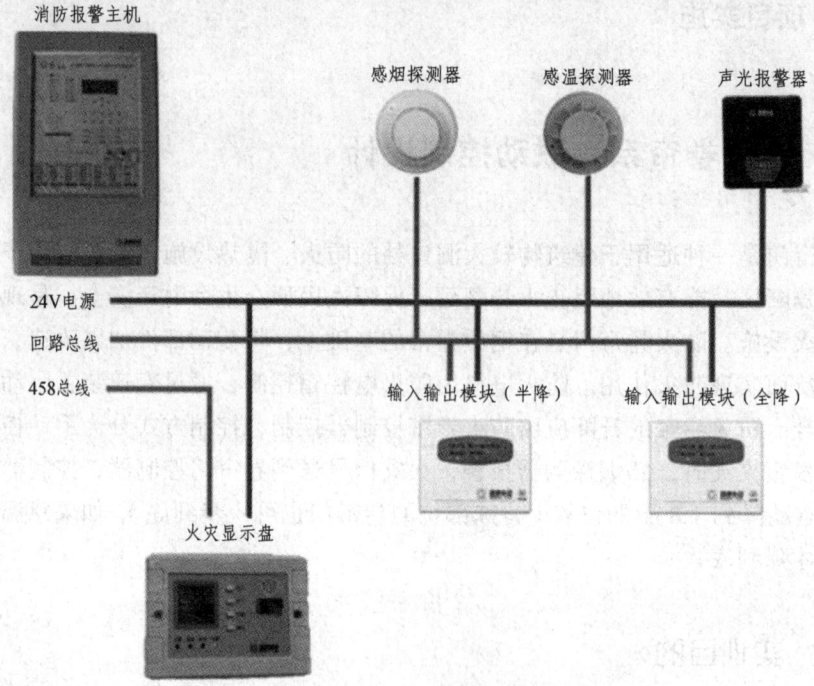

图 10-1 防火卷帘联动系统实物图

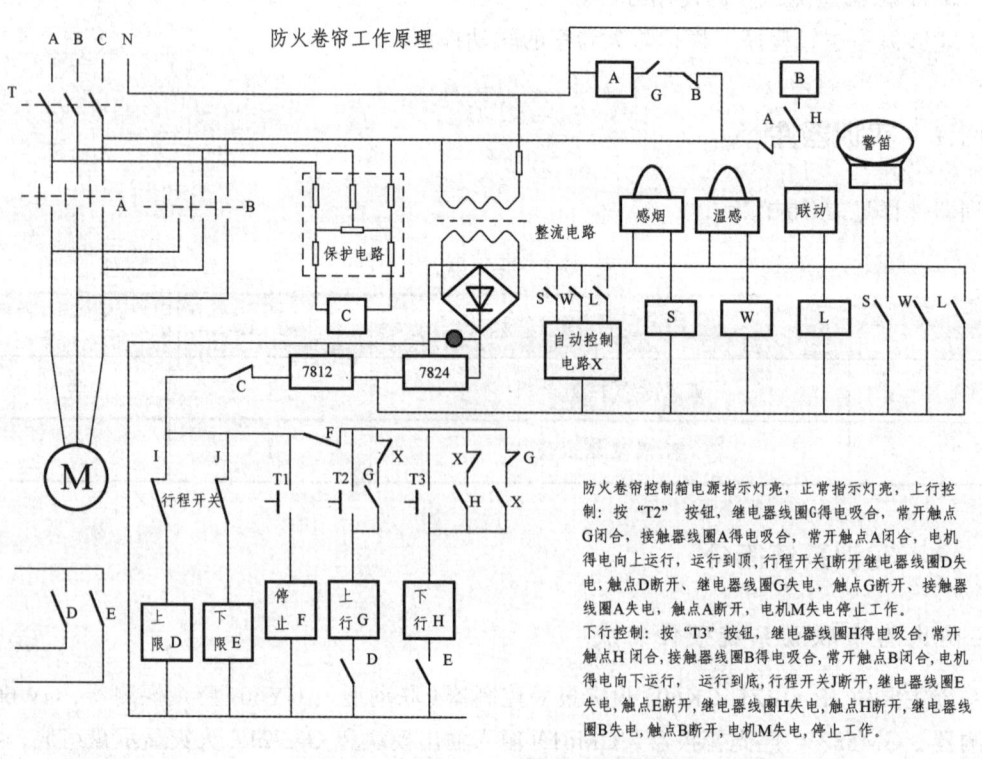

图 10-2 防火卷帘联动系统原理图

1）JB-QBZL-GK603 火灾报警控制器（联动型）

该平台 JB-QBZL-GK603 火灾报警控制器（联动型）的主要功能有火灾报警、联动控制、故障检测、部件屏蔽、主、备电自动转换（备用电源采用 2 节铅酸免维护电池串联）、网络通信（局域通信、远程通信、RS485/232/CAN/ARCNET）、集中监控等，回路传输线为双绞线，独立接地电阻≤4Ω，联合接地电阻≤1Ω，安装方式为壁挂式安装，与外部设备接口如图 10-3 所示。

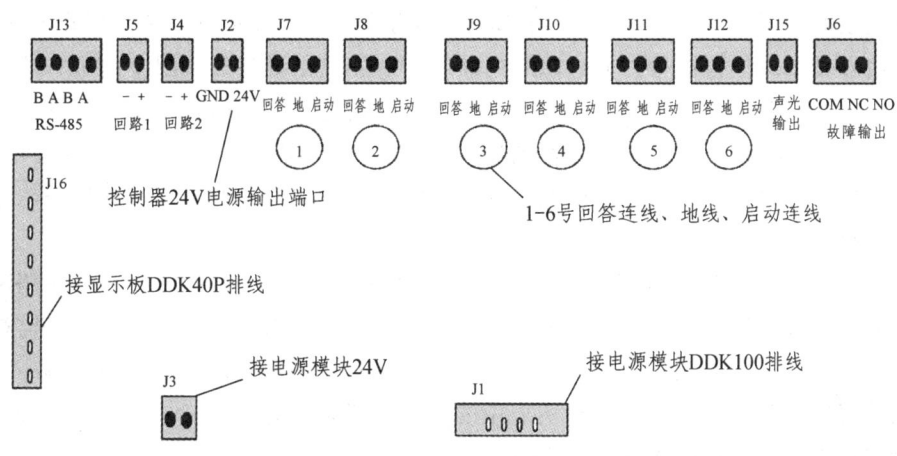

图 10-3 火灾报警控制器与外部设备接口图

控制器上电前，需要测量外部接线是否有异常电压，然后再进行主机本身的功能测试，确保控制器正常开机时，电源板上对外接线端子电压满足：回路电源 18～20 V，声光警报装置电压 24 V，主电源 220 V，主机接地电压为 11～13 V。

2）GY601 感烟探测器

GY601 感烟探测器为智能型光电感烟探测器，利用红外散射原理研制而成，采用独特迷宫设计，抗灰尘性能良好，内置单片机实时采样处理数据，可根据曲线显示跟踪现场情况，并具有漂移补偿功能，可直接接在火灾报警控制器的报警总线上。其编码方式为电子编码，可由电子编码器直接写入，地址范围为 1～127。此外，GY601 感烟探测器内嵌产品类型识别码，当控制器逻辑设计设置的产品类型与实际硬件接入设备类型不匹配时，系统会发出故障报警。

3）GW601 感温探测器

GW601 点型差定温火灾探测器采用经过特殊处理的热敏原件，抗干扰能力和抗潮湿能力较强，内置带 A/D 转换的单片机实时采样处理数据，可直接接在火灾报警控制器的报警总线上。其灵敏度可根据现场情况由电子编码器调整设置，编码方式为电子编码，可由电子编码器直接写入，地址范围为 1～127。定温、差定温探测器可由电子编码器设置。

4）GM633W 声光警报器

GM633W 声光警报器在现场发生火灾确认后，发出强烈的声光报警信号，以提醒现场人员的注意。GM633W 声光警报器可直接接在火灾报警控制器的报警总线上,作为输出设备直接启动。其地址采用电子编码方式输入,当地址范围设定为 1~255 时,为编码型火灾声光警报器。

5）GM613 输入输出模块

GM613 智能输入输出模块用于现场各种单个动作并有动作返回的被动型设备,如排烟阀、送风阀、卷帘门等接入到联动控制器的联动总线上。火警时,控制器通过输入输出模块启动需要联动的外控设备,设备动作后,其常开输出触点闭合（或常闭输出触点断开),模块将此开关信号转换成报警信号,通过总线向联动控制器发出设备动作回答信号。该模块内置 CPU 和产品类型识别码,具有脉冲启动和电平启动两种方式,信号输出端、回答端均具有线路短路、断路监视功能,输出端可以设置成有源和无源两种输出方式,作为无源输出使用时,无须单独外接电源线,输入端可以设置成常开、常闭和无回答 3 种方式。地址采用电子编码方式输入,范围为 1~127。

GM613 智能输入输出模块常用的工作方式有 4 种：无源常开,回答端具备短路和开路监视功能；无源常开,回答端不具备监视功能；有源常开,输出端具备短路和开路监视功能,回答端具备短路和开路监视功能；有源常开,输出端具备短路监视功能,回答端不具备监视功能。该系统中 GM613 输入输出模块采用的工作方式设定为方式二,即无源常开,回答端不具备监视功能,其外设接线如图 10-4 所示。

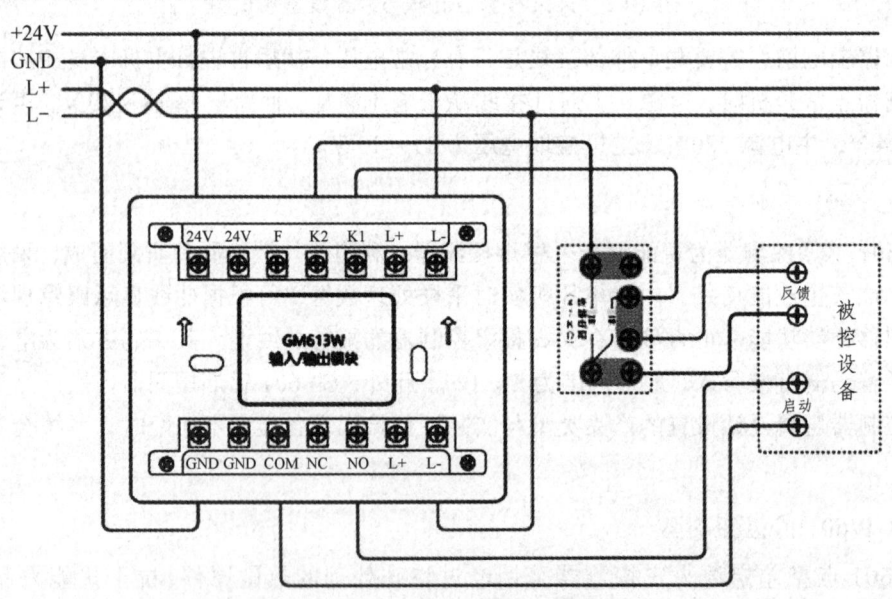

图 10-4 输入输出模块外设接线图

图中 K1、K2 为回答信号输入端, L+、L- 为信号总线无极性, NO 为常开触点, NC 为常闭触点, F 为 24 V 输出正, COM 为 24 V 输出负（公共触点)。

6）GK721Z 火灾显示盘

GK721Z 火灾显示盘通过回路总线与控制器进行实时通信并显示接入回路的火警事件,采用中文液晶实时显示楼层的火警、事件信息。设有火警屏蔽按组编辑功能,设置过程简单。

也可通过离线编程设置，简化程序。

2．逻辑控制要求

防火卷帘系统的位置设置通常有疏散通道与非疏散通道两种形式。若防火卷帘设置在疏散通道上，当感烟探测器报警后，防火卷帘下降至距地 1.8 m；当同一防火分区的感温探测器再次报警后，防火卷帘下降到底，警报装置发出声光报警；否则若感烟探测器一直触发，则经过一段时间的延时，防火卷帘再下降到底。若防火卷帘设置在非疏散通道上，应由防火卷帘所在防火分区内任意两只独立的火灾探测器的报警信号，作为防火卷帘下降的联动触发信号，并应联动控制防火卷帘直接下降到楼板面。此外，在发生火灾时，火灾显示盘应能准确及时地显示火警事件，并将火警信息传送到消防值班室的消防主机。

设置 GY601 感烟探测器的所属地址为 1 号楼 1 层 001，GW601 感温探测器的地址为 1 号楼 1 层 002，GM633W 声光警报器的地址为 1 号楼 1 层 003，GM613 输入输出模块的地址为 1 号楼 1 层 004 和 005，其中 004 表示卷帘门半降类型编址，005 表示卷帘门全降类型编址（根据实训要求，设备模块地址可自行修改）。

10.1.4　实训步骤

1．手动控制调试

（1）卸掉探测器和其他模块的外壳盖，将 6S601 电子编码器自带的连接线一端插在编码器的插座上，另一端的两个夹子分别夹在探测器或模块的总线端子上，其中红色夹子与"L＋"端相连，黑色夹子与"L－"端相连，如图 10-5 所示。然后通过"写码"按键写入各器件的地址，并"读码"进行确认。

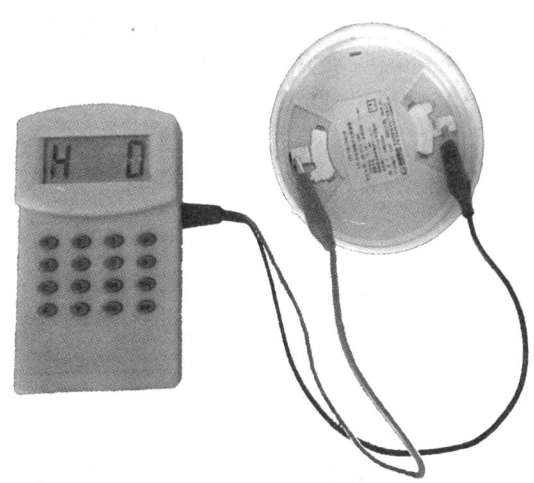

图 10-5　编码器接线图

（2）打开主机备用电源开关，输入密码 3333，进入系统主菜单，选择"回路编辑"，在面板上选择 1，进入"回路设置"界面。将"回路 1"设为"存在"并保存，退出并返回上一级菜单"回路编辑"。

（3）在面板上选择4，进入"自动登录"界面，按两下确定键，开始自动登录，并自动将与主机所连接设备的编码地址读取过来。登录完毕以后会自动重启，无须操作。

（4）重新进入系统主菜单，在面板上选择4，进入"回路编辑"界面，选择3，进入"单点编辑"界面。根据需要设置类型（有些专用设备类型自动读取，如烟感、温感、手报等，无须修改；还有输入模块和输入输出模块的类型有的没有，可以不选择）、楼号、层号和区号。这里我们只将输入输出模块1（地址004，直接按数字修改）和输入输出模块2（地址005，直接按数字修改）选择为卷帘门半降和卷帘门全降（在类型处按选择即可进入切换界面）。修改完成以后按两下退出键返回上两级菜单系统主菜单。参数设置和逻辑编程如图10-6所示。

```
回路: 01        地址: 001
类型: 感烟探测器屏蔽: N 优先: N
闪灯: Y 楼号: 01 层号: 001 层号: 001
位置:
```

```
回路: 01        地址: 004
类型: 卷帘门半降屏蔽: N 优先: N
闪灯: Y 楼号: 01 层号: 001 层号: 001
位置:
```

```
回路: 01    地址: 005
类型: 卷帘门全降屏蔽: N 优先: N
闪灯: Y 楼号: 01 层号: 001
层号: 001
位置:
```

图10-6　手动模式逻辑编程

（5）返回系统主菜单，在面板上选择2，进入"手动启动"测试。将楼号修改为01，地址修改为004，操作方式为启动，测试卷帘门半降，等到下降到位之后，将地址修改为005，测试卷帘门全降。若能够正常下降说明系统运行正常，按下主机复位键复位，然后在卷帘门操作盒按下上升键，手动将卷帘门上升到初始位置。

2. 联动控制编程

由防火卷帘的联动控制要求可知，其控制方式分为两类，一类是感烟探测器与感温探测器单一触发的自动控制，即单一输入触发信号和对应单一输出控制信号的简单组合；另一类为感烟探测器与感温探测器同时触发的复合自动控制，即多输入触发信号和对应单一输出控制信号的叠加组合。

1）自动控制编程

（1）复位完成后，重新进入系统主菜单，按下5进入"联动设置"界面，再按下1进入"自动控制"界面。上下键为切换命令行（命令编号），进入默认为第一条命令，按上键进入到第二条命令，左右键为当前命令的选择，按切换键进行输入项和输出项的切换，进入默认为输入项。首先，进行输入项的设置编程，将楼号修改为01，分类类型设置为按区划分，数据设为 001，输入信号类型设置为感烟探测器，存在设为"Y"，修改完成后按下确认键保存。

（2）按下切换键进入输出项的设置，分类类型设置为按地址划分，数据设为 01-004，存在设为"Y"，修改完成后按下确认键保存。

（3）按上下切换键进入第二条指令编程。将楼号修改为 01，分类类型设置为按区划分，数据设为 001，输入信号类型设置为感烟探测器，存在设为"Y"，修改完成后按下确认键保存。

（4）按下切换键进入输出项的设置，分类类型设置为按地址划分，数据设为 01-005，延时时间设为 20 s，存在设为"Y"，修改完成后按下确认键保存，如图 10-7 所示。

```
编号：001   存在：Y   输入项
机号：00   楼号：01   分类：区
数据：001   逻辑：或
类型：感烟探测器
```

```
编号：001   存在：Y   输出项
机号：00   楼号：0   分类：地址
数据：01-004   类型：卷帘门半降
延时：000   方式 打开信号：电平
```

```
编号：002   存在：Y   输入项
机号：00   楼号：01   分类：区
数据：001   逻辑：或
类型：感烟探测器
```

```
编号：002   存在：Y   输出项
机号：00   楼号：01   分类：地址
数据：01-005   类型：卷帘门全降
延时：020 方式 打开信号：电平
```

图 10-7 感烟探测器触发逻辑编程

（5）按下切换键进入第三条指令编程。将楼号修改为 01，分类类型设置为按区划分，数据设为 001，输入信号类型设置为感温探测器，存在设为"Y"。修改完成后按下确认键保存。

（6）按下切换键进入输出项的设置，分类类型设置为按地址划分，数据设为 01-005，延时时间设为 0 s，存在设为"Y"，修改完成后按下确认键保存，如图 10-8 所示。

```
编号：003   存在：Y   输入分类
机号：00   楼号：01   分类：区
数据：001   逻辑：或
类型：感温探测器
```

```
编号：003   存在：Y   输出项
机号：00   楼号：01   分类：地址
数据：01-005   类型：卷帘门全降
延时：000 方式：打开信号：电平
```

图 10-8 感温探测器触发逻辑编程

2）自动复合控制编程

（1）返回"联动设置"界面，按下 2 进入"自动复合控制"界面。默认第一条命令输入项1，首先，进行输入项1的设置编程，将楼号修改为01，分类类型设置为按区划分，数据设为001，输入信号类型设置为感烟探测器，存在设为"Y"，修改完成后按下确认键保存。

（2）按下切换键进入输入项2的设置，将楼号修改为01，分类类型设置为按区划分，数据设为001，输入信号类型设置为感温探测器，存在设为"Y"，修改完成后按下确认键保存。

（3）按下切换键进入输出项的编程。将楼号修改为01，分类类型设置为按地址划分，数据设为01-003，存在设为"Y"，修改完成后按下确认键保存，如图10-9所示。

```
编号：001    存在：Y  输入项1
机号：00     楼号：01  分类：区
数据：001    逻辑：或
类型：感烟探测器
```

```
编号：001    存在：Y  输入项2
机号：00     楼号：01  分类：区
数据：001    逻辑：或
类型：感温探测器
```

```
编号：001    存在：Y     输出项
机号：00     楼号：01    分类：地址
数据：01-003 类型：声光警报器
延时：000    方式：打开信号：电平
```

图10-9　自动复合控制逻辑编程

（4）按两下退出，返回系统主菜单，按下3进入"通信设置"界面，再按下2进入"从网485设置"选项，设置火灾显示盘参数。默认进入第一个盘为本机的联动盘，这里没有联动盘现场设备，无须设置，按上键进入002号盘，将存在切换为Y（按选择键切换），按确定保存。在类型处切换为火灾显示盘（按选择键切换），按确定进入火灾显示盘设置，将联动传送和故障传送设为"Y"，修改完成后按下确认键保存。完成主机从网485设置，如图10-10所示。

```
002 火灾显示盘设置
联动传送：Y    故障传送：Y
楼号：01      发送类型：层
起始：001     终止：005
```

```
盘号：002
存在：Y
类型：火灾显示盘
屏蔽：N  优先：N
```

图10-10　主机从网485设置

（5）在火灾显示盘上按下功能键（相当于确定键），输入一级密码（上下上下），进入功能设置后，选择1进入参数设置，输入二级密码（上上下下），然后在参数设置选择1地址设置，修改地址为002，然后按功能键确定，按消音键退出。完成火灾显示盘设置，保证其与主机设置的地址和类型相匹配，实现通信功能，以显示相应火灾信息。

（6）设置完毕以后按下主机面板上的自动键，输入密码3333，将自动模式切换为允许（按选择键切换）。

（7）使用烟/温感测试仪模拟发生火灾的烟感触发信号与温感触发信号，分别触发 GY601 感烟探测器和 GW601 感温探测器，观察防火卷帘门联动系统的动作情况和火灾显示盘的火警信息。

3．组网通信

为了便于消防控制室工作人员了解和控制防火卷帘系统的运行情况，需将防火卷帘系统控制器与消防控制室的消防主机（JB-QBZL-GK603 火灾报警控制器）进行组网通信，形成集中报警系统，从而使防火卷帘系统发生火灾时的火警信息能够传送至远程消防主机。

（1）消防主机网络地址设置：进入"系统设置"的"控制器参数设置"界面，将主机号设为 00，类型设为 GK603，存在设为"Y"。

（2）防火卷帘控制器网络地址设置：进入"系统设置"的"控制器参数设置"界面，将主机号设为 01，类型设为 GK603，存在设为"Y"，事件上传和联动上传设为"Y"，完成组网设置。

（3）使用烟/温感测试仪触发防火卷帘系统的火灾探测器，观察远程消防主机是否有火警信息。

10.1.5　注意事项

（1）EPS 和总电源必须上电。

（2）系统触发后可以按下复位键复位系统，但前提条件是物理条件已恢复，比如说烟感探测器里没烟了，温感探测器没有感受到高温。否则，即使主机系统复位也会再次触发。

（3）复位时请按下操作盒的上升键手动复位卷帘门。

10.1.6　故障处理与维护

（1）防火卷帘门不能上升下降。原因：可能为电源故障、电机故障或门本身卡住。处理办法：检查主电、控制电源及电机，检查门本身。

（2）防火卷帘门有上升无下降或有下降无上升。原因：下降或上升按钮问题，接触器触头及线圈问题，限位开关问题，接触器联锁常闭触点问题。处理办法：检查下降或上升按钮，下降或上升接触器触头开关及线圈，查限位开关，查下降或上升接触器联锁常闭接点。

（3）在控制中心无法联动防火卷帘门。原因：控制中心控制装置本身故障，控制模块故障，联动传输线路故障。处理办法：检查控制中心控制装置本身，检查控制模块，检查传输线路。

（4）钢质防火卷帘是公共场所防火分区和防火隔断的重要消防设施。它是机械与电器综合性能的消防产品，因此对安装好的防火卷帘应始终处于正常状态。钢质防火卷帘在使用过程中，专用设备应有专人使用和保管，操作人员应具有一定电工及机械基础知识。

（5）在操作使用过程中，操作人员不得擅自离开操作地点，应密切注意启闭情况和执行情况，在启闭时卷帘下面不准有人站立、走动，以防止行程开关失灵，卷帘卡死，电机受阻和发生其他事故。

（6）防火分区和防火隔断的钢质防火卷帘平时不做频繁使用，一旦区域发生火情，卷帘应有效地投入使用。带有联动控制、中央控制中心控制的自动控制防火卷帘必须根据一套控制指令程序进行控制。

（7）在使用过程中一旦发现异常情况应立即采取应急措施，切断输入电源，排除故障。

（8）防火卷帘应建立定期保养制度，并做好每樘卷帘的保养记录工作，备案存档。

（9）长期不启闭的卷帘半年必须保养一次，保养内容为消除尘埃，涂刷油漆，对传动部分的链轮滚子链加润滑油等。

（10）检查电器线路和电器设备是否损坏，运转是否正常，能否符合各项指令，如有损坏和不符要求时应立即检修。

10.2 气体灭火系统联动控制设计

气体灭火系统（简称气灭系统）是以气体作为灭火介质，通过气体在整个防护区域或保护对象的局部区域建立起灭火浓度实现灭火的灭火系统，其适用范围是由气体灭火剂的灭火性质决定的。各类灭火剂的化学组成、物理性质、灭火机理以及灭火效果等方面虽不尽相同，但在灭火系统中却有很多相同之处，主要体现在化学稳定性好，耐储存，腐蚀性小，不导电，毒性低，蒸发后不留痕迹等方面。目前主要有二氧化碳灭火系统、七氟丙烷灭火系统、混合气灭火系统和热气溶胶灭火系统。

实训室配置的气灭系统为七氟丙烷灭火系统，主要由控制系统设备和管网系统设备构成。其中，控制系统设备主要由气体灭火控制主机、继电器模块、探测器、警铃、声光报警器、释放指示灯、紧急停止按钮、紧急释放按钮、DC 24 V 辅助联动电源等部分组成，如图 10-11 所示；管网系统设备主要由灭火剂瓶组、驱动气体瓶组、单向阀、选择阀、容器阀组、减压装置、驱动装置、集流管、连接管、喷嘴、信号反馈装置、安全泄放装置等部件组成，如图 10-12 所示。其系统原理图如图 10-13 所示。

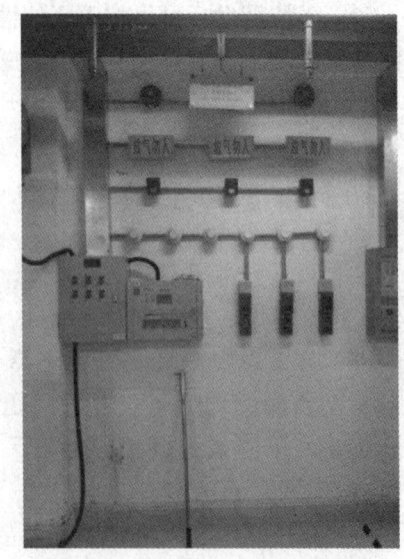

图 10-11 气灭系统控制系统设备

图 10-12 气灭系统管网系统设备

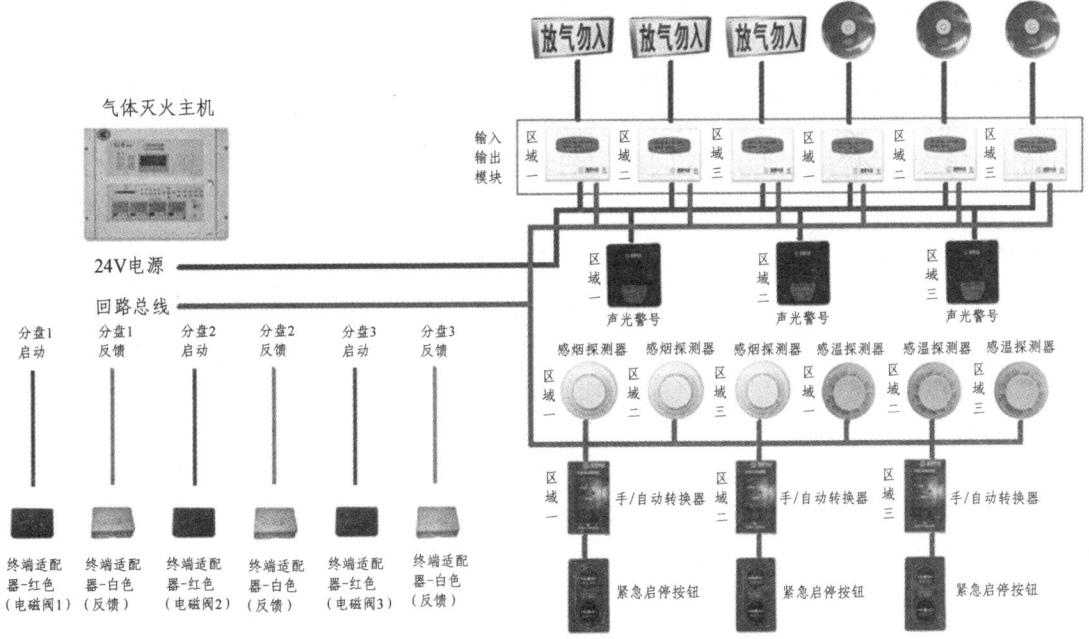

图 10-13 气灭系统原理图

10.2.1 实训目的

（1）初步认识七氟丙烷气体灭火系统实训装置的结构组成。
（2）了解气体灭火系统的工作原理。
（3）能够编写逻辑程序，模拟气体灭火系统的联动控制过程。

10.2.2 实训器件

实训器件如表 10-2 所示。

表 10-2 实训器件

序 号	元器件名称	数 量	单 位
1	七氟丙烷气体灭火系统	1	套
2	烟/温感测试仪	1	套

10.2.3 逻辑控制要求

该七氟丙烷气灭系统可用来保护 3 个防护区。当任一防护区内感烟探测器探测到火灾信号后，气体灭火控制盘启动设在该防护区域内的火警声光信号；当该防护区内温感和烟感两种类型探测器同时探测到火灾信号后，控制器发出火灾声光信号，通知有火灾发生，有关人员应撤离现场，并发出联动指令，关闭风机、防火阀等联动设备，经过一段时间延时后，即发出灭火指令；延时结束，控制盘开启系统的启动装置以释放气体，气体通过管道输送到防护区，防护区外的气灭指示灯点亮，警铃一直鸣响。

3 个防护区编号分别为一区、二区和三区，对应区域的 GY601 感烟探测器的地址分别为 001、002、003；GW601 感温探测器地址为 004、005、006；GM633W 声光报警器地址为 007、008、009；气灭指示灯地址为 010、011、012；警铃地址为 013、014、015；手/自动转换器地址为 016、017、018；紧急启停按钮地址为 019、020、021。根据实训要求，设备模块地址可自行修改。

10.2.4 实训步骤

（1）首先卸掉探测器和其他模块的外壳盖，将 6S601 电子编码器自带的连接线一端插在编码器的插座上，另一端的两个夹子分别夹在探测器或模块的总线端子上，其中红色夹子与"L+"端相连，黑色夹子与"L-"端相连。然后通过"写码"按键写入各器件的地址，并"读码"进行确认。

（2）打开主机备用电源开关，输入密码 3333，进入系统主菜单，选择"回路编辑"，在面板上选择 1，进入"回路设置"界面。将"回路 1"设为"存在"并保存，退出并返回上一级菜单"回路编辑"。

（3）在面板上选择 4，进入"自动登录"界面，按两下确定键，开始自动登录，并自动将与主机所连接设备的编码地址读取过来。登录完毕以后会自动重启，无须操作。

（4）重新进入系统主菜单，在面板上选择 4，进入回路编辑，按下 3，进入单点编辑。可以根据需要设置类型（有些专用设备类型自动读取，如烟感、温感、手报等，无须修改；还有输入模块和输入输出模块的类型有的没有，可以不选择）、楼号、层号和区号。这里没有我们要的类型放气指示灯和警铃，我们不进行类型修改，只需要记住模块箱中的放气指示灯和警铃的地址就行了。我们只修改区号，默认都是一区，我们需要 2 号设备在二区，3 号设备在三区，所以我们只修改感烟探测器 2（地址 002）、感烟探测器 3（地址 003）、感温探测器 2（地址 005）、感温探测器 3（地址 006）、声光警报器 2（地址 008）、声光警报器 3（地址 009）、输入输出模块 2（地址 011，放气指示灯 2）、输入输出模块 3（地址 012，放气指示灯

3）、输入输出模块 5（地址 014，警铃 2）、输入输出模块 6（地址 015，警铃 3）、手/自动开关 2（地址 017）、手/自动开关 3（地址 018）、紧急启停按钮 2（地址 020）、紧急启停按钮 3（地址 021）。如果觉得设备过于嘈杂，可以把屏蔽的 N 切换为 Y（选择键切换）屏蔽掉该设备。修改完成以后按两下退出键返回上两级菜单系统主菜单，如图 10-14 所示。

```
回路：01          地址：001
类型：感烟探测器  屏蔽：N 优先：N
闪灯：Y 楼号：01 层号：001 区号：002
位置：
```

```
回路：01          地址：001
类型：感烟探测器  屏蔽：N 优先：N
闪灯：Y 楼号：01 层号：001 区号：003
位置：
```

```
回路：01          地址：020
类型：紧急启停按钮 屏蔽：N 优先：N
闪灯：Y 楼号：01 层号：001 区号：002
位置：
```

```
回路：01          地址：021
类型：紧急启停按钮 屏蔽：N 优先：N
闪灯：Y 楼号：01 层号：001 区号：003
位置：
```

图 10-14 气灭系统各设备地址设置

（5）进入系统主菜单，在面板上选择 2，进入"手动启动"测试。将楼号修改为 01，地址修改为 07，操作方式为启动（按选择键切换），测试声光警报器，将地址修改为 010、013，测试放气指示灯、警铃，若警报装置能够正常响起，说明系统正常，按下主机复位键复位，如图 10-15 所示。

```
机号：00      楼号：01
分类：地址数据：01~007
类型：        信号：电平
操作方式：启动
```

```
机号：00      楼号：01
分类：地址数据：01~010
类型：        信号：电平
操作方式：启动
```

```
机号：00      楼号：01
分类：地址数据：01~013
类型：        信号：电平
操作方式：启动
```

图 10-15 气灭系统警报装置手动测试

（6）重新进入主菜单，按下3进入"通信设置"，然后按2进入"从网485设置"。默认进入第一个盘为本机的联动盘，这里没有联动盘现场设备，无须设置。按上下键切换盘号，默认1号盘一定是联动控制盘，这里我们找到2号盘，设为存在Y。按确定保存后再按两下退出返回系统主菜单，如图10-16所示。

```
盘号: 002
存在: Y
类型: 灭火控制盘
屏蔽: N  优先: N
```

图10-16 气灭系统从网485设置

（7）重新进入主菜单，按下5进入"联动设置"界面。因为本主机是气体灭火专用控制器，比其他主机多一个灭火控制盘设置。

（8）按下5进入"灭火控制盘设置"。"1灭火控制盘参数设置"是选择控制逻辑的，气体灭火主机有自己的内置逻辑编程，也可以选择自己写的控制程序，这里我们默认内置逻辑不设置，按下2进入"灭火控制盘分区设置"界面。

（9）进入"灭火控制盘分区"界面后，把分区设置为存在，这里选择1-002号盘（灭火控制盘）。然后按确定进入分区设置，把盘区号1、2、3都设置为存在，从盘号1-001，1-002，1-003，延时时间设为5 s，上下键切换从盘号。保存后退出，如图10-17所示。

```
1.自动控制        2.自动复位控制
3.总线控制盘设置   4.宏逻辑
5.灭火控制盘设置   6.输出组逻辑
```

```
灭火控制盘设置
1.灭火控制盘参数设置
2.灭火控制盘分区设置
```

```
盘区号: 1        存在: Y
主 从: 主盘      从盘号: 1~001
延 时:  005 秒   <确认>键保存
提 示: 对应的灭火分区号为01
```

```
盘区号: 1        存在: Y
主 从: 主盘      从盘号: 1~002
延 时:  005 秒   <确认>键保存
提 示: 对应的灭火分区号为02
```

```
盘区号: 1        存在: Y
主 从: 主盘      从盘号: 1~003
延 时:  005 秒   <确认>键保存
提 示: 对应的灭火分区号为03
```

图10-17 气灭控制盘设置

（10）全部设置完毕以后按下主机面板上的自动键，输入密码3333，将自动模式切换为允许（按选择键切换），然后系统就可以正常工作了。

10.2.5　注意事项

（1）EPS和总电源必须上电。

（2）系统触发后可以按下复位键复位系统，但前提条件是物理条件已恢复，比如说烟感探测器里没烟了，温感探测器没有感受到高温。否则，即使主机系统复位也会再次触发。

10.3　分布式光纤测温系统实训

分布式光纤测温系统（Distributed Temperature Sensor System，DTS）利用光的拉曼效应来测量光纤内的温度。激光脉冲在光纤中传播，光会反向射回DTS系统，通过测量反向散射的斯托克斯（Stokes）光信号和反斯托克斯（Anti-Stokes）光信号的强度，可以确定温度数值。与雷达回波类似，通过测量返回光脉冲的到达时间，可以确定温度数值所在光纤的位置。

该实训采用的是晟安测控科技的SACK-1040型分布式光纤测温系统，单路测量10 km，空间分辨率达0.5 m，温度分辨率达0.1 ℃，实时显示并存储温度数值，支持移动客户端接收报警信息。主机采用嵌入式一体化设计，稳定可靠，光纤即为传感器，传输与传感于一体，可作为在线监测及数据分析应用，主要应用于城市地下综合管廊火灾监测、公路隧道、地铁隧道、高铁隧道的火灾监测和报警；石油、天然气输送管线或储罐泄漏监测；油库、油罐、油管的温度监测及故障点的监测；发电厂和变电站的温度监测、故障点的监测和火灾报警。其外观如图10-18所示。

图10-18　光纤测温系统主机

10.3.1 实训目的

1. 了解感温光纤测温的工作原理。
2. 能够读懂感温光纤温度变化曲线。
3. 能够根据要求完成感温光纤系统的参数设置。

10.3.2 实训器件

表 10-3 实训器件

序号	元器件名称	数量	单位
1	感温光纤测温系统	1	套
2	热水	1	盆

10.3.3 实训步骤

（1）光纤接头接至测温主机，如图 10-19 所示，测温主机使用的是 LC/APC 接头，使用前及使用后需将保护盖盖回原处，避免灰尘污染接头位置，导致光信号衰减影响测温功能。

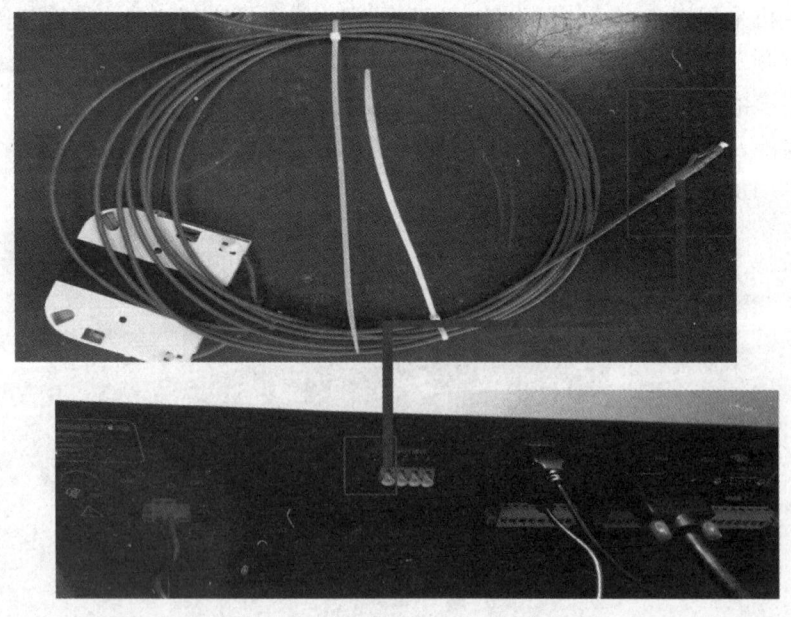

图 10-19 光纤与主机接线图

（2）软件界面切换至原始曲线，接入光纤可观察到信号光的变化情况。当主机未接入光纤时，其曲线如图 10-20 所示；当主机接入光纤时，其曲线如图 10-21 所示。

（3）若出现如图 10-21 所示曲线，则表示感温光纤出现断纤情况。通过断纤的位置可在现场查找到断纤点，并使用光纤熔接机进行熔接，现场没条件可联系当地电信人员进行熔接。

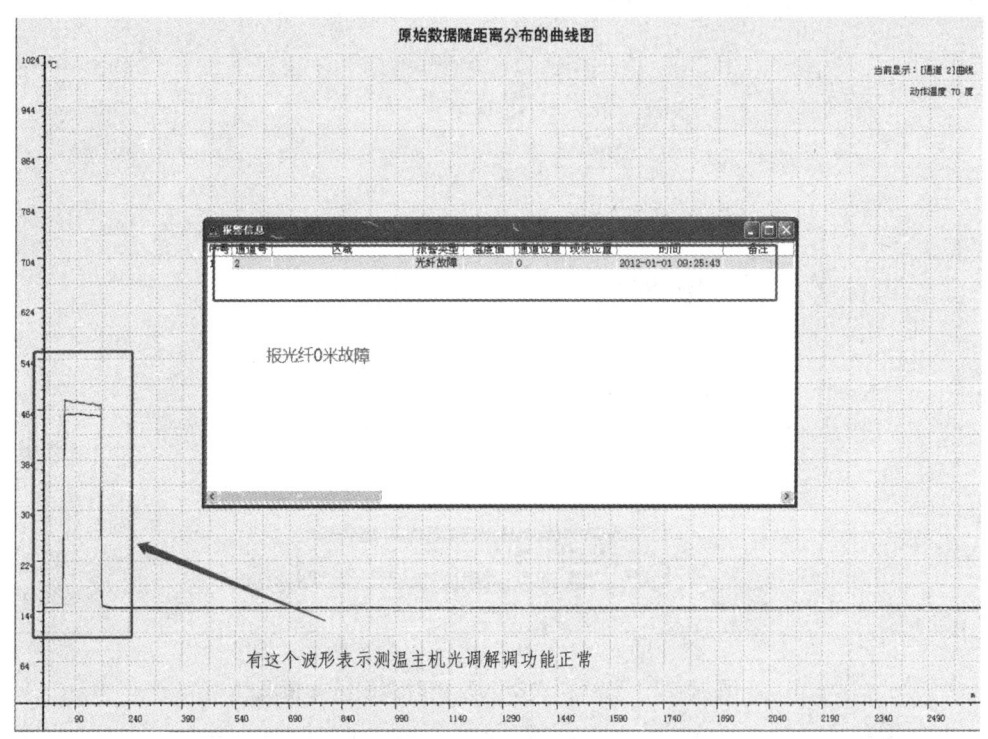

图 10-20　未接入光纤系统曲线图

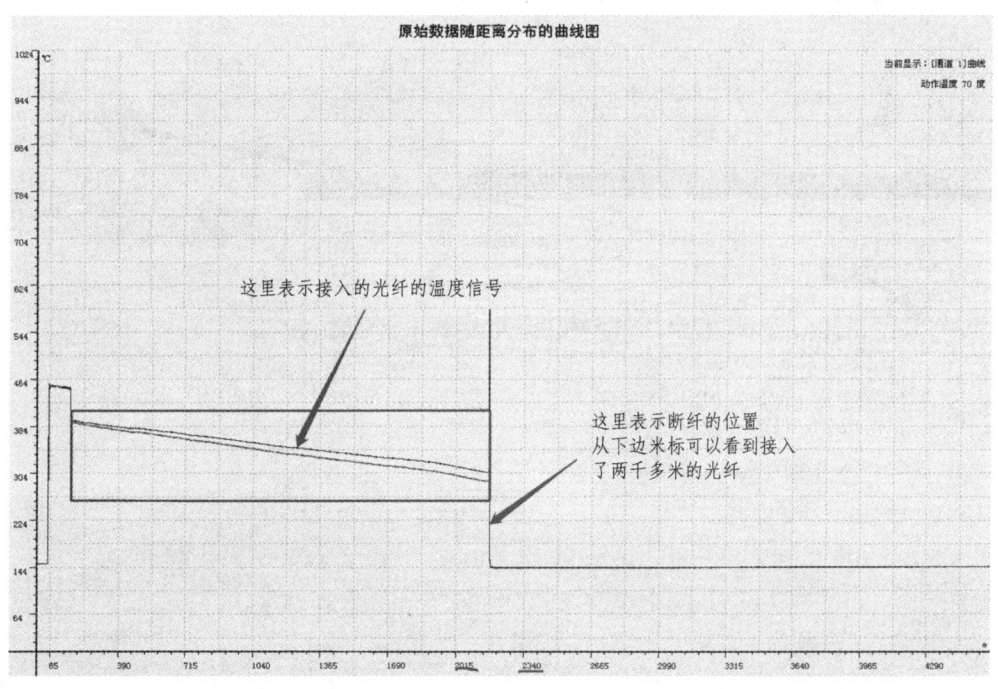

图 10-21　接入光纤后系统曲线图

（4）当在一个稳定的大气环境中，整条光纤的温度应该一致。当光纤初次接入某通道时，由于光信号未经调整，可能出现温度曲线不在一个水平面上，即高端和后端计算出来的温度偏差很大，需要进行调平处理，如图 10-22 所示，有点倾斜向下。

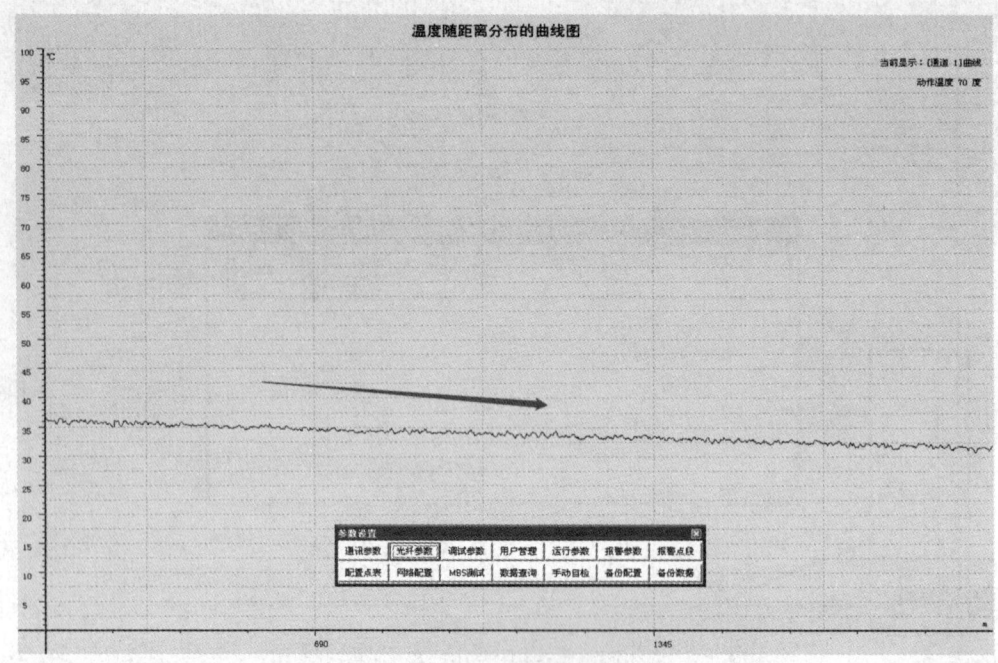

图 10-22　光纤初次接入系统时温度分布情况

（5）选择参数设置—光纤参数—x 通道—修正系数，对温度曲线进行修正调整。若增大修正系数，则曲线逆时钟转动；减小修正系数，则顺时针转动，直到曲线处在一个水平面上，如图 10-23 所示。

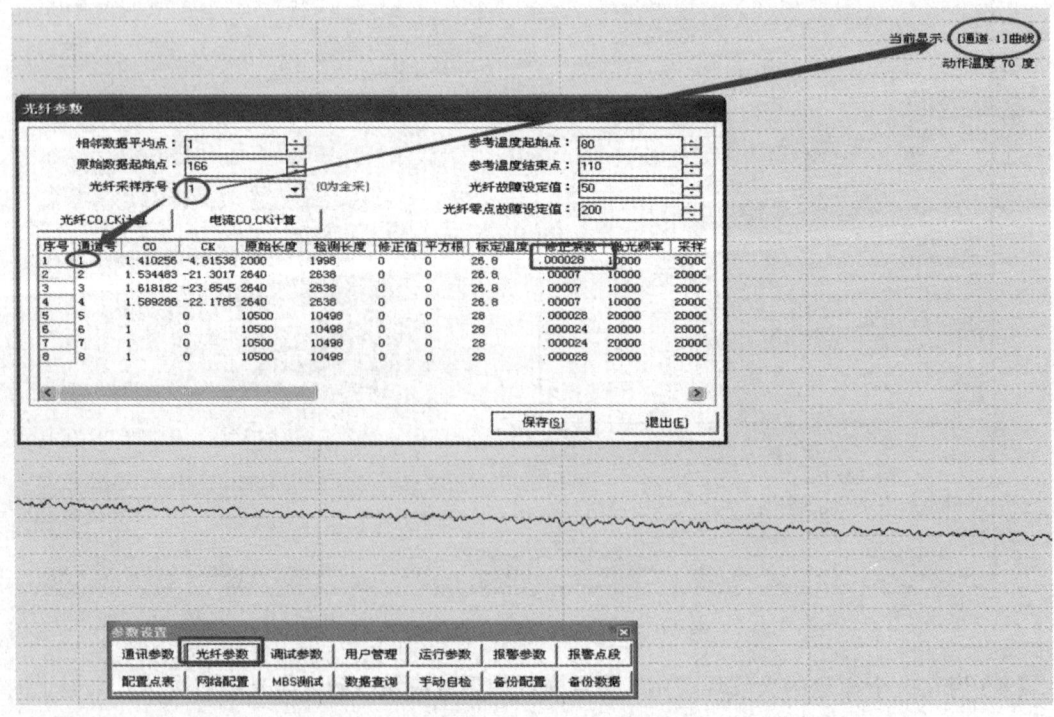

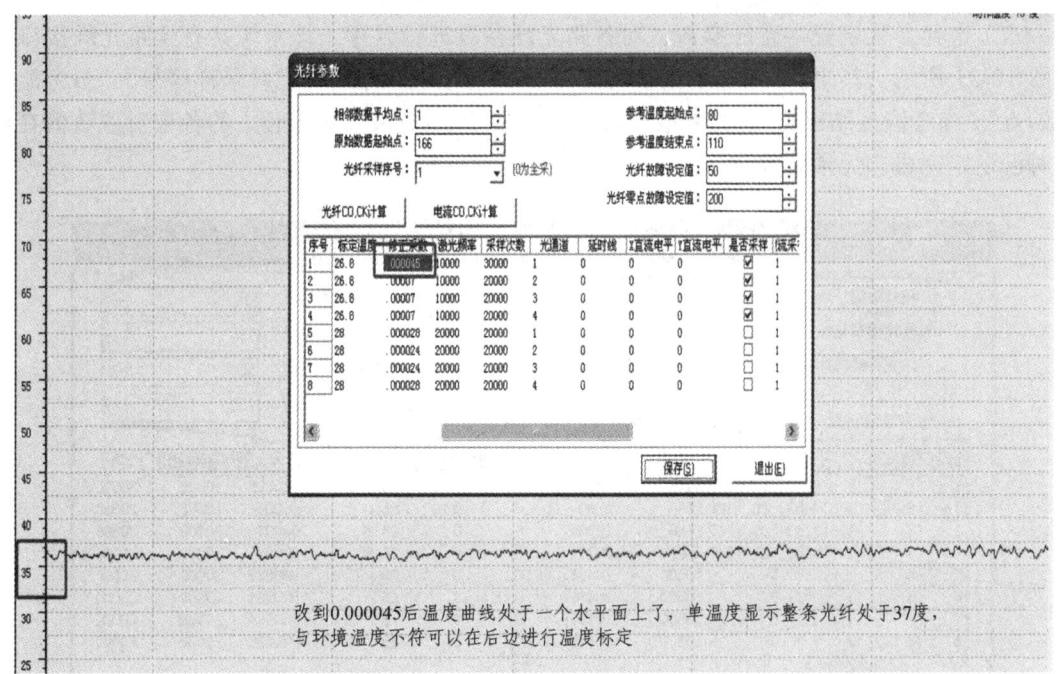

图 10-23　光纤修正系数设置

（6）选择参数设置—通信参数，进行通信参数设置，如图 10-24 所示。

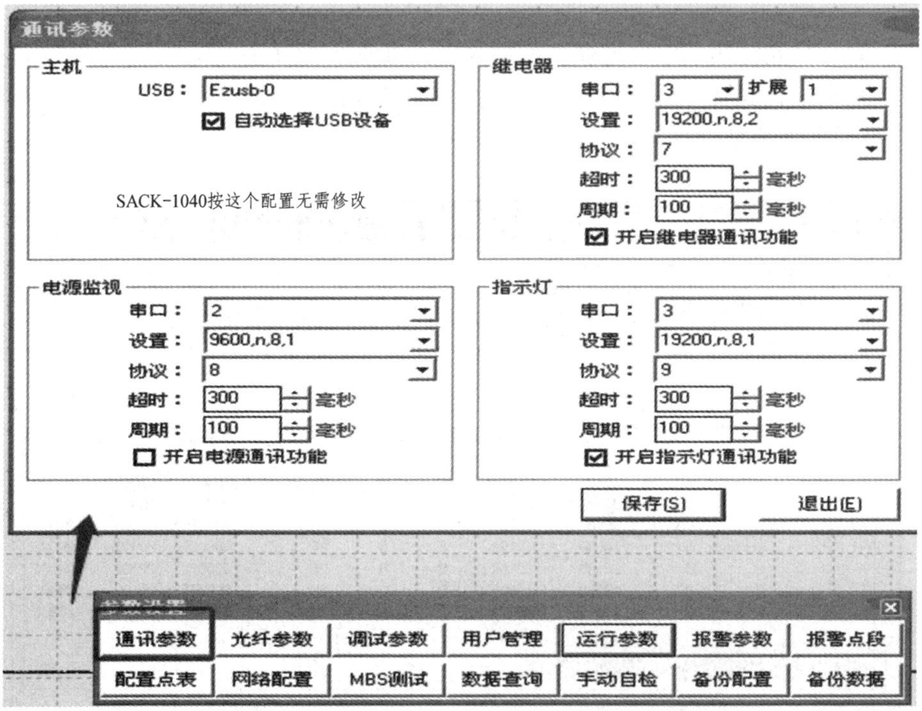

图 10-24　通信参数设置

（7）选择参数设置—光纤参数，对各路光纤参数进行设置（该系统共有 4 路光纤接口），如图 10-25 所示。其中，"相邻数据平均点""原始数据起始点""光纤采样序号""参考温度起始点""参考温度结束点""光纤故障设定值""光纤零点故障设定值"的各项对应数值在出厂时已设定完成，无须修改。

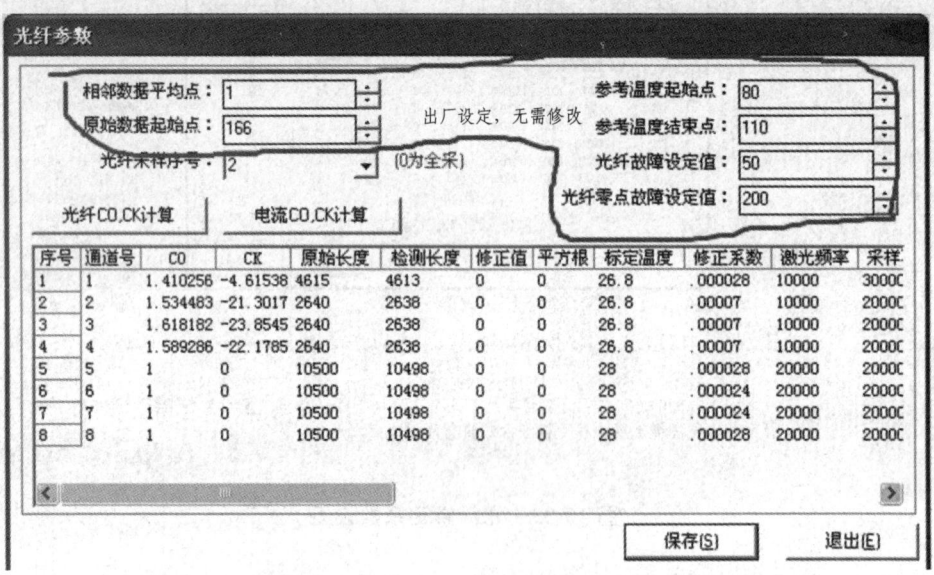

图 10-25　光纤参数设置

（8）绕制一个光纤测试段，大概 3 m 的长度，准备一个标准温度计，一盆热水，将光纤测试放置于热水中，温度计检测出环境温度，以及热水温度，并将需要标定通道的 C0，CK 设置为 1，0，然后点击 C0，CK 计算，如图 10-26 所示。

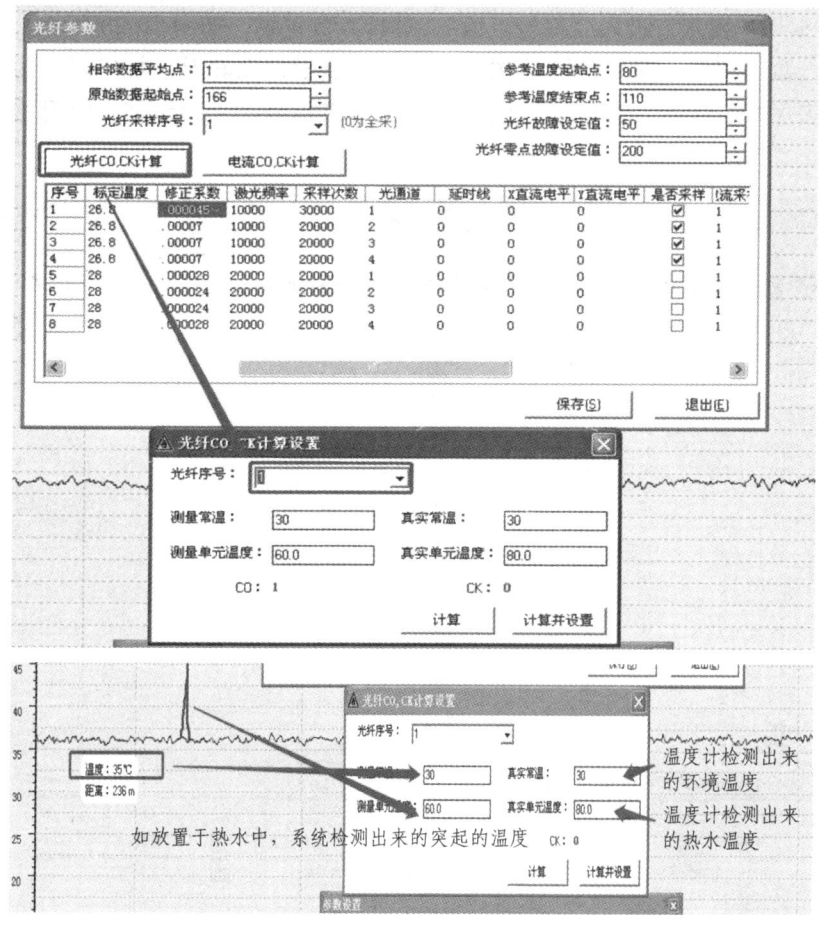

图 10-26 CO、CK 的标定

（9）根据用户要求，登录"报警参数"对话框，进行报警参数音、色设置。如图 10-27 所示，在该对话框可以设置每一种报警类型要播放的声音以及显示的报警颜色。

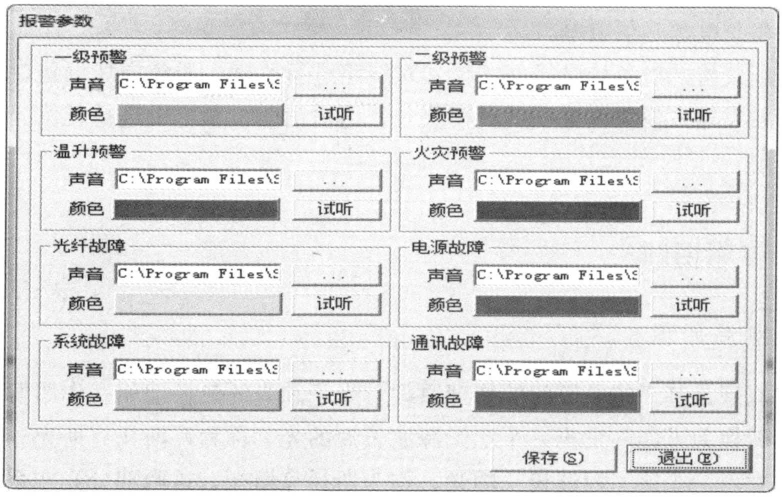

图 10-27 报警参数设置

（10）根据用户要求，进入"报警点段"，进行参数设置，如图 10-28 所示。"报警点段"界面里的每行数据都一一对应着"地图设计"里的点段，在此对话框里可以为每个点段配置正确的点表序号、位置、继电器、温度修正、一级预警、二级预警、温升报警、火灾报警等值。

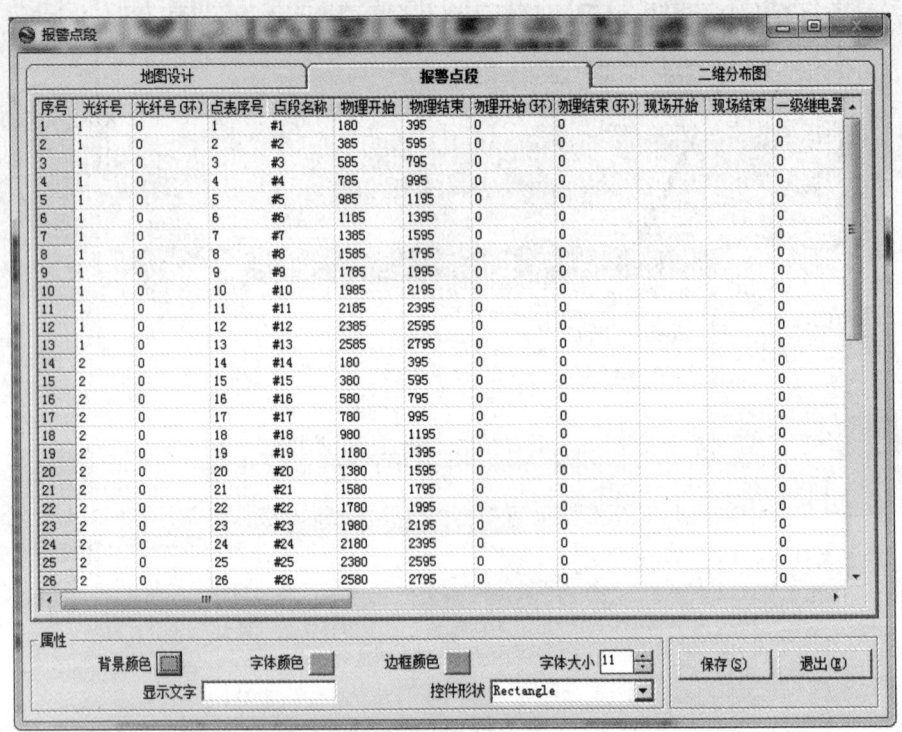

图 10-28　报警点段设置

10.3.4　注意事项

（1）EPS 和总电源必须上电。
（2）本实训装置的设备均已接好，请勿对线路进行改动，避免损坏设备。
（3）每当触发输入模块或是联动盘模块时，请对消防报警主机进行复位，否则消防报警主机将一直报警。

10.3.5　参考资料

1. 光纤测温原理

光纤测温原理是基于拉曼散射的物理原理。光子和光纤热振动相互作用发生能量交换，一部分热振动转换为光能，发出一个比光源波长短的光，称为反斯托克斯光；一部分光能转换为热振动，发出一个比光源波长长的光，称为斯托克斯光。这两部分光在系统上可绘制出能量图，如图 10-29 所示。该曲线横坐标是距离，纵坐标是曲度信号的能量。

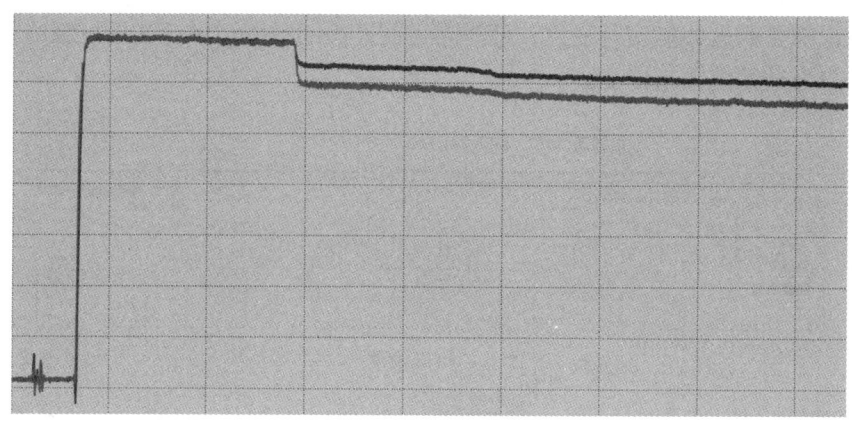

图 10-29　系统能量曲线

借助上述曲线和公式（10-1），可计算出温度随距离的分布式曲线图，如图 10-30 所示。通过光纤测温主机软件可以对该曲线进行分区，每个分区可以划分不同的温度报警，不同的报警输出，不同的报警联动，从而形成一套分布式光纤火灾报警系统。

$$T = \frac{h\Delta\nu T_0}{h\Delta\nu - \kappa T_0 \ln\left[\dfrac{P_{AS}(T)/P_S(T)}{P_{AS}(T_0)/P_S(T_0)}\right]} \quad (10\text{-}1)$$

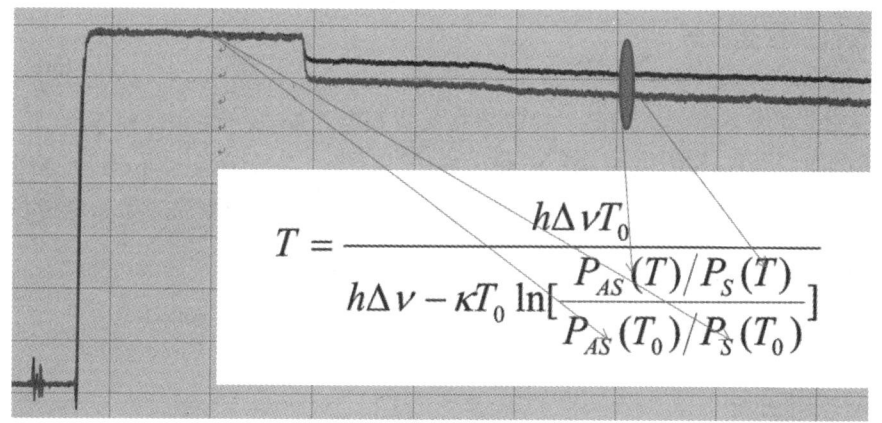

图 10-30　系统能量与温度的转换

2. 光纤主机前视图

光纤主机的前视图如图 10-31 所示。

电源指示灯：主机通电，电源指示灯亮。
运行指示灯：灯亮时表明系统正常运行。
报警指示灯：当检测温度达到温度上限时，指示灯亮。
故障指示灯：灯亮时表明系统发生故障。
消音按键：当报警声音响起时可通过此按键消除，但报警信息仍然保持。
自检按键：系统会对显示器、指示灯、喇叭进行自检。

复位锁：需要钥匙才能实行复位，可清除当前界面的报警记录，如果报警的条件仍然存在，报警信息会被系统重新建立。

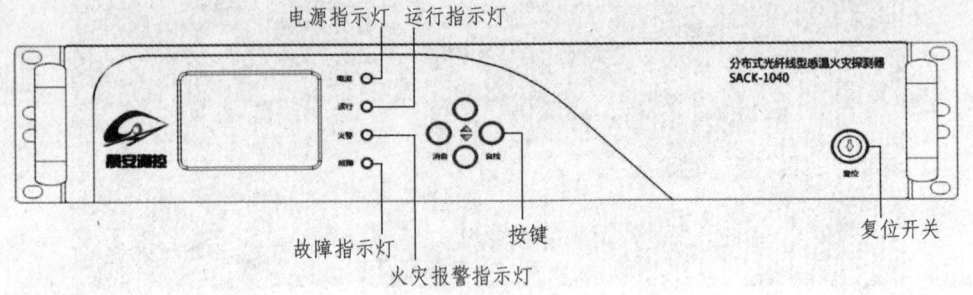

图 10-31　光纤主机前视图

3. 光纤主机后视图

光纤主机的后视图如图 10-32 所示。

24 V DC 电源输入：接消防电源的 24 V 输入。

保险管：规格为 250 V/8 A。

光纤端口（LC/APC）：可接 4 路光纤，单通道最长 10 km。

USB 接口：2 个，接鼠标键盘。

VGA 接口：接显示器。

RS232 接口：2 个，可设置接火灾报警控制器、综合监控等，支持 MODBUS 协议。

LAN 网口：2 个，可接入网络，可设置接火灾报警控制器、综合监控等。

继电器输出：主机自带 12 组继电器输出端子，一组电源故障继电器干接点输出。继电器输出支持干接点输出和编码输出两种方式。电源故障输出用于当测温主机无电源供电时输出报警信号。

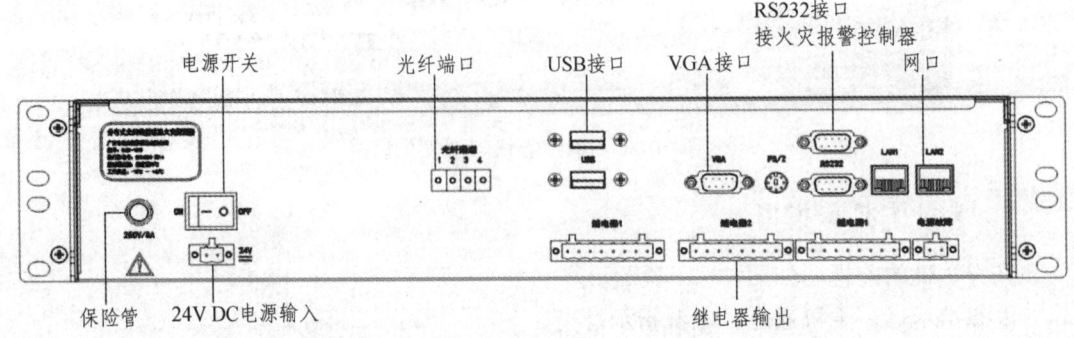

图 10-32　光纤主机后视图

4. 联动接口

光纤测温主机提供 4 种方式的联动接口，可与综合监控、火灾报警控制器、火灾显示控制、远程互联网以及其他 FAS 联动设备进行连接。

光纤测温主机联动接口如表 10-4 所示。

表 10-4　光纤测温主机联动接口

接口	描述	备注
继电器接口	内置 12 路继电器，可扩展 128 路继电器箱，可提供干接点输出以及编码输出，满足 FAS 联动需求，输出至火灾报警主机	能与西门子、爱德华、诺帝菲尔、保德威尔、霍尼韦尔等品牌通信
2 个 RJ45	提供 modbus TCP/IP、TCP/IP 协议，编辑点段协议与火灾报警主机、综合监控平台连接，启动软件内置服务协议与晟安自研发的 ISCS 平台连接	能与西门子、爱德华、诺帝菲尔、保德威尔、霍尼韦尔等品牌通信
2 个 RS232	与带有 232 接口的报警主机，火灾显示盘连接，接供标准 modbus 协议，也可自定义协议，近距离传输；控制扩展继电器箱输出	能与西门子、爱德华、诺帝菲尔、保德威尔、霍尼韦尔等品牌通信
1 个 RS485	与带有 485 接口的报警主机，火灾显示盘连接接，接供标准 modbus 协议，也可自定义协议，远距离传输 1 200 m	能与西门子、爱德华、诺帝菲尔、保德威尔、霍尼韦尔等品牌通信

5. 软件基本操作说明

1）采样控制

设备启动后自动联机，自动开始采样。需要退出软件时需先点击"断开联机"按钮，默认软件不允许退出或者误操作退出。

2）温度曲线-原始曲线-电子地图

该按钮是在 3 个界面之间进行切换，当提示为"温度曲线"时，点击可切换到温度曲线界面。通常使用会停留在电子地图界面，该界面比较直观提示现场的监控位置平面分布。

3）参数设置

调出"参数设置"选项卡，用于配置光纤、网络、报警及地图设计等，如图 10-33 所示。

图 10-33　参数设置选项卡

4）报警复位

发生报警后会弹出报警提示窗，报警需要人工排除故障后人工手动复位才能恢复，点击该按钮可以恢复，如图 10-34 所示。

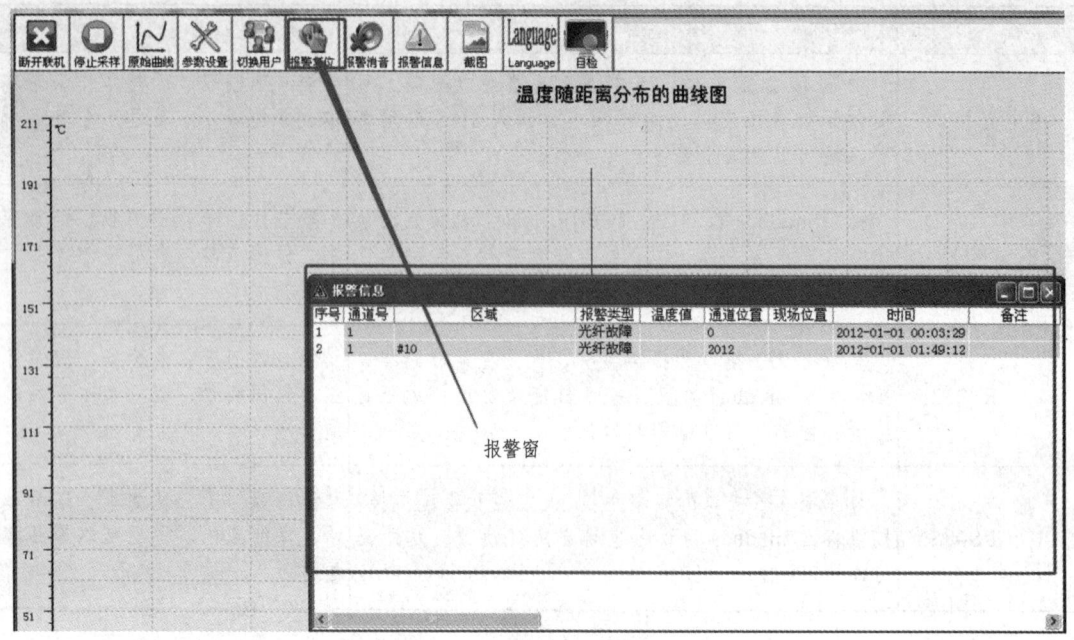

图 10-34　报警复位选项

项目 11

专业拓展——地铁消防设备操作

11-视频/动画

 **情景导入**

在消防基础知识、火灾报警系统及子系统、气体灭火系统、消防联动控制及接口技术、常见故障处理、消防系统相关规范、常用工器具的使用及实训操作内容学习之后，大家更需要了解城市轨道交通车站常用的火灾自动报警系统及气体灭火系统设备。你知道地铁常用 NFS2-3030 火灾报警控制系统、RP-1002PLUS 气体灭火控制盘及 SIGA-REL-C 气体灭火控制盘的结构及操作方法吗？通过本项目的学习，为提升你的专业能力及职业素养打下基础吧！

 任务引领

1. 了解地铁车站火灾自动报警控制系统及气体灭火系统的类型及操作。
2. 了解 NFS2-3030 火灾报警控制系统。
3. 了解 RP-1002PLUS 气体灭火控制盘结构及操作。
4. 了解 SIGA-REL-C 气体灭火控制盘结构及操作。

 项目实施

11.1 NFS2-3030 火灾报警控制系统

NFS2-3030 火灾报警控制系统是美国霍尼韦尔旗下 NOTIFIER 公司的产品，是一个带有 32 位微处理器的高性能大型火灾报警控制器。它采用模块化的系统架构，系统配置灵活方便。NFS2-3030 控制器可以单机使用，也可以接入 NFN 网络，与 ONYX 系列中的中小型控制器 NFS2-640 以及网络显示控制设备 NCA-2 和 ONXYWorks 一起，组成集中和分散报警控制相结合的火灾报警控制网络，从而满足任何规模的建筑物对火灾报警控制系统的要求。NFS2-3030 是一个具有多种功能的智能火灾报警控制系统，还配备一个显示/键盘选件（见图 11-1），在控制器上，通过它可以编程和浏览。显示/键盘单元提供了一个易于使用的键盘和大屏幕 LCD（液晶显示屏），使编程过程简单方便。郑州地铁 1 号线二期、2 号线一期、城郊线一期均采用了此系统。

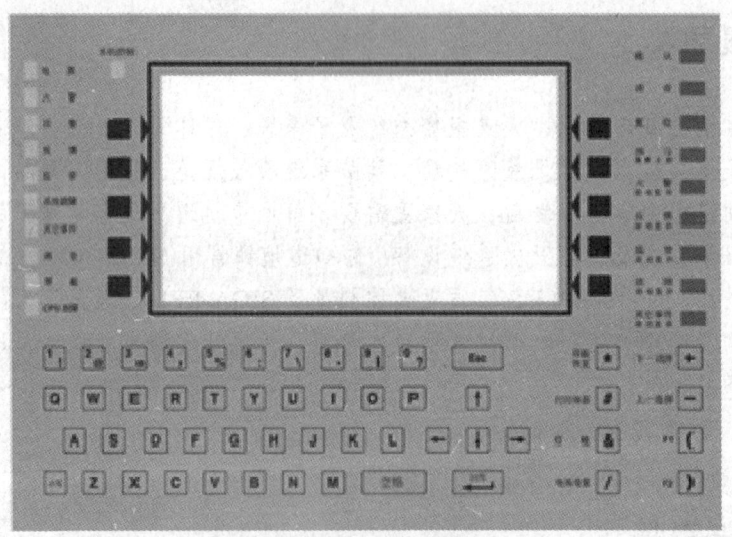

图 11-1 显示/键盘单元图

11.1.1 显示/键盘单元

1. 液晶显示屏

液晶显示屏每行有 20 个中文字符，共 8 行，可以显示所有的编程、事件、历史记录、器件等信息。用键盘可以输入或者改变信息，还可以执行命令。

2. 键　盘

键盘由几种类型的键组成：按键、软键、固定功能键、特殊功能键。

1）按 键

键盘的数字字符键部分是标准 QWERTY 格式，当系统需要输入时，这些键起作用，其他情况下，按这些键不产生任何输入。

2）软 键

在显示屏的左右两边共有 10 个软按键，这些按键可以执行显示在屏幕上的命令。每一屏幕有不同的信息，这些键的功能与屏幕上的显示内容对应。

3）固定功能键

在键盘/显示屏右边的 9 个红色按键是固定功能键。

【确认】：确认系统中发生的新事件。

【消音】：按下这个键，可以关掉所有的可消音控制模块。当禁止消音定时启动时，或者当一个水流指示类型的设备启动火警时，信号消音键不起作用。

【复位】：按下这个键，可以清除所有被锁定的火警和其他一些事件，同时关掉 LED 灯。系统复位之后，如果火警或非正常事件存在，将再次启动系统音响，LED 灯重新点亮。未确认事件不能阻止复位。禁止消音定时器正在运行时，系统复位键将不起作用。系统复位键不能立即对动作的输出设备消音。如果系统复位后，输出设备的事件控制编程条件不适合了，这些输出将会取消（本地控制器典型为 30 s，网络机为 60 s）。

【演习】：按下这个键并持续 2 s 后，激活所有的可消音输出线路。

【火警】：滚动显示火警事件。

【反馈】：滚动显示反馈事件。

【监管】：滚动显示监管事件。

【故障】：滚动显示故障事件。

【其他事件】：滚动显示其他事件。

4）特殊功能键

QWERTY 标准键盘的右边是特殊功能键。

【箭头】：按下这些箭头键，可以移动显示屏上的编程区域光标。

【回车】：按下此键，可以移动显示屏上的编程区域光标使其换行。

【Esc】：按下此键，可以退出当前区域，并且不保存输入。连续按两次可以取消在显示屏上的任何改变，并返回上级菜单。

【空格】：在编辑状态下输入一个空格。

【屏蔽恢复】：为扩展用，现在没有功能。

【打印屏幕】：按下此键，打印显示屏上所显示的内容。

【灯检】：按下此键，测试位于键盘区左边的 LED 状态指示灯、控制器电路 LED 灯，持续按下此键的时间超过 5 s，在显示屏上将显示软硬件的版本号。

【电池电量】：长按该键可显示电池电量。

【上一选择】：用此键可以在显示屏上的数据区域列表内进行滚动选择。

【下一选择】：用此键可以在显示屏上的数据区域列表内进行滚动选择。

【F1】：作为功能扩展，现在没有功能。
【F2】：作为功能扩展，现在没有功能。

3. LED 灯指示

有 10 个有标记的 LED 灯，排列于键区的左边。它们为告知某一事件而发出光指示。LED 灯指示状态如表 11-1 所示。

表 11-1 LED 灯指示状态表

LED 指示灯	颜色	功能
电源	绿色	点亮表明交流电源供电正常
火警	红色	当至少有一个火警存在时灯亮，如果其中有一些火警未确认，它将不停地闪烁
预警	红色	当至少有一个预警存在时灯亮，如果其中有一些预警未确认，它将不停地闪烁
反馈	蓝色	当至少有一个反馈报警存在时灯亮，如果其中有一些反馈报警未确认，它将不停地闪烁
监视	黄色	当至少有一个监管事件存在时灯亮，如果其中有一些监管事件未确认，它将不停地闪烁
系统故障	黄色	当至少有一个故障存在时灯亮，如果其中有一些故障未确认，它将不停地闪烁
其他事件	黄色	除以上列出事件以外，还有事件存在时灯亮，如果事件未确认，它将不停地闪烁
信号消音	黄色	如果 NFS2-3030 的告警设备已经消音了，灯亮。如果仅一些，并非所有的告警器消音，灯将不停地闪烁
点屏蔽	黄色	当至少有一个设备被屏蔽时灯亮，它一直闪烁着，直到所有的屏蔽点被确认
CPU 故障	黄色	当硬件或者软件工作状态非正常，影响到系统时灯亮。当 LED 灯亮或者闪烁时，控制器不能正常工作

11.1.2 主机信息格式

NFS2-3030 有系统正常显示、设备事件、系统事件的显示格式。

1. 系统正常

当没有非正常事件存在时，将显示系统正常信息及相应菜单，如图 11-2 所示。

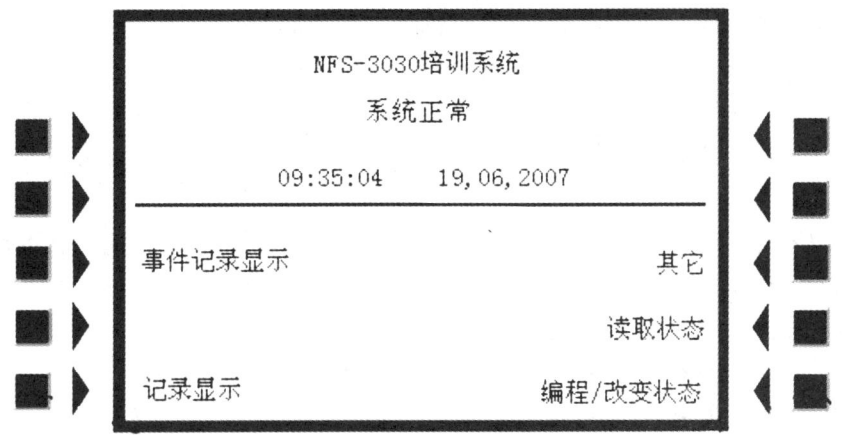

图 11-2　系统正常示意图

2. 点事件格式

当信号回路上或者控制器上连接的点器件的状态改变时，信息显示在 LCD 液晶显示屏的顶部，显示软键的功能，通过它可以处理事件，如图 11-3 所示。

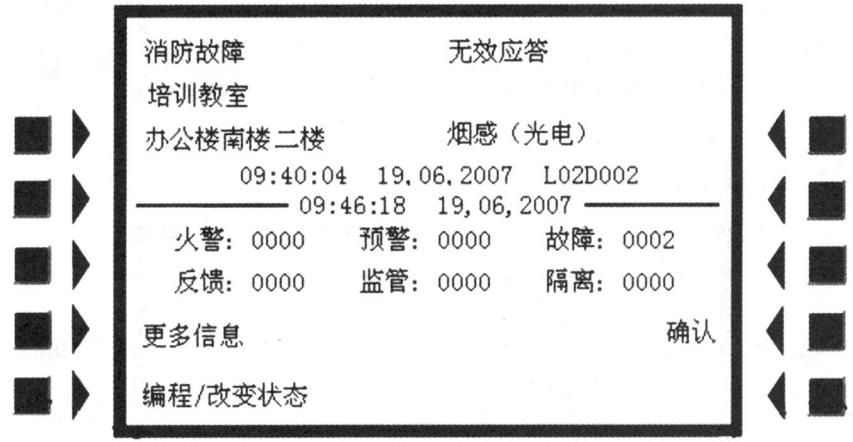

图 11-3　点事件格式示意图

【确认】：按下此键确认一个事件。如果此事件是火警，这个命令显示为"火警确认"。如果是其他类型的事件，它将显示"确认"。如果没有事件需要确认，此命令不显示。

【编程/改变状态】：按下此键进入编程/改变状态屏，也可以从主菜单进入。进入编程/改变状态需要密码。

【更多信息】：按下此键进入更多信息画面。如果没有非正常事件存在，此按键不显示。

11.1.3　主机操作菜单

1. 主菜单

（1）主菜单引导出不同的子菜单项。通过键盘按键来选择不同的功能和菜单。

(2) 利用键盘和特殊的功能键可以添加和输入修改区域信息。

(3) 可通过键盘上的方向键来选择那些无软键对应的区域。

(4) 按屏幕上的"返回"键将退回上一层菜单而不保存当前信息。

(5) 按"接受"键将保存当前输入信息。可退至上一层菜单，也可根据屏幕上的相关说明执行其他功能。

(6) 编程者通过"主菜单"可以进入事件记录显示、记录显示、编程/改变状态、读取状态及其他等子菜单。

主菜单界面如图 11-4 所示。

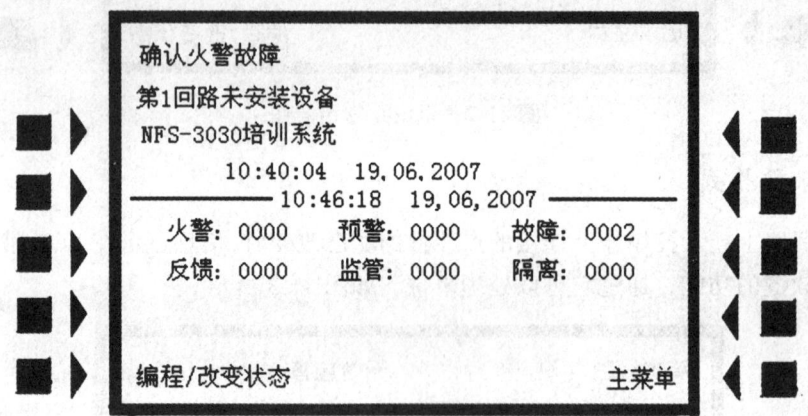

图 11-4　主菜单示意图

子菜单界面如图 11-5 所示。

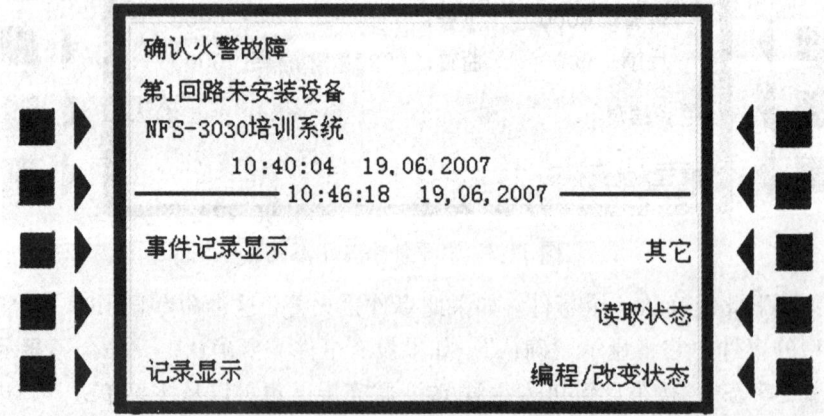

图 11-5　子菜单示意图

2. 事件显示

通过按对应的软键，可进入下述菜单：

【事件记数显示】：按下"事件记数显示"左边的键，返回图 11-6 所示画面。如果要求确认出现的非正常事件，屏幕自动显示，除非控制器在编程模式下。当有火灾报警事件发生时，即使是在编程模式下，显示屏也能正常显示火灾报警事件。

【记录显示】：按下"记录显示"及其下一个画面中的"本机记录"可进入多种事件列表画面。

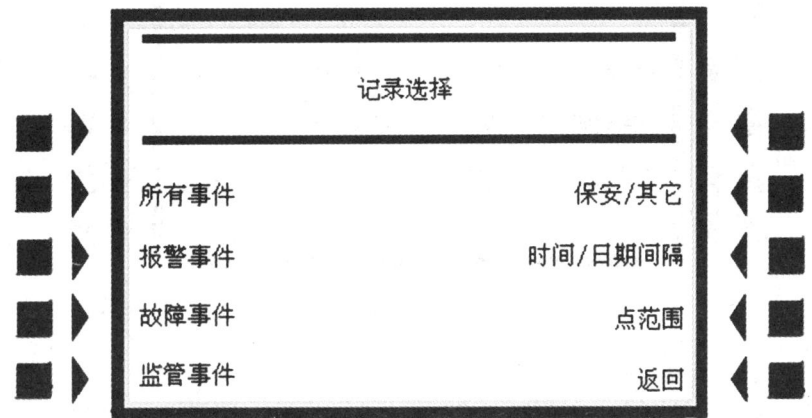

图 11-6 多事件记录选择图

【故障事件】：只显示故障事件，选择"故障事件"，将显示图 11-7 所示的画面。画面上部显示系统正常信息或最新事件；中部显示事件的详细信息。画面底部有相应的菜单。

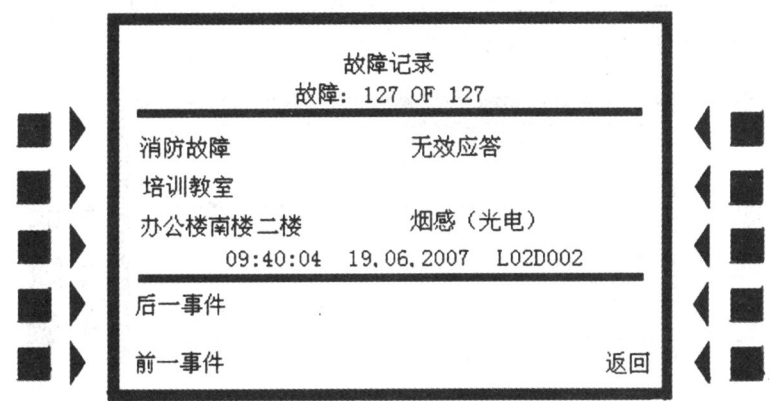

图 11-7 故障历史记录显示图

后一事件：显示下一个事件菜单。

前一事件：显示上一个事件、菜单。

返回：返回上一级画面。

【所有事件】：显示所有事件，画面中部显示所有事件。

【报警事件】：只显示火灾报警事件，画面中部显示报警事件。

【监管事件】：只显示监视事件，画面中部显示监管事件。

【保安/其他事件】：显示安防及其他事件，画面中部显示保安及其他事件。

【时间/日期间隔】：执行该命令后，需要输入一个时间范围及事件类型，如图 11-8 所示。历史记录将显示该时间段内的相应事件。如该时间段内无事件，则显示"历史记录空"信息。

开始时间：输入开始时间和日期。

图 11-8 时间段输入图

结束时间：输入结束时间和日期。

事件类型：选择事件类型，可以是"报警事件""故障事件""监管事件""保安事件""其他事件"和"所有事件"等。

接受：接受输入参数，显示特定时间段内的事件。

返回：返回上一级画面。

【点范围】：执行该命令后，需要输入点的地址范围，如图 11-9 所示。历史记录将显示该地址段内的点的事件。点的类型为：探测器、模块。

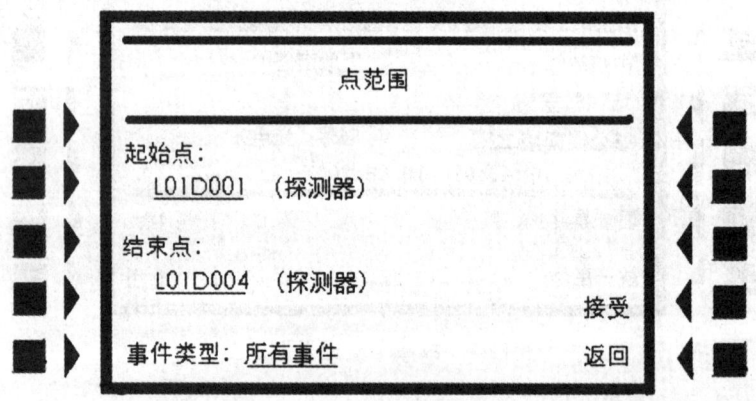

图 11-9 地址段输入图

起始点：选择起始点的类型，输入起始点的地址。

结束点：选择结束点的类型，输入结束点的地址。

事件类型：选择事件类型，可以是"报警事件""故障事件""监管事件""保安事件""其他事件"和"所有事件"等。

接受：接受输入参数，显示特定地址内的事件。

返回：返回上一级画面。

【读取状态】：按读取状态软键，屏幕显示当前点状态、区和其他系统信息。

【编程/改变状态】：按编程/改变状态软键，可以进行控制器编程、点编程、自动编程、清除程序、改变点状态、步行测试和其他信息。进入此屏幕需要密码。

11.1.4 主机操作

1. 正常状态

当没有火警和故障存在时，系统工作在正常状态下，如图 11-10 所示。在这种模式下，控制器显示系统正常信息。控制器周期性地执行如下功能：

（1）控制器对信号回路器件和控制器电路进行巡检，检查有效应答、报警、故障、电路完整和监管信号等。

（2）检测供电电源故障和备电故障。

（3）更新控制器显示和时间。

（4）扫描显示屏、键盘、控制键输入。

（5）对探测器自动测试。

（6）测试系统存储器。

（7）监视微处理器故障。

（8）当控制器在正常模式下，操作员不需要操作。

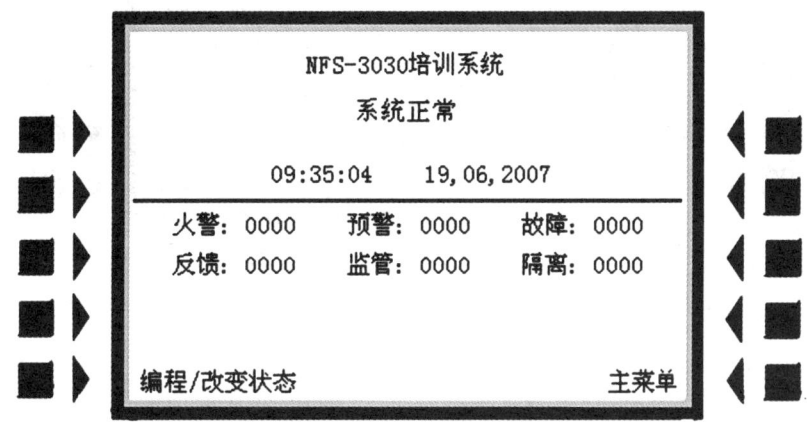

图 11-10 系统正常时的显示图

2. 非正常状态

当控制器检测到一个非正常事件时，信息显示在屏幕上，其中一个软键在屏幕上显示出"确认"字样。用这个键去响应新的火警或故障信号。当按此键时，控制器将完成以下功能：

（1）如果允许消音，对音响器消音。

（2）事件存储到历史记录存储器里。

（3）如果控制器联网了，把信息传送给网络。

（4）有两种确认类型：点和块。

点确认功能用于火警确认：当确认软键按下时，火警事件被确认，一次确认一个火警。

块确认功能用于其他类型的非正常事件：按一下确认软键，所有事件都被确认。

【火警事件】：当一个触发器件（探测器或监视模块）激活时，控制器做出如下反应：

（1）产生一个固定音调（如果蜂鸣器被允许）。

（2）系统火警继电器（TB4）启动。如果反馈、监管继电器开关被配置为火警启动，它们也将启动。

（3）火警 LED 灯闪亮。

（4）在显示屏左上角显示"火警"，显示报火警器件的类型和器件的其他详细信息。这些信息显示在屏幕的头四行，系统正常信息被替换，如图 11-11 所示。

（5）把火警信息传送给历史记录存储器、打印机及告警器。

（6）锁定控制器于火警状态（不能对控制器进行正常操作，直到火警恢复并且系统复位）。

（7）启动联动控制程序。

（8）启动定时器（例如禁止消音定时、自动消音定时等）。

（9）激活总火警区域（Z000）。

图 11-11 火灾报警事件显示图

如果控制器报火警，操作人员应做如下处理：

（1）对控制器音响消音：按"确认"键，本地的音响器将消音，火警 LED 灯由闪烁状态变为常亮。控制器将这个确认信息显示在屏幕上，并同时传送给历史记录存储器、打印机和告警器。

（2）对编程为可消音的告警输出进行消音：按信号"消音"键。信号消音 LED 灯长亮。控制器把这个消音信息传送给历史记录存储器、打印机和告警器。

（3）检查火警位置和类型信息：按"更多信息"软键，进入更多信息屏幕，查看器件附加信息和预编的建议文本信息。

（4）处理火灾现场：当火灾现场得到控制，按"复位"键，返回系统正常操作状态（显示"系统正常信息"），并且把正常显示信息传给历史记录存储器、打印机。

【故障事件】当控制器检测到一个电气或机械故障，将报出系统或点故障。根据是否有更高优先权的确认事件，控制器反应不同。

当没有更高优先权的确认事件，控制器做出如下反应：

（1）产生一个脉冲音频信号（蜂鸣器使能）。

（2）激活故障继电器（TB3）。

（3）系统故障 LED 灯闪烁。

（4）显示一个类型代码，表示设备故障类型（如果是点故障）。

（5）在显示屏左上角显示一个"故障"，如果是一个点故障，显示故障类型和器件详细信息。

（6）把故障信息传送到历史存储器、打印机和告警器。

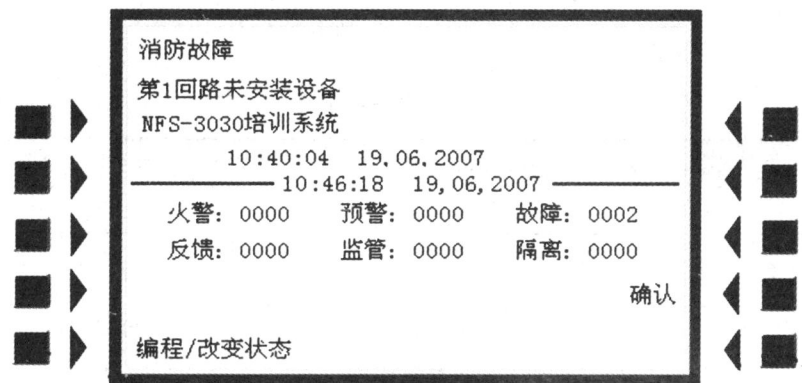

图 11-12　系统故障显示图

系统故障信息如图 11-12 所示，点故障信息如图 11-13 所示。

图 11-13　点故障事件显示图

如果有一个未确认的较高优先权的事件存在，控制器将保持较高优先权事件的显示（显示信息、点亮 LED 灯、发出音响），故障继电器激活，系统故障 LED 灯闪亮，把故障信息传送给事件记录存储器、打印机和告警器。

按"确认"键对音响进行消音，系统故障 LED 灯由闪烁状态变为常亮状态，不考虑故障、火警、反馈和监管信号的数量。控制器把确认信息传送到历史记录存储器、打印机和告警器。

查看故障指示信息：

（1）点和故障信息的详解。

（2）按"更多信息"软键，进入更多信息屏幕，查看器件的辅助信息和预编建议文本。

（3）排除故障。如果故障清除，控制器传送清除故障信息到历史记录存储器、打印机和告警器。

如果所有的故障被清除，且没有监管信号或者火警存在，控制器将：

（1）返回到正常操作模式。
（2）控制器上显示"系统正常"信息，此信息存入事件记录存储器、打印机。
（3）故障自动恢复（即使故障没有确认）。

有多种点器件或系统故障类型可以作为故障信息显示。表 11-2、表 11-3 列出了故障类型和发生故障的原因。

点故障如表 11-2 所示。

表 11-2 点故障

序号	故障类型	故障描述	处理
1	探测器测试失败	控制器对探测器测试失败	更换一个新探测器
2	地址重复	有多个相同类型的探测器或模块设置成同一地址	修改错误的地址
3	普通故障	电源不能正常工作	检查电池
4	接地故障	主电和备电有接地故障	检查故障
5	无效响应	器件应答错误	检查器件功能、地址和线路
6	低温度	温感读数太低	提高这个区域的温度
7	低阈值	探测器腔室内读数太低，探测器不能正常工作	更换新的探测器
8	维护请求	探测器脏了，需要清洗	清洗探测器
9	紧急维护	探测器需要立即清洗，否则会引起误报	立即清洗探测器
10	硬件不匹配	在控制器数据库里，指定地址的器件的编程信息和这些器件类型不匹配	编程修改
11	模块外部电源掉电	控制模块外部供电电源掉电	检查是否有直流电源断开，是否有电源线路错误
12	没有回答	模块或探测器没有反映，或者这些器件不工作，或者没有正确连接	检查探测器是否正确地在信号回路线上连接和编地址
13	开路	模块开路	检查模块的连接
14	短路	模块短路	检查模块的连接
15	校验	探测器、FZM-1 或控制器线路监视模块可以通过编程对火警进行校验	查看探测器或附近环境确认这个问题

系统故障如表 11-3 所示。

表 11-3 系统故障

序号	故障信息类型	故障描述
1	交流电源故障	主供电电源掉电
2	高级步行测试	正在进行高级步行测试
3	告警器 X 没有回应	在 X 地址的告警器没有响应
4	告警器 X 故障	在 X 地址的告警器有故障
5	辅助故障	连接在 CPU J5 端子的辅助设备有故障或缺少连线

续表

序号	故障信息类型	故障描述
6	基本步行测试	正在进行基本步行测试
7	电池	供电电池损坏，需要维修
8	充电器故障	充电器损坏，需要维修
9	逻辑程序损坏	控制器逻辑方程数据库被损坏，必须重新上传，或清除所有的程序，重新输入
10	火警演习启动	在本地进行火警演习
11	接收火警演习	远程进行火警演习
12	EPROM 错误	应用程序和/或输入编码损坏，需要维修
13	外部 RAM 错误	外部 RAM 测试失败，需要维修
14	接地故障	在控制器内有一个接地故障
15	回路接地故障 X	在第 X 回路有接地故障
16	内部 RAM 错误	内部 RAM 测试失败，需要维修
17	数据下载	程序或数据正在下载。在下载期间，控制器不提供火灾保护功能
18	回路 X-X 通信故障	回路 X 和 X 没有响应，LCM 和 LEM 必须维修
19	手动疏散	本地火警演习
20	远程疏散	网络火警演习
21	手动模式进入	告警器设置为手动模式
22	网卡通信失败	CPU2-3030 和网卡 NCM 之间失去通信
23	网络接口故障	NCM 端口 X 和通信节点之间失去通信
24	24 小时提醒	如果有故障存在，每天上午 11 点显示该信息
25	电池故障	电池和/或时钟电池电压低，更换电池
26	回路没装器件	系统没有安装器件
27	没安装电源	主电源地址没有被输入
28	控制器门打开	控制器门被打开
29	打印机掉线	打印机失去通信，恢复电源和/或打印机连线状态
30	打印机缺纸	加纸
31	程序损坏	控制器编程数据库被损坏，必须重新下载。或者清除所有的程序，重新输入。需要维修
32	软件错误	一些 LCM 软件版本与其他的 LCM 不匹配，或 NCM 不是网络 5.0 版
33	编程模式启动	在使用编程菜单
34	自测试失败	诊断测试失败，需维护
35	X 回路 X 地址类型 4 短路	需要维修

序 号	故障信息类型	故障描述
36	X回路类型6正短路	回路X正向存在短路，6型和7型以监管方式与可编址设备通信，如果控制器探测到一个故障（短路和开路），它将驱动两个回路终端以非监管方式通信，作为6型故障，控制器上将显示互锁故障，确认该状态并复位系统。SLC回路的7型配置要求使用ISO-X模块
37	类型6回路负短路	回路X负向存在短路，6型和7型以监管方式与可编址设备通信，如果控制器探测到一个故障（短路和开路），它将驱动两个回路终端以非监管方式通信，作为6型故障，控制器上将显示互锁故障，确认该状态并复位系统。SLC回路的7型配置要求使用ISO-X模块
38	类型6回路_短路	6型和7型以监管方式与可编址设备通信，如果控制器探测到一个故障（短路和开路），它将驱动两个回路终端以非监管方式通信，作为6型故障，控制器上将显示互锁故障，确认该状态并复位系统。SLC回路的7型配置要求使用ISO-X模块
39	程序升级测试	在新的数据库下载后，提醒测试新程序

【预警事件】：预警功能为早期的或可能的火警提供报警，预警功能的两种设定如下：

（1）报警：当探测器达到编程时设定的预警灵敏度时，发出非锁定预警。非锁定的意思是当探测器探测到的灵敏度低于预警阈值时，系统自动恢复为正常状态。

（2）动作：当探测器达到它编程时的预警值时，发出锁定预警。锁定的意思是当探测器探测到的灵敏度低于预警阈值时，系统不能自动恢复为正常状态。系统必须复位，才能恢复为正常状态。

可分别对每个点进行报警和动作设定，通过编程软件可以单独设定探测器1到9级预警值。灵敏度值设为0表示没有预警。

当探测器预警时，如果没有更高优先权的未确认事件发生，控制器反应如下：

（1）控制器的音响器发出响声。

（2）预警LED灯闪亮。

（3）在LCD左上角显示"预警"，还有探测器的灵敏度读数值、类型代码及其他的特殊信息。

（4）预警信息被传送到历史记录存储器、打印机和告警器。

如图11-14所示为预警事件显示图。

当存在一个较高优先级的未确认事件时，控制器显示较高优先级事件（信息、LED灯、音响等），同时预警LED灯闪亮，并且将预警信息传送到历史记录存储器、打印机和告警器。控制器检测到一个电气或机械故障，将报出系统或点故障。根据是否有更高优先权的确认事件，控制器反应不同。

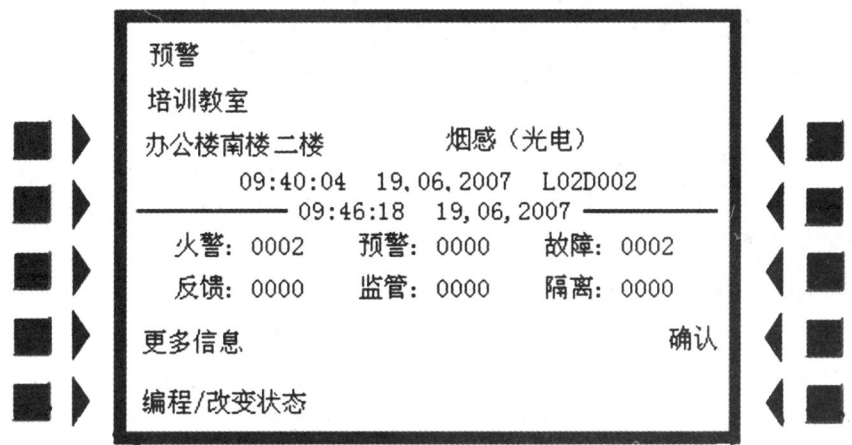

图 11-14 预警事件显示图

如果控制器显示预警，操作员操作如下：

（1）按确认软键，确认预警。

（2）按"更多信息"软键进入更多信息屏幕，查看器件辅助信息和建议信息。

（3）调查、研究发生预警的原因。

注：当探测器探测到灵敏度低于预警阈值时，预警告警会自动恢复为正常状态。当预警条件恢复时，预警信息没有恢复，按系统复位键。相应探测器发生火警时，控制器将清除该探测器的预警动作显示。

【反馈事件】：当一个编程为反馈类型的监视模块被激活时，控制器显示反馈报警。根据是否存在更高优先级的未确认事件，控制器将会有不同反应。

如果没有更高优先权的未确认事件发生，控制器反应如下：

（1）控制器的音响器发出响声。

（2）激活所选择的反馈继电器（TB1）。

（3）反馈 LED 灯闪亮（蓝色）。

（4）显示激活反馈报警的器件的类型代码。

（5）在 LCD 左上角显示"反馈"及器件其他的特殊信息。

当存在一个较高优先级的未确认事件时，控制器显示较高优先级事件（信息、LED 灯、音响等），同时反馈继电器动作，反馈 LED 灯闪亮，并且将反馈信息传送到历史记录存储器、打印机和告警器。如果已信号消音（信号消音 LED 灯亮），反馈报警将再次激活控制器音响。

反馈类型锁定控制器。要控制器返回到正常状态，必须清除引发反馈报警的条件，并复位控制器。如果控制器显示反馈报警，操作员操作如下：

（1）按下"确认"键开关，消音控制器音响器，使反馈 LED 灯由闪亮变为常亮，不考虑故障、火警、监管及反馈信号的数量。控制器发送反馈信息到历史记录存储器和打印机。

（2）调查、研究发生反馈报警的原因。

当反馈条件纠正后，按下"复位"键使控制器恢复到正常状态。控制器发送"系统正常"信息到显示屏、历史存储器、打印机及告警器。

【监管事件】：当编程设置成监管类型的监视模块动作时，系统指示出监管报警。根据是否有更高优先级的未确认事件，控制器做出不同的反应。

当没有更高优先级的未确认事件发生时，控制器反应如下：

（1）发出有声鸣响。

（2）激活监管继电器（TB2）。

（3）监管 LED 灯闪亮（黄色）。

（4）显示一个类型代码，指示产生的监管信号类型。

（5）在控制器显示屏的左上角显示监管和器件的特殊信息。

（6）传送监管信息到历史记录存储器、打印机、告警器。

当一个更高优先级的未确认事件存在时，控制器显示更高优先级事件（信息、LED 灯、报警音），同时激活监管继电器，监管 LED 灯闪亮，并且把监管信息传送给历史记录存储器、打印机、告警器。如果不响报警音（信号消音灯亮），控制器将回响起监管报警音。

如果控制器发出一个监管信号，操作员操作如下：

（1）按"确认"键，确认监管信息。

（2）按"更多信息"软键，进入更多信息屏幕，查看器件的辅助信息和建议信息。

（3）检查发生监管的原因。

（4）控制器将监管信息传送给历史记录存储器、打印机和告警器。

【隔离事件】：控制器显示每一个隔离的探测器、监视模块、控制/继电器模块和控制器电路模块。隔离的点不能报警或联动。如果有多个点隔离，控制器自动地按顺序显示隔离的点。

警告：如果一个区域是点器件的主区域，当这个区域被隔离时，这个区域的输入和输出器件将被隔离（主区域指点分配的第一个区）。

当有更多的点隔离，控制器反应如下：

（1）保持所隔离点于非检查状态。

（2）系统故障灯闪烁。

（3）点隔离 LED 灯点亮。

（4）传送点隔离信息到历史记录存储器、打印机和告警器。

（5）在 LCD 屏左上角为每一个隔离点显示点隔离信息和点的其他信息。

【联动事件】：类型为火警控制（Fire Control）的点用于空调管理，覆盖一般的自动控制功能。

火警控制点激活时，控制器反应如下：

（1）启动监视模块控制联动程序。

（2）信息显示到控制器屏幕，传送到历史记录存储器、打印机和告警器。

（3）不点亮控制器上的指示灯。

（4）在 LCD 左上角显示"动作"、火警控制类型和器件的其他一些信息。

3. 读取状态信息

读取状态信息功能可以查看器件的详细信息，并且不需要输入密码，不会停止火灾检测。当存在火警或故障时，也可以查看信息。进入读取状态屏幕可以从主菜单进入。

在主菜单屏幕中按"读取状态"软键,进入"查询点选择"画面,如图 11-15 所示。

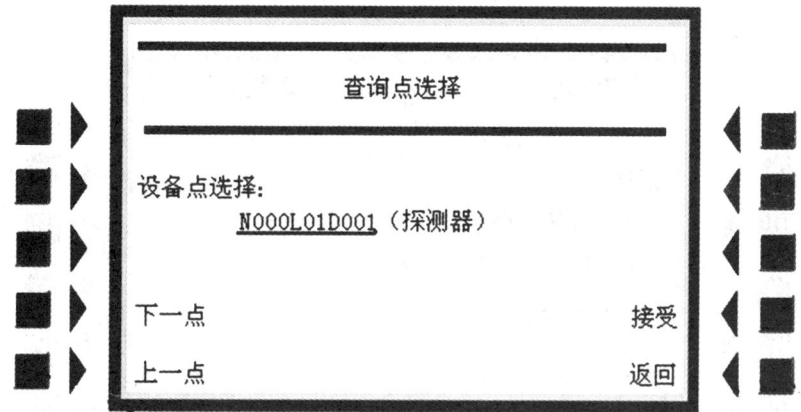

图 11-15 查询点选择显示图

设备点选择:按这个软键,滚动显示器件类型。类型和地址格式如表 11-4 所示。

表 11-4 地址格式说明表

类 型	地址格式	格式说明
探测器	LyyDzzz	L=回路,yy=回路号(2~90),D=探测器,zzz=探测器地址(2~959)
模块	LyyMzzz	L=回路,yy=回路号(2~90),M=模块,zzz=模块地址(2~959)
普通区	Zyyy	Z=区,yyy=区编号(0~999)
释放区	Ryy	R=释放区,yy=释放区编号(00~09)
逻辑区	Zlyyyy	ZL=逻辑区,yyyy=逻辑区编号(2~9000)
故障区	ZTyy	ZT=故障区,yy=故障区编号(2~90)

【感烟探测器】:在点选择屏幕,输入探测器地址,按"接受"键,如果为感烟探测器,将显示如图 11-16 所示信息。

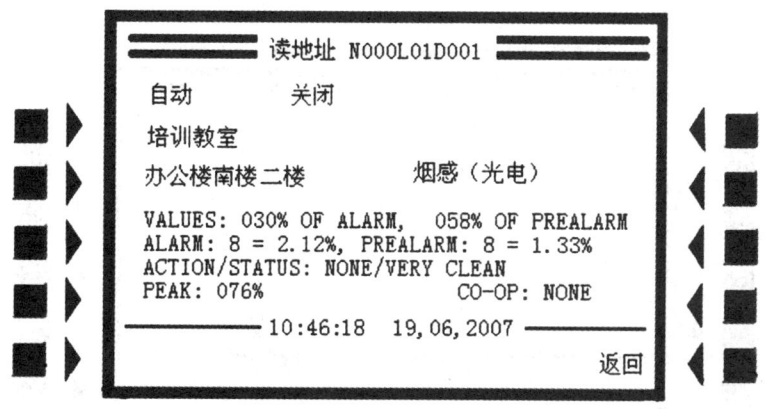

图 11-16 感烟探测器状态显示图

【感温探测器】：在点选择屏幕，输入探测器地址，按"接受"键，如果为感温探测器，将显示如图11-17所示信息。

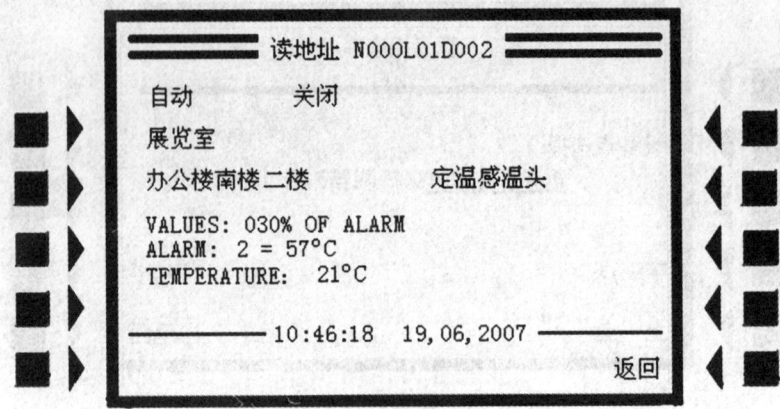

图 11-17 感温探测器状态显示图

探测器状态画面说明如表11-5、表11-6所示。

表 11-5 探测器控制指示说明表

点控制指示	描 述
自动	通过控制器对该点自动进行控制
隔离	该点被隔离
故障	该点故障，失去自动功能

表 11-6 探测器状态指示说明表

点状态指示	描 述
关闭	此点当前没有事件
开启	此点当前处于激活状态
预警	此点当前处于预警状态

【监视模块】：在点选择屏幕输入模块地址，按"接受"软键，如果是监视模块，将显示如图11-18所示屏幕。

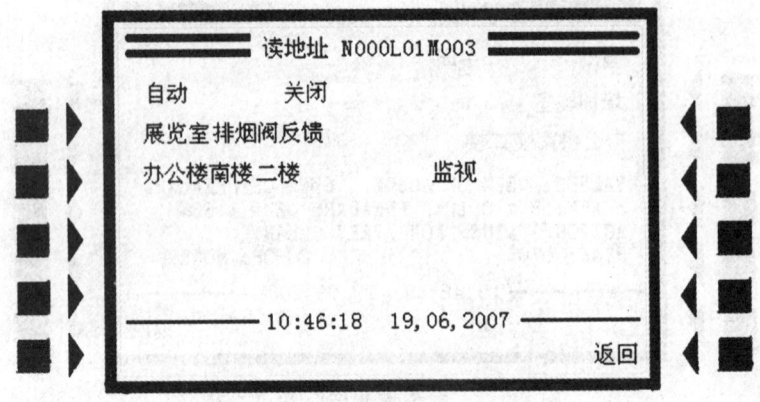

图 11-18 监视模块状态显示图

【控制模块】：在点选择屏幕输入模块地址，按"接受"软键，如果是控制模块，将显示如图 11-19 所示屏幕。

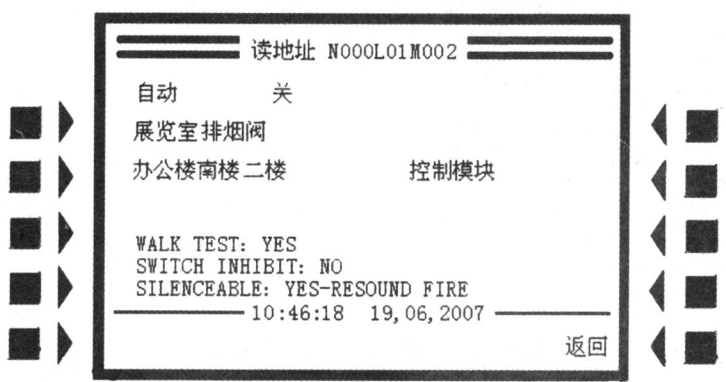

图 11-19　控制模块状态显示图

（1）WALK TEST：如果器件在步行测试期间发出音响，显示 YES。
（2）SILENCEABLE：如果操作员能手动消音，显示 YES。
（3）SWITCH INHIBIT：如果操作员不能手动操作激活输出，显示 YES。
模块状态画面说明如表 11-7、表 11-8 所示。

表 11-7　模块控制指示说明表

点控制指示	描　述
自动	这个点通过控制器自动控制
手动	通过外部设备手动控制这个点
隔离	手动改变状态，使该点隔离，失去自动控制功能
故障	该点故障，失去自动功能

表 11-8　模块状态指示说明表

点状态指示	描　述
关	点当前没有启动
开	点当前已启动
掉线	点当前处于掉线状态

11.1.5　图形工作站基本操作

1. 主界面

主界面如图 11-20 所示。
（1）主界面的图标显示含义如图 11-21、图 11-22 所示。

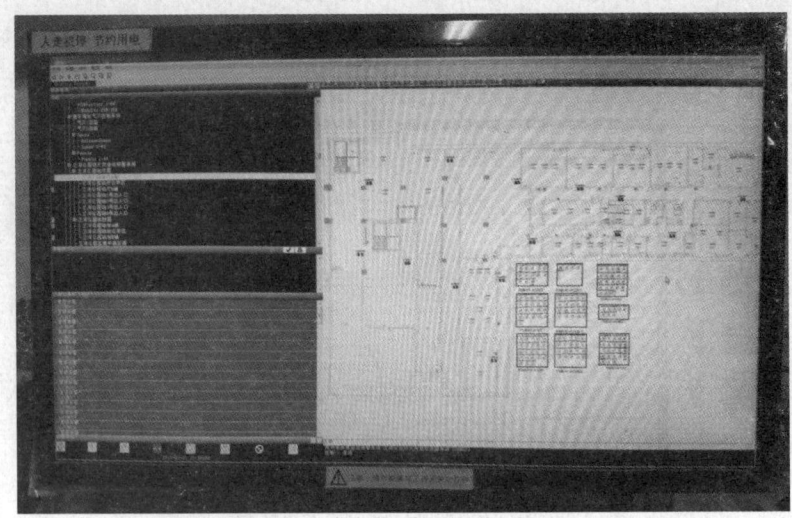

图 11-20　工作站主界面显示图

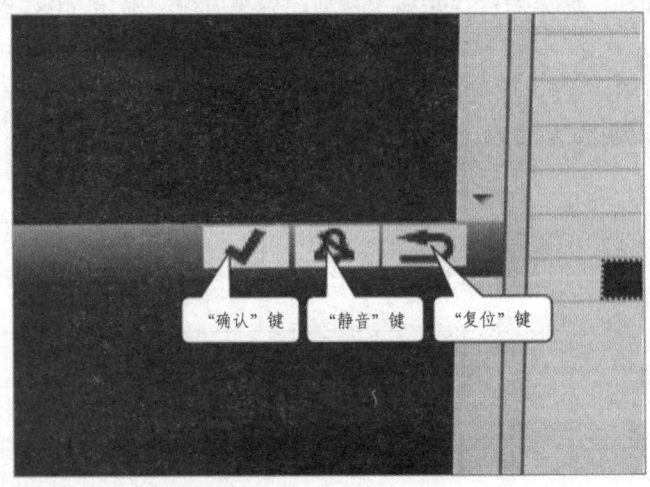

图 11-21　工作站主界面图标含义图 1

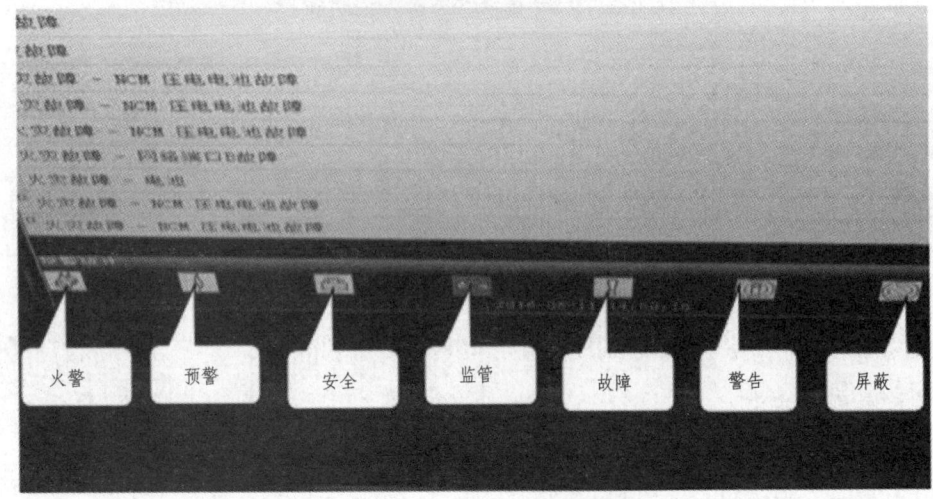

图 11-22　工作站主界面图标含义图 2

（2）烟感、温感、消火栓按钮、手报图标等选中后在界面右下方会显示相应的详细信息。

（3）图标颜色表示含义：

① 灰色，设备处于正常状态；

② 黄色，设备处于故障状态；

③ 红色闪烁，报警提示；

④ 红色常亮：报警确认。

2. 报警现象

（1）在界面报警信息栏有报警信息显示。

（2）报警的图标会在界面右侧自动弹出。

（3）对应区域的烟感、温感等图标处于红闪状态，信息被确认后处于红色常亮状态。

（4）FAS 主机上会有报警提示音。

3. 历史记录

在图形工作站中查询历史记录时，首先在 workststion 软件左上角打开"视图"菜单栏，在"视图"菜单栏打开"历史记录"，在历史记录管理器中左侧"位置"栏找到要查询的图示。

4. 加密狗

图形工作站工作介质需加密狗，加密狗位于图形工作站工作主机 USB 接口上，该加密狗原则上由本站消防值班员负责看管，禁止非检修人员私自拔出。

11.2 气体灭火系统操作

11.2.1 RP-1002PLUS 气体灭火控制盘

RP-1002PLUS 是美国霍尼韦尔旗下 NOTIFIER 公司的产品，符合相关国家标准。它带有一个气体灭火分区，具有火灾探测报警和气体灭火控制双重功能。该装置具有独特的液晶配置菜单，操作方便快捷。RP-1002PLUS 由控制面板（见图 11-23），LCD、LED 显示，输入输出控制等几大基本部件组成，外接 220 V 交流电源，并且提供两节备用电池。该型号气体灭火控制盘接收霍尼韦尔 NFS2-3030 自动火灾报警控制系统的联动信号，启动或停止气体灭火程序。郑州地铁 1 号线二期、2 号线一期、城郊线一期均采用了此设备。

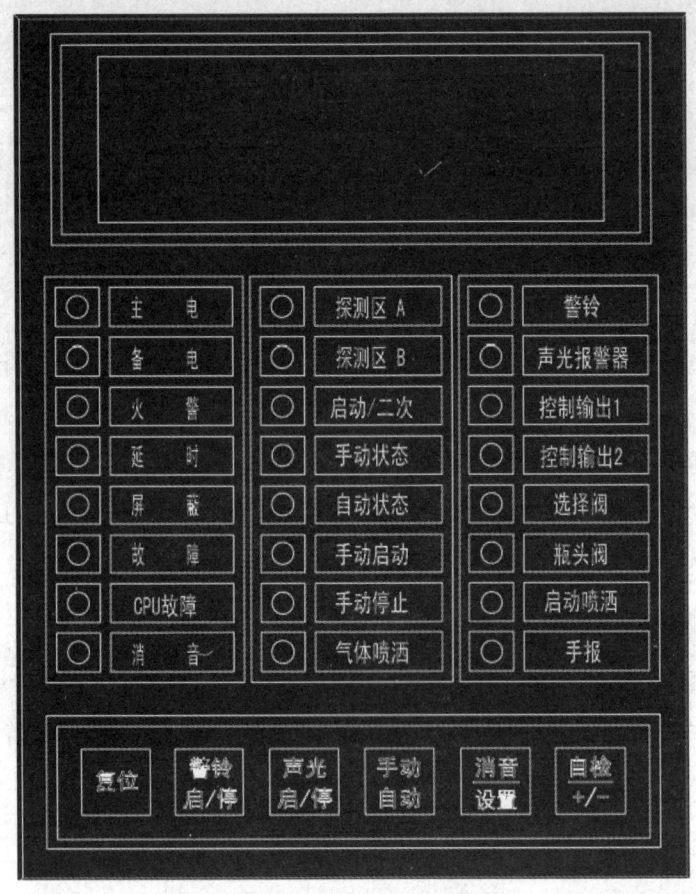

图 11-23 操作面板显示图

1. 显示操作面板

控制器操作面板采用薄膜面板工艺，配备轻触式按键，外形美观，操作方便。其状态说明如表 11-9、表 11-10、表 11-11 所示。

表 11-9 系统状态灯说明表

状态灯	指示灯颜色			说　明
	红	绿	黄	
主电		★		正常
			★	故障
备电		★		正常
			★	故障
火警 ☆	★			有火警
延时	★			延时进行中
屏蔽			△	有屏蔽
故障			★	系统故障
CPU 故障			★	CPU 故障
消音			★	消音

表 11-10 输入状态灯说明表

状态灯	指示灯颜色			说 明
	红	绿	黄	
探测区 A ☆	★			A 区报火警
			★	A 区线路故障
			△	A 区被屏蔽
探测区 B ☆	★			B 区报火警
			★	B 区线路故障
			△	B 区被屏蔽
启动/二次 ☆	★			启动信号输入
			★	线路故障
手动状态		★		手动状态
			★	线路故障
自动状态		★		自动状态
			★	线路故障
手动启动	★			手动启动输入
			★	线路故障
手动停止	★			手动停止输入
			★	线路故障
气体喷洒 ☆	★			气体喷洒输入
			★	线路故障

表 11-11 输出状态灯说明表

状态灯	指示灯颜色			说 明
	红	绿	黄	
警铃	★			警铃输出
			★	线路故障
			△	警铃屏蔽
声光警报器	★			声光警报输出
			★	线路故障
控制输出 1	★			控制设备 1 输出
			★	线路故障
控制输出 2 ☆	★			控制设备 2 输出
			★	线路故障
选择阀	★			选择阀输出
			★	线路故障
瓶头阀 ☆	★			瓶头阀输出
			★	线路故障
启动喷洒 ☆	★			启动喷洒
			★	线路故障
手报	★			手动报警按钮
			★	线路故障

操作面板包括 6 个功能按键：【复位】、【警铃启/停】、【声光启/停】、【手动/自动】、【消音|设置】、【自检|+/−】，如图 11-24 所示。

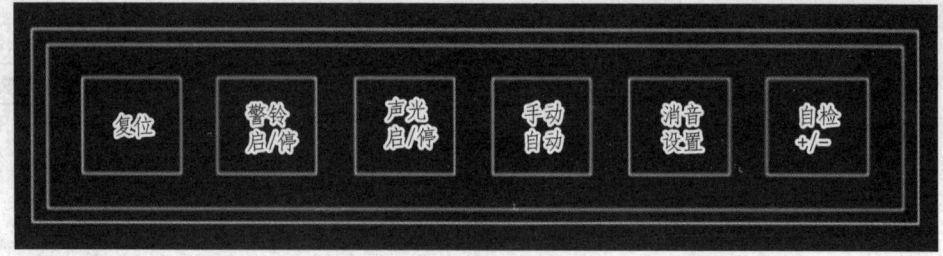

图 11-24　功能键显示图

在正常工作模式和配置模式，各键功能如下：

【复位】

正常模式：按该键为系统软复位。

配置模式：按该键退出当前设置页面。

【警铃启/停】

正常模式：按该键反转警铃启/停状态。

配置模式：按该键上移光标。

【声光启/停】

正常模式：按该键反转声光启/停状态。

配置模式：按该键下移光标。

【手动/自动】

正常模式：按该键在手动/自动状态间切换。

配置模式：按该键左移光标。

【消音|设置】

正常模式：按该键为系统消音。

配置模式：按该键右移光标或选项确认。

【自检|+/−】

正常模式：按该键为面板灯自检。

配置模式：按该键更改数值或切换 YES/NO 选项。

2．配置模式

（1）系统功能设置。

在控制器主板上的 8 位拨码盘 SW2 用于对系统功能进行设置（见图 11-25）。拨码盘的具体设置如下：

① 1 位是对"探测区 A"进行屏蔽，拨到"ON"时开启屏蔽功能，默认为"OFF"。

② 2 位是对"探测区 B"进行屏蔽，拨到"ON"时开启屏蔽功能，默认为"OFF"。

③ 3 位是对"警铃"进行屏蔽，拨到"ON"时开启屏蔽功能，默认为"OFF"。

④ 4，5 位拨码的不同组合选择通信接口终端。

⑤ 6 位暂保留。

⑥ 7 位为 OFF 时，手动启动信号 2 次脉冲触发延时喷洒操作；开关为 ON 时，手动信号 2 次脉冲启动触发，并将触发信号通过 MODBUS 传给 FAS，但不会触发后续延时、喷洒操作。

⑦ 8 位拨到"ON"时进入配置模式，拨到"OFF"时进入工作模式。默认为"OFF"。

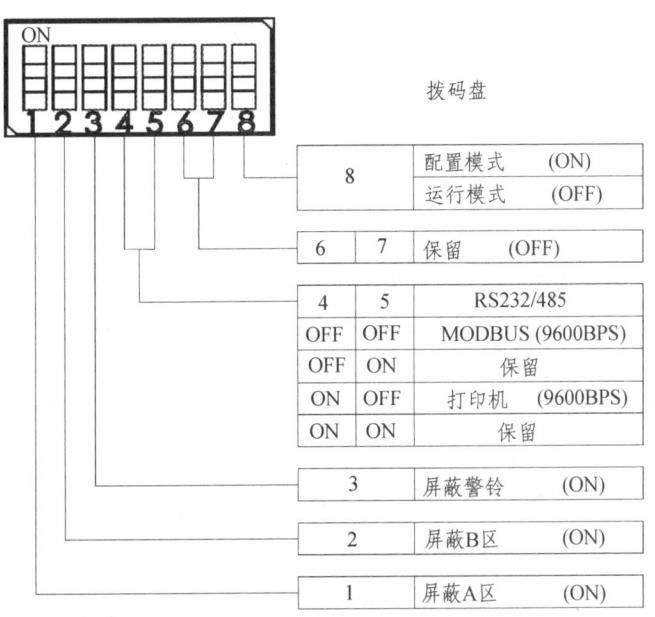

图 11-25 拨码盘显示图

（2）控制器配置模式的菜单选项是按循环顺序结构进行设置的，其循环顺序依次为：
输入密码（PASSWORD）→恢复出厂设置（RESTORE DEFAULT）→
时钟设置（CLOCK SETTING）→延时时间设置（DELAY SETTING）→
探测区设置（ZONE SETTING）→MODBUS 设置（MODBUS SETTING）→节点号设置（NODE SETTING）→恢复出厂设置（RESTORE DEFAULT）。

如果需要跳过某一设置选项，可以按【自检|+/-】键切换至 NO，再按【消音|设置】键确认。

3．工作模式

（1）系统首先对所有硬件设备进行自检，包括液晶屏、LED 状态指示灯、蜂鸣器等，此时需检查各设备是否都工作正常。此时 LED 状态指示灯会根据当前的系统状态亮灯或灭灯。

（2）首火警。当探测区 A 或探测区 B 任意一个区报火警，即有首火警时：
① 点亮火警指示灯和对应区域火警指示灯，并锁定直至控制器复位。
② 启动蜂鸣器发出火警声，蜂鸣器可消音。
③ 启动警铃并点亮指示灯，警铃可以手动消音也可以单独手动启动（警铃线路有故障时不可启动，以后所有输出线路故障时都不会启动输出）。

（3）两个火警。当探测区 A 和探测区 B 同时报火警时：

① A区和B区火警指示灯点亮，并锁定直至控制器复位。
② 启动蜂鸣器发出火警声，蜂鸣器可消音。
③ 启动警铃并点亮指示灯，警铃可以手动消音也可以单独手动启动。
④ 根据系统当前所处手动状态/自动状态决定后续输出细节。
（4）气体喷洒反馈。当延时倒计时结束且没有紧急停止输入信号时：
① 点亮启动喷洒指示灯，并锁定直至控制器复位。
② 启动控制输出2、瓶头阀并点亮相应指示灯。
③ 等待气体喷洒反馈信号，当收到反馈信号时，点亮气体喷洒指示灯，蜂鸣器发出气体喷洒声。

4. 休眠模式

（1）当控制器失去主电后，将会自动切换到备电工作。
（2）当备电工作电压低于20 V后，控制器上的备电状态指示灯将会亮黄灯，蜂鸣器发出故障音。
（3）当备电工作电压低于18 V后，控制器将会进入休眠模式，此时所有火灾报警及气体灭火功能停止，液晶屏不显示任何信息，所有状态指示灯闪烁。
（4）当控制器进入休眠模式后，如主电恢复供电，控制器将会执行一次复位并重新恢复工作。

5. 气体灭火操作

1）手动/自动模式

控制器有手动和自动两种操作模式，由功能键【手动/自动】进行两种模式间的切换。控制盘的当前工作模式由面板上的相应状态指示灯显示，控制器上电时默认为手动模式。

手动模式下，控制盘的功能：
（1）监视火灾报警状态，并点亮面板上的相应指示灯，鸣响蜂鸣器。
（2）探测A区或B区报警时，启动警铃。
（3）探测A区和B区同时报警时，启动警铃。
注意：探测区A和探测区B的火灾报警探测器同时报警时，在手动状态下，控制盘不会自动开始延时计时，即不会自动启动气体喷洒控制过程。

自动模式下，控制盘的功能：
（1）监视火灾报警状态，并点亮面板上的相应指示灯，鸣响蜂鸣器。
（2）探测A区或B区报警时，启动警铃。
（3）探测A区和B区同时报警时，启动警铃、声光、控制设备1、选择阀。
（4）探测A区和B区同时报警时，开始延时，显示延时倒计时画面，点亮延时指示灯。
（5）延时时间到时，启动控制设备2和瓶头阀。
（6）延时期间，紧急停止按钮可中止延时并停止所有输出。如再有手动启动信号将重新开始手动启动过程。

2）手动启动

手动启动信号输入具有最高的启动优先级，即当系统收到手动启动信号输入时，无论系统当前处于何种状态，都将开始进入延时待喷放状态：

（1）点亮手动启动指示灯并锁定直至控制器复位或有手动停止输入。

（2）启动蜂鸣器发出火警声，蜂鸣器声可消音。

（3）启动声光报警器，声光报警器可单独被停止或启动，延时阶段可手动停止所有输出；控制输出1、选择阀，点亮相应指示灯。

（4）进入延时阶段，点亮延时指示灯。

（5）延时结束时，点亮启动喷洒指示灯并锁定直至控制器复位，启动控制输出2、瓶头阀并点亮相应指示灯。

（6）等待气体喷洒反馈信号，当收到反馈信号时，点亮气体喷洒指示灯，蜂鸣器发出气体喷洒声。

注意：若当前已进入延时状态，则手动启动不会打断当前延时，且手动启动状态灯不会被点亮。

3）手动停止

在气体喷洒延时中，当有手动停止输入时：

（1）点亮手动停止指示灯并锁定直至控制器复位或有手动启动输入。

（2）中止控制盘的延时倒计时。

（3）停止所有输出，相应输出状态灯熄灭。

注意：当系统已经进入气体喷放状态，蜂鸣器发出喷放音后，手动停止将无法停止该状态下的所有输出，即手动停止只在延时仍未结束前起作用。

在手动停止操作后，若再接收到手动启动信号，则重新进入手动启动程序。

4）启动信号

当启动信号输入端接收到一个外部启动控制信号时：

（1）点亮启动信号指示灯，并锁定直至控制器复位。

（2）蜂鸣器报火警声，可消音。

A. 手动状态输出模式：

此状态下没有输出启动。

B. 自动状态输出模式：

启动声光、控制设备1和选择阀；

开始延时，显示延时倒计时画面，点亮延时指示灯；

延时时间到时，启动控制设备2和瓶头阀。

延时期间，紧急停止按钮可中止延时并停止所有输出。如再有手动启动信号将重新开始手动启动过程。

11.2.2 SIGA-REL-C 气体灭火控制盘

SIGA-REL-C 气体灭火控制盘为美国爱德华系统技术公司的产品，主操作面板如图 11-26 所示，满足国家标准 GB 16806—2006 设计要求，内部使用 SIGA-REL 专用气体释放模块进行气体灭火控制，各输出口具备短路、断路检测功能，且都做了限流设计，中文液晶显示，方便操作和查询。该型号气体灭火控制盘接收爱德华 EST3 自动火灾报警控制系统的联动信号，启动或停止气体灭火程序。郑州地铁 1 号线一期采用了此设备。

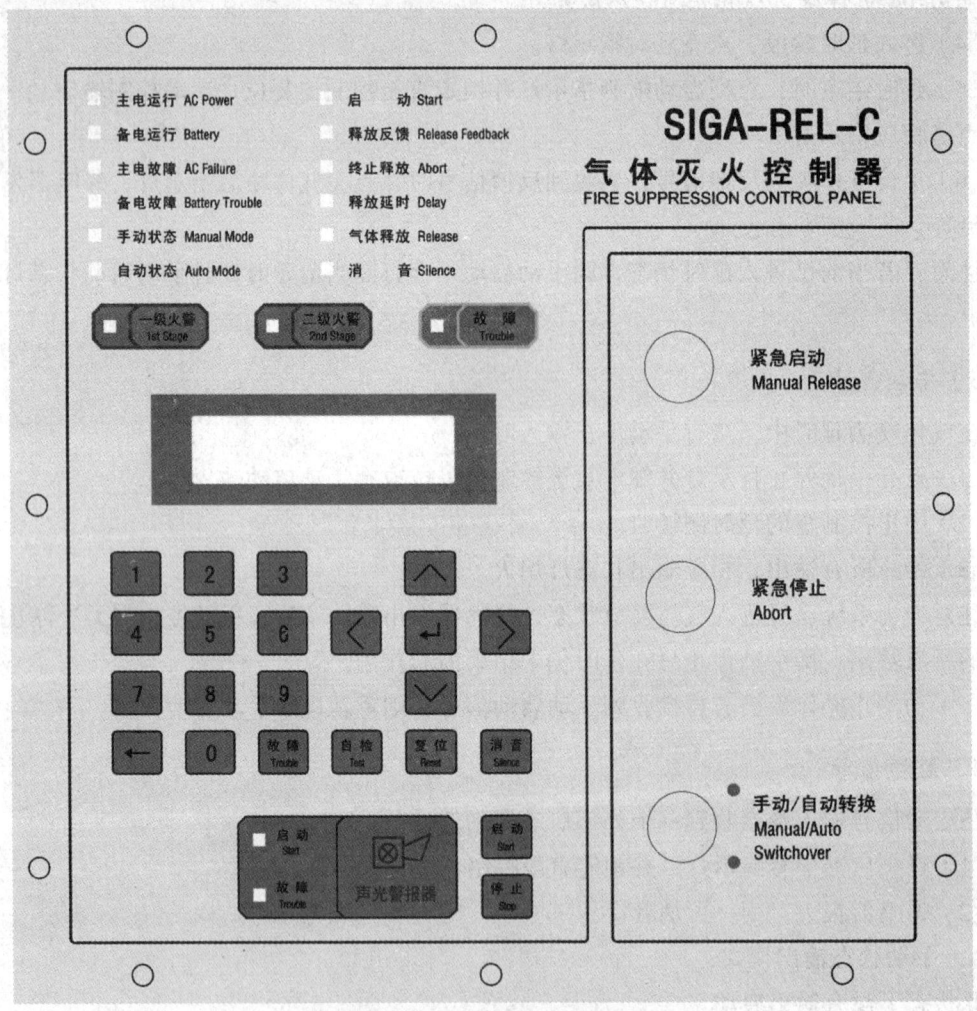

图 11-26 主操作面板显示图

1. 主操作面板

控制器开机或复位后，即进入监视状态。正常无事件时，液晶右下角动态显示当前时间。火警、释放延时、紧急停止、电磁阀启动、气体释放等重要事件发生时，相应事件自动显示。发生开路、短路等故障时，如果当前没有上述重要事件存在，延时 5 s 后自动显示当前故障。

按键功能说明如表 11-12 所示。

表 11-12 按键功能说明表

键 名	功能简介
【↵】	回车键，进入功能菜单（需密码）、保存设置
【←】	取消、退出当前菜单
【∧】【∨】【<】【>】	方向键
【启动】、【停止】	启动或停止声光报警
【故障】	进入当前故障查询菜单
【消音】	消除本机报警和故障声响
【自检】	检测气体灭火控制盘上两个蜂鸣器、所有灯和液晶（需密码）
【复位】	复位气体灭火控制盘，清除部分继电器输出，该操作需密码。如需彻底复位，在复位气体灭火控制盘的同时要对 EST3 主机进行复位操作
【紧急启动】	启动气体释放倒计时，按下按键并持续至少 3 s
【紧急停动】	中止气体释放倒计时，按下按键并持续至少 2 s
【手动/自动转换】	设置气体灭火控制盘手动或自动状态，当设置为手动状态时： 1. 气体释放的条件是按下【紧急启动】键； 2. 若检测到火警只启动警铃和声光，不启动释放设备； 3. 面板上的手动指示灯反映当前手动状态 当设置为自动状态时： 1. 气体释放的条件是发生二次火警或按下【紧急启动】键； 2. 面板上的自动指示灯反映当前自动状态

2. 菜单操作说明

菜单操作目录说明如图 11-27、图 11-28、图 11-29 所示。

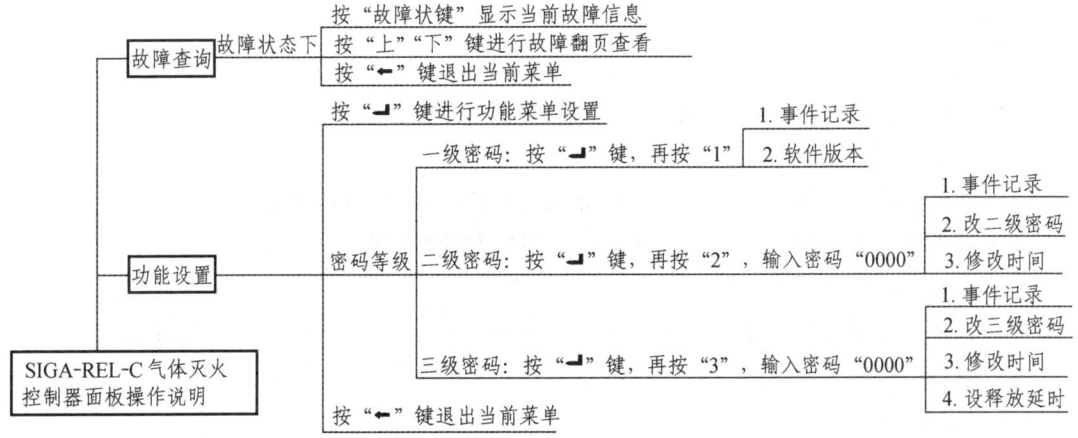

图 11-27 菜单操作说明图 1

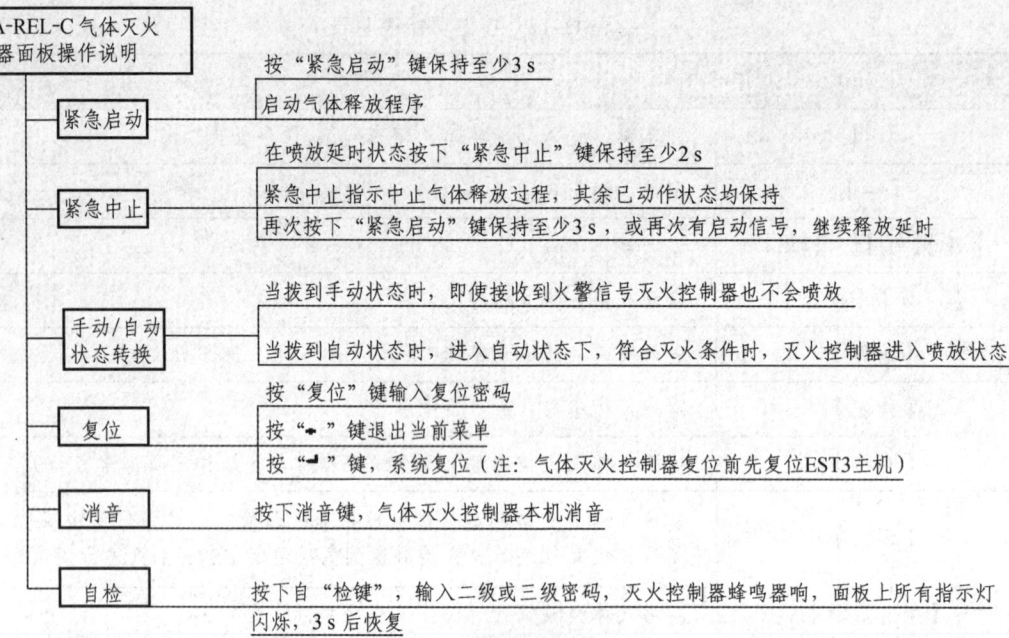

图 11-28 菜单操作说明图 2

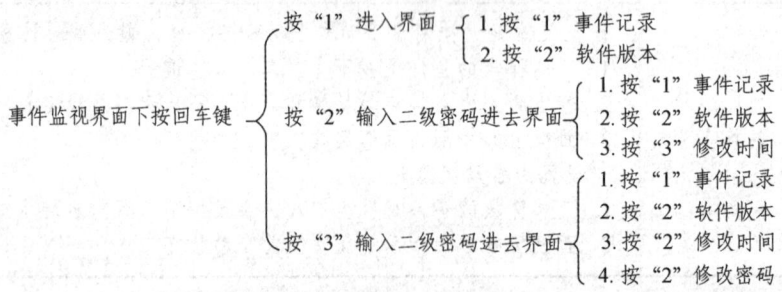

图 11-29 菜单操作说明图 3

3. 系统配置

1）设置延时值

事件监视界面下按回车键，按"3"输入三级密码，按"4"进入手动和自动延时设置：按"1"设置手动启动释放的延时值；按"2"设置自动启动释放的延时值。

当"手动启动释放"被中止后：

（1）若再次按下【紧急启动】键，系统从被中止时间开始继续延时。

（2）若再次收到火警信号，系统从被中止时的时间值继续延时。

当"自动启动释放"被中止后：

（1）若按下【紧急启动】键，系统按"自动释放延时"设定值重新开始延时。

（2）若再次收到火警信号，系统按"自动释放延时"设定值重新开始延时。

2）修改时间

修改气体灭火控制盘的内部时钟。

3）修改密码

设置 4 位的用户等级密码，一级权限不能改二级、三级密码；二级权限只能修改二级密码；三级权限可以改二级、三级密码；初始密码为 0000。进入功能菜单，复位和自检操作都使用二级或三级密码。

4. 历史记录

（1）设置按【∧】、【∨】键上下翻页查看历史事件。
（2）系统将事件分为重要事件与次要事件两类，可分别查询。
① 按下【＜】键，将仅查询重要事件；
② 按下【＞】键，将仅查询次要事件；
③ 按下回车键，所有事件均可查询；
④ 左上角方块指示当前查询状态。

附录一 FAS操作岗岗位职责

1	设备维护：按计划对设备进行日常维护、检修、保养工作，参与设备缺陷整改、整治，及时处理设备故障、配合设备抢修，参与软件升级、设备改造等工作；配合工班长、副工班长定期抽查设备的检修质量，对重点设备故障进行调查分析，提交各类生产报单、报表工作，并完成值班工作任务
2	日常事务：配合班组收集、建立各类台账，年度绩效评优，执行班组各项规章制度及设备检修流程等工作；定期参加班组生产例会、故障分析会、民主生活会、安全及业务技能培训
3	临时事务：积极完成上级交办的临时性工作任务，做好班组宣传工作，参与党、工、团组织的各项活动
4	科研技改：配合设备的技改、工程整改、QC工作开展实施
5	新线建设：参与设备定测、安装、调试、验收等工作
6	协同能力提升：不断学习新技术、新业务知识，加强协同综合能力提升
7	其他事项：及时有效地完成上级交办的其他事项

附录二 FAS操作岗作业标准流程表

FAS操作岗作业标准流程表			
项目：FAS操作岗作业标准流程表		卡片编号：ZGYY-FAS-001	作业类别：
一、作业前	步骤	内容	备注
作业准备	1	作业前，准备好工器具及材料，确保该项检修所带工具及材料齐全	
	2	作业前需准备好劳保用品：工服、劳保鞋、荧光衣、安全帽、安全带等	登高作业时需携带安全带
		需进入轨行区的施工作业，召开班前安全会，将本次作业的工作要点和安全注意事项对作业人员进行交底，要求作业人员熟知并能复述	携带有效施工负责人证；并戴好安全帽、配齐劳动防护用品；施工人员需从出入段线洞口进入或出清的，施工请销点流程详见《出入段/场线施工管理补充规定》
		需环调及其他专业配合的作业施工，需事先联系	需接触网停电并挂接地线的A2作业需申请作业令时，需供电室联系，确定停电范围及挂接地线的位置；测试火警时，需事先与环调联系；进行联动测试时需联系BAS、工建、风水电专业配合

续表

FAS 操作岗作业标准流程表			
项目：FAS 操作岗作业标准流程表		卡片编号：ZGYY-FAS-001	作业类别：
二、作业时	步骤	内容	备注
作业流程	1	如需焊接管道支架，需提前办理临时动火证，动火过程按照规定做好安全防护，登高作业需挂置安全带并做好防护，梯子上严禁放置工器具及材料	按照《消防安全管理办法》视情况审批动火作业令；动火作业时，需风水电人员现场监护；登高作业时梯子须放平稳，且需1人扶梯
	2	进行火警功能测试时需与环调联系	与环调确认设备运行状态
三、作业后	步骤	内容	备注
收尾工作	1	作业完毕，确保将系统和设备恢复到正常使用的状态，规范填写给排水各项检修记录表	视设备与环调、FAS及其他专业确认设备运行状态
	2	清点工器具，清理现场，保持现场清洁和卫生	作业后，施工负责人在人员、工器具出清后对作业区域进行巡视，做到人出物清
	3	做好销点手续，召开班后总结会	
	4	对检修记录表整理装订并存档	检修中发现的问题在交接班本进行记录

附录三 气体灭火系统日检工艺卡

气灭系统日检工艺卡			
作业项目：气灭日检		卡片编号：ZGYY-FAS-006	作业类别：日检
一、作业前			
1. 作业准备		详见：FAS 作业标准流程表	
2. 作业材料及工器具		名 称	型 号	数 量
		记号笔	通用	1支
3. 安全预想		1. 不得上抬手柄打开电磁瓶头阀，避免造成误喷	
二、作业时		详见：FAS 作业标准流程表	
检修项目		检修步骤及标准	
作业流程		1. 气瓶、管路、单向阀、安全阀、气瓶支架等就位正常，无碰撞损伤、锈蚀，固定牢靠，标牌、标志完好	
		2. 检查选择阀的机械抬臂	
		3. 检查气瓶压力	
		4. 检查气瓶挂牌	
		5. 检查启动瓶保险	
		6. 电磁阀、压力开关接线完好	
		7. 检查压力开关 注：压力开关处于按下状态	
		8. 铅封没有被破坏	
		9. 房间内上墙制度及卫生	
三、作业后		详见：FAS 作业标准流程表	
备 注		至少要带工器具，具体的作业依据每次情况而定	

参考文献

[1] 杨辉,赵晗,郭瑞丽. 城市轨道交通火灾自动报警系统检修工[M]. 北京:人民交通出版社,2017.

[2] 黄建林,陈春根. 城市轨道交通车站消防系统[M]. 北京:中国铁道出版社,2013.

[3] 郑瑞文,刘振东. 消防安全技术[M]. 北京:化学工业出版社,2011.

[4] 陈伟明,杨建明. 消防安全技术实务[M]. 北京:机械工业出版社,2014.

[5] 中华人民共和国国家标准. GB 50116—2013 火灾自动报警系统设计规范[S]. 北京:中国计划出版社,2013.

[6] 中华人民共和国国家标准. GB 50370—2005 气体灭火系统设计规范[S]. 北京:中国计划出版社,2005.

[7] 中华人民共和国国家标准. GB 50370—2005 气体灭火系统施工及验收规范[S]. 北京:中国计划出版社,2007.

[8] 中华人民共和国国家标准. GB 50116—2019 火灾自动报警系统施工及验收标准[S]. 北京:中国计划出版社,2019.

[9] 中华人民共和国国家标准. GB 51298—2018 地铁设计防火标准[S]. 北京:中国计划出版社,2018.

[10] 中华人民共和国国家标准. GB 50157—2013 地铁设计规范[S]. 北京:中国计划出版社,2019.